国际时尚设计丛书·服装

时尚品牌营销与推广

[英] 芭芭拉·格雷厄姆　著　｜　赵洪珊　译
凯莱恩·阿努蒂　　　　　｜　王润娜

中国纺织出版社有限公司

内 容 提 要

时尚营销、推广和传播正进入一个极其活跃、快速发展并具有挑战性的阶段。时尚推广与宣传的信息必须在一个日益趋同的环境中产生共鸣：粉丝、时尚引领者、品牌大使、名人和博主等，这些作为时尚传播的评论员，他们理应得到尊重。消费者希望时尚传播是有关联的、个性化的，从而真正吸引他们参与品牌的活动，并从中获得成就感和价值感。

本书主要针对时尚推广、时尚传播和时尚营销的学生，以及希望探索时尚概念营销的新品牌。本书采用理论和实践两种方法，旨在向商业和市场营销读者介绍这一主题的创造性方法，同时有关市场营销、品牌和传播理论的知识将有助于创新的从业者做出更明智的决策。

原文书名：PROMOTING FASHION
原作者名：Barbara Graham and Caline Anouti
© Text 2017 Barbara Graham and Caline Anouti. Barbara Graham and Caline Anouti have asserted their right under the Copyright, Designs and Patent Act 1988, to be identified as the Author of this Work.
Translation © 2021 China Textile & Apparel Press
The original edition of this book was designed, produced and published in 2018 by Laurence King Publishing Ltd., London under the title Promoting Fashion. This Translation is published by arrangement with Laurence King Publishing Ltd. for sale/distribution in The Mainland (part) of the People's Republic of China (excluding the territories of Hong Kong SAR, Macau SAR and Taiwan Province) only and not for export therefrom.
本书中文简体版经Laurence King Publishing Limited授权，由中国纺织出版社有限公司独家出版发行。
本书内容未经出版者书面许可，不得以任何方式或任何手段复制、转载或刊登。
著作权合同登记号：图字：01-2021-6702

图书在版编目（CIP）数据

时尚品牌营销与推广 /（英）芭芭拉·格雷厄姆，凯莱恩·阿努蒂著；赵洪珊，王润娜译. -- 北京：中国纺织出版社有限公司，2022.1
（国际时尚设计丛书. 服装）
书名原文：PROMOTING FASHION
ISBN 978-7-5180-9095-2

Ⅰ．①时… Ⅱ．①芭…②凯…③赵…④王… Ⅲ．①服装–品牌营销 Ⅳ．① F768.3

中国版本图书馆 CIP 数据核字（2021）第 219835 号

责任编辑：朱冠霖   责任校对：楼旭红   责任印制：王艳丽

中国纺织出版社有限公司出版发行
地址：北京市朝阳区百子湾东里 A407 号楼   邮政编码：100124
销售电话：010—67004422   传真：010—87155801
http：//www.c-textilep.com
中国纺织出版社天猫旗舰店
官方微博 http：//weibo.com/2119887771
北京华联印刷有限公司印刷   各地新华书店经销
2022 年 1 月第 1 版第 1 次印刷
开本：787×1092   1/16   印张：14
字数：352 千字   定价：128.00 元

凡购本书，如有缺页、倒页、脱页，由本社图书营销中心调换

目录

引言

时尚营销、推广和传播正进入一个极其活跃、快速发展并具有挑战性的阶段。时尚推广与宣传的信息必须在一个日益趋同的环境中产生共鸣：粉丝、时尚引领者、品牌大使、名人和博主等，这些作为时尚传播的评论员，他们理应得到尊重。消费者希望时尚传播是有关联的、个性化的，从而真正吸引他们参与品牌的活动，并从中获得成就感和价值感。

如何使品牌与期望的目标市场产生直接联系？如何在推广活动中吸引富有经验和知识渊博的受众参与以满足其形象提升和回报？如何根据可用预算或销售周转率对传播活动进行成本计算？本书将通过行业实例、时尚推广活动前沿品牌案例以及作者研究，解答这些问题以及更多问题。

本书写给谁？

本书主要针对时尚推广、时尚传播和时尚营销的学生，以及希望探索时尚概念营销的新品牌。聚焦于推广作为时尚营销更广泛的"6p"中的一个特定元素，并由此深入研究影响推广决策的因素。本书采用理论和实践两种方法，旨在向商业和市场营销读者介绍这一主题的创造性方法，同时有关市场营销、品牌和传播理论的知识将有助于创新的从业者做出更明智的决策。

右上图 卡纷（Carven）2015～2016年秋冬系列。法国奢侈品牌Carven成立于1945年，2010年之前只生产高级定制时装系列。该品牌前设计师纪尧姆·亨利（Guillaume Henry）设计的剪裁精美的胶囊装，巩固了法国成衣风格的现代视野。

右下图 许多设计师都因他们令人垂涎的秀场邀请闻名遐迩，比如德赖斯·范诺顿（Dries Van Noten）在2014年举办的这场时装秀。

左图　环保活动装品牌Howies与Carter Wong Design合作，将衣柜升级改造并由艺术家装饰，作为店内固定装置。

关于本书

　　本书遵循品牌推广活动的流程，无论是一个新概念还是一个更成熟的企业。以消费者意识为中心，对于广泛的趋势环境构建准确的概况描述和知识体系，以激发相关的、及时的活动并触发新的创新。审视品牌形象和品牌标识的重要性，以确保品牌调性一致，然后提供概述可用的传播工具，并以一个传播计划结束。

　　关于传播工具的章节并没有严格按照线上和线下划分，因为本书反映了当前行业期望，即为受众创造跨渠道和跨设备的无缝体验。例如，广告既包括传统的（电视广告、平面广告、路牌广告），也包括线上的（横幅广告和社交媒体广告）。公共关系和直接营销反映了线下和线上的结合。社交媒体和电子商务探讨线上传播，这两章放在一起便于阅读。人员推销、时装秀和展会以及促销都是重要的传播工具。本书讨论了所有工具的优缺点，可以选择相应工具为给定的品牌创造最佳的传播组合。也就是说，本书前面部分讨论了社交媒体，以反映受访专家的观点，即社交媒体对于建立粉丝社群和与时尚品牌建立联系至关重要。最后一章讨论如何整合所有工具，制订一个有效且可行的营销传播计划。

　　在整本书中，理论体现在从业者采访中，他们将讨论当前和未来与专业领域相关的问题。这些章节引入了全媒体中引人注目的、成功的和有影响力的活动来说明。当一个特定品牌作为很好的实践案例来介绍时，会通过一个彩色面板或一个案例研究呈现。

本书结构

第一章
消费者和消费趋势预测

本章了解消费者在计划推广活动的前沿。时尚行业对消费者的描述是与潜在受众合作的关键。了解消费趋势环境有助于品牌商和零售商开发营销和传播的创新想法。

第二章
品牌化的时尚营销传播

本章讨论了如何发展品牌使之与目标消费群体形成直接和持久的联系。探讨如何发展全球可识别的、可关联的、人性化的品牌理念。介绍了品牌化的关键理论，并举例说明了全渠道中成功和一致的品牌标识、品牌形象和品牌调性。

第三章
整合营销传播

本章是对各种传播工具的介绍。剖析了整合理论，该理论研究如何将工具组合起来，以一种最有效地吸引消费者并与之互动的方式传达所需的品牌信息。介绍了如何形成SMART传播目标，这是策划活动的必要条件。

第四章
时尚广告

本章讨论了线下与线上广告活动的困境。探讨了传播理论和相应成熟化的传播工具。文中列举了一些延伸传统广告方法的活动，并通过设备和渠道确认受众体验。

第五章
公共关系、代言和赞助

本章研究了品牌商和零售商如何通过受人尊敬的第三方（如时尚编辑和网红）线上或线下报道，获得潜在消费者的信任。举例说明了公共关系相关的操作，比如产品植入、名人代言和赞助，可将品牌置于理想环境中，但需要支付费用。本章特别关注日益扩大的品牌大使职权。

第六章
社交媒体

本章着眼于那些寻求让粉丝参与沉浸式内容的品牌，这些内容能激发他们的灵感，让他们觉得这种体验增加了知识、提升了个人网络形象。本章考察了即时可用的T台时尚需求如何推动社交媒体上新一轮电子商务发展的可能性，以及那些率先接受平台性质变化的品牌。

第七章
数字领域：电子商务和线上时尚推广

本章和下一章探讨时尚零售环境。本章讨论线上环境，展示了有效的设计如何帮助消费者通过电子商务网站实现购物旅程，但也鼓励他们通过推荐进行参与，在零售商博客或编辑报道中有更多互动。讨论了创意文案的作用，包括对搜索引擎优化（SEO）和其他驱动网站流量方式（如点击付费广告和联盟）的影响。

第八章
人员推销和线下时尚零售

本章考虑了网上购物的兴起对时尚零售的影响，从B2B（品牌、代理商或分销商向零售商销售）和B2C（品牌和零售商雇佣销售人员与客户沟通）两方面来研究销售。本章识别了一些表现优秀的零售商，他们正在研究成功的线上策略，并使用技术将这些益处带到实体商店，以创建一个无缝的全渠道访问购物旅程。

第九章
直接营销

直接营销这种传播工具可以与数据库建立个性化的对话，包括潜在的、已建立的或已失去的客户，鼓励或吸引他们尝试购买、保持忠诚或复购品牌商或零售商的产品。本章着眼于人们更熟悉的信息传递方式（如打印邀请函、目录和电子邮件），以及多媒体文本信息如何将诱人的内容直接在关注者社群中共享。

左上图　G-Star RAW 的画册形象展示了该品牌2016年夏季的军事风格灵感。许多品牌在其网站的新闻专属区域储存新闻稿和相关图片。

上图　歌手梅根·特蕾（Meghan Trainor）是斯凯奇经典（Skechers Originals）复古活动鞋系列的新代言人，双方的合作一直持续到2017年。这位明星出现在一个电影广告和一个社交媒体活动（话题为MTrainSkechers）中。

第十章
时装秀和展会

本章关注提高知名度的好处，可以会见潜在和现有的买家，也可以通过参加全球时装周实现媒体报道。本章考察了设计师品牌进行T台秀展示的例子，以及大众、中端、高端市场品牌选择互动性更强的展会的情况。对费用进行了评估，并提出了一个问题：鉴于有更多的机会参加时装秀，费用问题是否仍在时尚业具有重大意义？

第十一章
促销和包装

本章着眼于全球对打折商品的需求，这助长了一种期待打折文化。本章概述了促销工具更广泛的背景，说明了零售商如何通过提供更多感觉良好的体验（如忠诚度计划和比赛）为消费者增加价值。本章将包装作为增值的、可收集的、可重复使用的物品，充当一个沉默的销售员，可在生产车间反映品牌形象。

第十二章
计划、成本和有效性评估

作为本书的回顾，本章提供了一个时尚营销传播计划。平面布置图可以作为新计划的模板，也可以作为分析现有活动的工具。讨论了测量传播有效性的方法，以便计划人员可以评估他们所选择的传播组合是否成功。

第一章
消费者和消费趋势预测

　　所有传播活动取得成功的关键都在于深刻理解消费者及其对传播信息的反应。密切关注时尚趋势及其对时尚行业季节性的影响是至关重要的，但传播者更要预测消费者和社会文化的长期趋势。本章首先探讨品牌商和零售商如何进行消费者分析，以及变化指标（例如，希望更快成长、青春常驻）如何影响分析过程；其次阐述追踪消费者的重要性，以及相关实践如何形成理论；最后，以全球趋势预测机构trendwatching.com对材料进行研究、提炼和发布为例，讨论当今社会中的趋势如何塑造和形成。

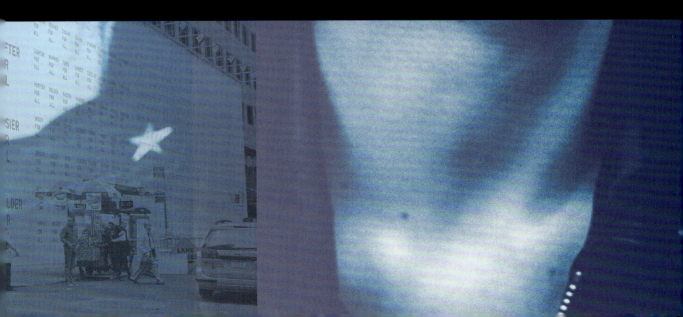

消费者概貌

在20世纪50年代，消费者较为被动，产品理念都来自强势品牌的宣传。从那之后，消费者在营销活动中的角色发生了巨大变化。在菲利普·科特勒等（2010）所描述的市场营销的第二个时代，传播者认识到消费者对于不同的产品和信息会产生不同的反应，于是开始根据年龄、地点、工作和生活方式对消费者进行细分，从而更有效地针对不同人群投放品牌产品信息。我们现在已经进入了菲利普·科特勒所说的第三个时代。时尚传播者现在需要消费者的积极参与和贡献，从而设计可信的传播活动，获得消费者的积极反应。

为适应消费者，品牌商和零售商在描述消费方式上有了显著发展：需要更详细地了解消费者可能会如何行动，他们想要什么，这样品牌才能评估如何与他们互动。

其他一些因素（如转向线上推广、消费者群体日益分化以及数据获取方面的显著改善）使人们对传统社会经济分析方法的有效性产生质疑。传统社会经济分析体系根据消费者的工作和工资或薪水将消费者划分为某种类型的购买者。随着时间的推移，更复杂的方法如地理人口统计学分析已经考虑到消费者所处的地理位置和生活方式，心理分析增加了对消费者态度和行为的测量，从而构建更详细的图景。如今，情感细分通过分析消费者行为背后的心理渴望和动力，提供了最为详细的图景。

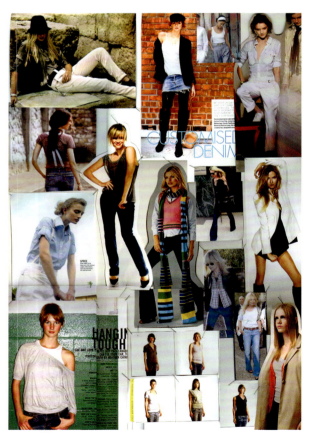

左图 时尚品牌的消费者拼贴板（customer profile boards）通常是由产品设计师制作的。这种拼贴会作为一种基础模块来视觉化地描述某类消费者的特征，并体现设计师对概念的完美阐释。

上图 对时尚品牌来说，关于消费者的整体认识是至关重要的，并且能产生传播材料。2015年，零售商AllSaints在一场名为"Def in Venice"的活动中招募了"捕捉品牌独立精神和态度"的消费大众，由摄像师威尔·彼豆（Wil Beedle）拍摄了一系列令人震撼的图片作品和电影剪辑，展示了机车夹克的多功能性。

社会经济分析

在20世纪60年代中期的英国，人们讨论如何更好地定义消费者，随之有关市场细分的学术研究开始加速发展。国家读者调查（NRS）或社会等级界定就是在这个时期发展起来的，试图对社会阶层进行分类和描述。

NRS的社会经济分组或社会等级界定系统

这种模式在时尚行业中仍不时被提及，尤其是在涉及时尚杂志等媒体时。它仍然是一个快速区分上层阶级、富裕消费者（A、B、C1）与传统的、不太富裕的工薪阶层消费者（C2、D、E）的方法。

地理人口统计学分析

20世纪80年代，以地理人口为基础的分析体系（如Mosaic）被开发出来，并借助人口普查获得的资料对其进行更新。这种类型的分析基于这样一个原则：了解消费者生活在哪里和如何生活是很重要的，并且消费者特定的行为是与他们所处的地理位置相一致的。如今，全球信息系统公司益博睿（Experian）采用了最广泛的方法，推出了马赛克全球（Mosaic Global）分类系统。马赛克全球收集了全球24个最成功经济体的3.8亿个家庭的数据。该系统基于这样一种信念，即全球各地居民都有可识别的相似性，无论生活在哪个国家。该分类详细列出了10种不同的人群类型，在某一类人群中，消费者表现出相似的态度、生活方式和行为。这些类型有：

- 精致的单身人士
- 资产阶层人士
- 拥有事业和家庭的人
- 享受舒适生活的退休人士
- 日常服务人员
- 努力工作的"蓝领"
- 大都会奋斗者
- 低收入年长者
- 后工业时代的幸存者
- 农村产业继承者

以精致的单身人士为例，他们被定义为"年轻人，大多单身，受过良好教育，积极享受大城市生活的多样性和刺激"。他们有着典型的国际化视野和丰富的人际关系网络，很快就能接受和探索新的社会和政治态度，无论是在生活方式还是消费产品方面都是创新的重要推动者。

消费者心理

同样在20世纪80年代，学术领域进一步进行了更精细的、以生活方式为导向的细分方法研究。其中一个重要项目是美国消费未来学家阿诺德·米切尔（Arnold Mitchell）在1978年开发的价值与生活方式（Values and Lifestyles, VALS）模型。1989年，原始的基于生活方式和态度的消费者预测方法开始受到学者的挑战，一支由斯坦福国际研究院、斯坦福大学和加州大学组建的研究团队开发了VALS 2模型，其假设是消费者心理和人口统计或心理统计远远比单独的人口统计更强大。该框架确定了三种主要的动机类型。

- **理念。** 受负责任的原则和价值观所驱使的消费者。此类型包含"思想者"和"信仰者"。
- **成就。** 被成功标志所代表的认可所激励的消费者。这一类型可细分为"成功者"和"奋斗者"。
- **活出真我。** 受体验需求驱动的消费者，无论是身体上的、社交上的还是冒险上的体验需求，包括"体验者"和"制造者"。

社会经济分组或社会等级界定系统

社会等级	社会地位	职业
A	上层中产阶层	高级管理、行政或专业人员
B	中产阶层	中级管理、行政或专业人员
C1	下层中产阶层	主管或办事员，初级管理、行政或专业人员
C2	熟练工人阶层	熟练的手工工人
D	工人阶层	半熟练和非熟练手工工人
E	处于最低生活水平的人	国家养老金领取者或丧偶者（没有其他收入来源），临时工或最低等级的工人

VALS 2模型还认识到第二个层次，即个人的资源。精力、自信、知性、冲动、领导能力、追求新奇和虚荣心等品质可以增强或抑制消费者的主要动机。

简而言之，美国VALS 2模型识别了以下类型的消费者：

创新者：拥有最高水平的资源，并且显示出三种主要动机，因此处于模型的顶端。创新者是成功的、有修养的、积极的、有高度自尊心的消费者。他们喜欢变化，并且最善于接受新的、小众的想法和技术。

思想者：注重秩序、知识和责任感，是成熟、满足、舒适和善于反思的消费者。他们往往受过良好的教育，在做决定前积极地寻求信息。他们注重产品的耐用性、功能性和价值。

信仰者：非常传统，尊重规则和权威。他们在品味上基本上是保守的，重视家庭、宗教、社区和国家。他们选择熟悉的产品和知名品牌。

成功者：有明确的生活方式，致力于事业和家庭。他们过着传统的生活，偏好权威和维持现状而非风险和自我发现。他们更喜欢能够彰显个人成就的优质产品。

奋斗者：时髦的、喜欢玩乐的。他们关心别人的意见，喜欢时髦、梦寐以求的产品，模仿富裕人士的购买方式。

体验者：年轻，对新的可能性充满热情，但很快就失去兴趣。他们追求多样性和刺激，品味新鲜、不寻常和冒险。他们把收入的很大一部分花在了快时尚、社交和娱乐上。

制造者：看重实用性和自给自足。他们选择亲自参与有建设性的活动，把闲暇时间花在陪伴家人和亲密朋友上。他们更喜欢价值而不是奢侈品，选择基本的或功能性的产品。

挣扎者：生活很狭窄。他们资源不足，注重满足基本需求。他们没有表现出强烈的三种主要动机。他们忠实于熟悉的品牌，主要关注价格、安全和保障。

可以在www.strategic businessinsights.com/vals/presurveys.html上进行VALS测试，确定自己的VALS类型，并且可以为正在进行的数据采集做出贡献。1995年增加了英国的VALS模型，该模型与美国VALS模型在主要动机因素和相应的消费者类型方面略有不同。国际上也在中国、多米尼加、日本、尼日利亚和委内瑞拉开发了相应模型。

情感细分

尼尔森公司旗下的VisualDNA开发出了情感细分工具，用于对消费者进行详尽的心理分析，帮助品牌商和零售商提高线上推广活动的到达率、绩效和投资回报。地理位置不再对消费者线上市场信息产生很大影响，反而是期待、动机、个性特征等因素更加重要。与VALS模型类似，这家公司通过获取数据开发了一系列小测验，并确认了12种典型的人格特征（见第5页的表格）。情感细分描述了消费者的兴趣、期待和理想、足智多谋、思维状态、开放度、责任心、外向性、随和性、敏感度以及他们对待压力、爱和财务的方式，有助于实现信息高度个性化并有针对性地向特定消费者传递信息。使用这12种特征类别，就有可能建立一个详细的心理图谱，将消费者视为个体而不是细分市场。这一模型说明，时尚消费者的购买行为不再受收入或地理位置的影响。消费者可能是有欲望的，也可能受强迫的甚至是非理性的购买欲望所支配。

VisualDNA情感细分表

兴趣	财务	责任心	期待和理想
消费者的兴趣和休闲活动： 体育狂热爱好者 音乐狂热爱好者 书虫 游戏玩家 汽车爱好者 注重形象 前卫的 艺术家和手工艺者 美食探险家 关注家庭	消费者的消费内容和消费观： 休闲娱乐 外在形象 食物 改善居住环境 小康家庭 精打细算	消费者的生活方式： 完美主义者 工作狂 人生规划师 时间管理员 自由思想家 自发的工人 自发的生活家 自发的旅行家 善意的	消费者对未来的憧憬和希望： 主流消费者 传统的追求者 爱情的追求者 家庭的追求者 寻求幸福 探求思想 热爱自然 职业驱动 金钱驱动 资产驱动 精神的信徒 未来的冠军
足智多谋	**外向性**	**压力处理**	**思维状态**
消费者的工作状态： 有经验的 熟练的 早期工作者 闲散人员	消费者对其他人的感受： 天生具有领袖气质 爱开玩笑的 社会表现 社会的听众 讲故事的人 健谈的 支持他人的 沮丧的外向的人 慎重的 挑衅的 空想家 孤独的	消费者面对困难的态度： 努力工作、尽情玩乐 忽略 倾诉、商量 仔细考虑 寻求安慰 感性的 快速修复 打包 忽冷忽热	消费者看待世界的方式： 精力充沛的乐观主义者 智慧的乐观主义者 及时行乐、享受当下 说干就干 身心放松 有爱心的 不确定的思想家 沮丧的 垂头丧气的
随和性	**爱**	**开放度**	**情绪稳定性/敏感度**
消费者对他人感兴趣的程度： 利他主义者 积极的理想主义者 团队成员 自然的合作者 谨慎的合作者 研究人员 关注自我 竞争者 寻求控制 孤独的 武断的/过于自信的	消费者对爱的感受： 真爱 被动的浪漫主义者 过山车式的浪漫 传统的浪漫 充满冒险 戏剧性的浪漫主义者 热情 知心伴侣 平淡 温柔 孤独	消费者对新体验的感觉如何： 富有表现力的 有创意的 好奇的 不错的 聪明的 用逻辑进行判断 直截了当的 明白的	消费者的行为受情绪驱动的状况： 幸福和安全 自我保护 自信 敏感的 自我封闭 感到压力 自我批评 很容易泄气 自我逃避 被动逃避者 戏剧性的逃避现实者

不同世代

另一种描述消费者的方法是基于这样一种假设：人们的行为方式或态度是由他们出生的时代决定的。许多时尚推广和营销领域的作者，如哈里特·波斯纳（Harriet Posner）、蒂姆·杰克逊（Tim Jackson）和大卫·肖（David Shaw），都认为世代会对时尚消费、营销和品牌塑造产生影响。

人们对衰老的态度，对"老"的界定正在发生动摇，世代的边界也变得模糊。一些影响因素如下：

- 寿命的延长、健康状况的改善、锻炼的增加以及保持年轻的愿望，使得老年群体更加积极。由于工作年限延长，"中年"的概念也发生变化，55岁依然被公认为是中年。
- 发达国家的儿童成熟得更早，出现小孩早熟的现象。他们拒绝传统的儿童玩具、游戏和服装，而倾向于更贴近成人世界的线上活动。
- 10～14岁的青少年也在迅速成熟，他们对理想身形的认知深受名人文化和媒体压力的影响。
- 青春期可能会持续到30岁出头，受到经济大萧条打击的千禧一代要么跟父母共同生活的时间更长，要么会选择在昂贵的大学学业结束后回到家里。
- "二战"后出生的婴儿潮一代不再受年老的限制。"老"字现在可能只形容80岁的人。婴儿潮代关注健康，坚持健身，保持年轻，满怀热情地创业和学习新技能。

这些变化在全球范围内发生着，在不同世代中产生以下表现：

摇滚一代/沉默一代

预期寿命的延长意味着1946年以前出生的人口正在扩大，占全球人口的8.5%，这首次引起了产品和服务开发人员和营销人员对这个群体的兴趣。这群人现在大多是退休人员，其中一些人出生在"二战"时期，所以以摇摆音乐的全盛时期命名这个群体。他们中的多数人收入较低或享受政府福利，但少部分人已经成为有史以来最富有、最喜欢消费的退休人群，保持健康，享受生活。商业界对这一代人的兴趣被重新点燃，开始重视循环使用、重新组合。他们中的一些人经过战后萧条，持有简朴的生活理念。

婴儿潮一代

婴儿潮一代以"二战"后全球人口激增而命名，占世界人口的19.9%。在青少年时期，他们的成长伴随社会经济繁荣、成长氛围开放自由、时尚兴起和20世纪50～60年代流行音乐兴盛。生于1946～1964年的婴儿潮一代是第一代成长于双职工家庭的人。他们与子女关系紧密，但依然期待在孩子独立后去享受生活。他们倾向于选择具有传承价值的品牌，认为这些品牌是其社会地位的象征。然而，随着这一代人对化妆品和时尚品的兴趣激增，他们出人意料地成了威拉（Wella）、康特妮（Comptoir des Cotonniers）等公司推广活动的明星。

下图　2016年，当时60岁的模特雅斯米娜·罗西（Yasmina Rossi）为Dreslyn和Land of Women的泳衣合作拍摄照片。

X一代

X一代出生在1965～1980年，全球占比为20.5%，与婴儿潮一代占比接近。X一代的命名源于加拿大作家道格拉斯·科普兰的《X一代：关于加速文化的故事（1991）》一书。他们这代人希望自己避免被定义，以批判和多疑著称，尤其当他们被混在其他消费群体中没有被区分对待时。他们中的许多人都成长于双职工家庭，拒绝终生工作，这也为他们赢得了"懒虫一代"的称号。他们首创了间隔年，暂停学业去旅行。他们喜欢独家的、限量版的商品。商业界有望在现在延长的高收入时期通过营销信息吸引这一代人。

Y一代/千禧一代/回声潮一代

Y一代指的是出生于1981～1990年的人，约占全球人口的17.8%。他们伴随科技发展而成长，拥抱社会媒体和社交平台。这一代的许多人都是单身，由于经济压力，他们的青春期还在延长。他们可能是学生或年轻的专业人士，或有自己的小家庭。他们性别角色开放，拥有更现代、更包容的育儿理念。这一代的成员更乐于交流，并会成为品牌的忠诚顾客。

Z一代/网络一代

Z一代出生在1991～2002年，占世界人口的19.6%。专家们尚未对这一代的名称达成共识；他们也被称为下一代或网络一代，因为他们的成长紧密伴随数字技术的进步，生活中充斥着电子游戏和移动终端。这一代人很早熟，不再喜欢传统的儿童玩具，并热衷于在数字世界中参与、消费和创新。他们希望创造个性化，乐于参与品牌发展以及促销活动。

平世代

2014年，全球未来咨询机构未来实验室（The Future Laboratory）在其发布的趋势报告《平世代社

上图 艾里斯·阿普费尔（Iris Apfel）是当今最忙的模特之一（出生于1921年）。她打破常规与老年联系在一起的风格感。她是品牌Blue Illusion 2016～2017年秋冬季"不老"系列的代言人。

会》（*The Flat Age Society*）中预测，传统的代际分化将进一步模糊。这一观点将人们的注意力吸引到了"婴儿潮"（baby boomers）一代，他们在全球奢侈品支出中所占的比例达到了45%。到2050年，全球55岁以上的人口将增加2亿人，达到20亿人。据预测，这一强大的力量将有助于改变人们对老龄的消极态度。"平世代社会"的观点还显示，随着社会文化从崇尚年轻转变为弱化年龄的重要性，未来伟大的设计应该面向所有年龄段的人。对于营销人员来说，可以更少地考量世代细分，而是去寻找有创意的方式，更多地关注永恒的价值和宽泛的生命周期。

购买者角色

品牌商和零售商可以使用上述分析技术来塑造购买者角色。购买者角色是基于地理人口统计学、心理图谱、志向、态度和人格特征对消费者进行的形象描述。进一步的研究——如与品牌互动的线上行为、购物习惯或市场调研——有助于形成高度细致的消费者画像。从市场营销的视角来看,通过通信和电子邮件等线上交流,可以依据购买者角色对消费群体进行细分,从而更准确地进行目标营销。

由此时尚推广者可以认识到,要想吸引消费者的生活方式、动机和行为,必须对其进行更为详细的分析。消费者是广告信息的接收方和推广活动的参与方,因此要专门为其设计广告和推广活动。传统的细分方法也发生了显著变化,这就会影响到童装生产商,他们的目标市场可能会对童趣、可爱的形象变得不那么敏感,他们需要寻求更多有关名人和身材形象的成人主题。消费者未来分析师建议,推广者应设法吸引各代人。这肯定会对时尚行业产生更大的影响,因为该行业已经开始吸纳老年模特。

接下来,我们转向对消费趋势的分析。所有新的行为一旦扩展形成规模,都会产生新的趋势。

消费趋势观察发展

1985年的"黑色星期五",当美国牛仔裤品牌李维斯(Levi Strauss & Co.)推出其标志性的"洗衣店"广告时,该公司在英国的业绩一直萎靡不振,濒临退出这个由潮流驱动的市场。创意广告公司百比赫(Bartle Bogle Hegarty,BBH)的约翰·汉和芭芭拉创作了一个很有名的广告,在一众老人和年轻女性困惑的目光注视下,模特尼克·卡门若无其事地脱下他的李维斯牛仔裤(身上只剩下拳击短裤),把它丢进了自助洗衣机。马文·盖伊(Marvin Gaye)的《通过小道消息听说它》(*Heard it Through the Grapevine*)重新发行,并成为李维斯用于广告宣传的十大热门歌曲之一。这款牛仔裤在英国的销量飙升,到1987年销量增长了20倍。

毫无疑问,李维斯建立了一个很好的广告范例,并在艰难的市场环境中维持了声誉,但它的成功是否完全取决于这场宣传活动仍存在争议。其他牛仔裤品牌尽管都模仿它投入大量资金进行广告推广,但都没能成功复制这种模式。

1982年,一系列被称为"Dirtbox"的俱乐部之夜开始在伦敦流行,由罗布·米尔顿和菲尔·格雷主持。20世纪50年代的乡村摇滚推动了这种风格的融合,被称为"Dirtbox风格"(Dirtbox look)。与朋克风格一样,这种风格反映了持续经济萧条时期(始于20世纪70年代)的特征,当时在二手商店很容易买到的李维斯501型破洞牛仔裤成为具有代表性的服装。男孩子将裤边卷起,搭配旧皮鞋,不穿袜子,女孩子搭配的是老式的细高跟鞋和渔网紧身裤。这款李维斯501牛仔裤非常符合20世纪50年代街头顽童的形象气质。

顶图　尼克·卡门的李维斯的"洗衣店"广告。

上图　20世纪80年代初,伦敦国王大道上的乡村摇滚乐手。

如果这些主要的创新者（见下文的"创新扩散模型"）没有通过俱乐部、音乐、周末海边之旅来传播，李维斯也不太可能实现现在的销售业绩。事实上，不管是有意还是无意，它在早期流行阶段是比较成功的。其他品牌则完全没有意识到草根阶层对这种合身牛仔裤的需求。

创新扩散模型

建立一门学说来预测消费者行为的想法并不新鲜。关于消费者接受新趋势的理论性研究起源于1962年美国社会学家和教师埃弗雷特·M. 罗杰斯（Everett M. Rogers）的一项研究，他在洛瓦的一个农业社区研究一种旨在提高产量的新型杂交玉米种子。研究通过记录接受速度、提升接受速度的因素以及抵制新事物的因素来衡量采纳率。虽然这项研究距今已40多年，但由此产生的用户/消费者类型以及这些类型在样本组中所占的比例与今天的比例相当。

- 在特定群体中，创新者只占2.5%。尽管他们或许并不发明或发现一种新范式或新产品，但他们能把概念变为现实。
- 早期采用者是一个庞大的群体，占13.5%，比创新者更能决定创新的扩散。他们观察创新者，向他们学习，并以更容易被接受的方式进行信息扩散。

- 群体中约34%的人会成为早期大众。这群人会观望早期采用者如何应对一种趋势，然后自己才会接受。他们不是发起者，但是人数众多，社会交往广泛，能迅速进行信息的扩散。
- 还有34%的人是晚期大众，他们总是在模仿中寻找学习的样本。他们是审慎的消费者，当一个趋势信息被完全确认后，才会尝试和采用。
- 最后，约16%的人是落后者。他们接受潮流的速度较慢，价值观保守，拒绝改变。

这个模型表明，趋势预测者可以密切关注创新者，识别某一领域流行趋势的苗头。他们可以见微知著，通过观察早期采用者和早期大众的行为，识别出显著的趋势。值得关注的是，即使是晚期大众，甚至是落后者，在一个概念变为趋势之前，也能发挥一定的作用。

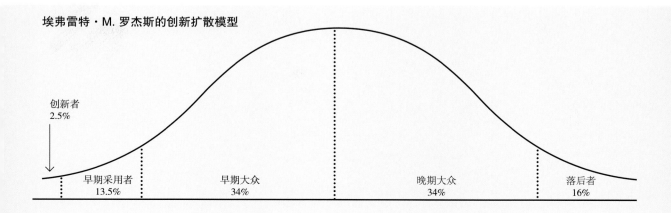

埃弗雷特·M. 罗杰斯的创新扩散模型

创新者
2.5%

早期采用者
13.5%

早期大众
34%

晚期大众
34%

落后者
16%

后现代主义

1900～1960年，社会处于充满进步和乐观精神的现代阶段。与之相应，1960年之后，社会一直处于深度复杂的状态，这一时期被称为后现代，备受争议。一些学者认为，我们已经进入了一个后后现代阶段。杰弗里·尼龙（Jeffrey Nealon）等作家认为，后后现代主义是后现代效应的强化和延伸。

主要的后现代理论家有让·鲍德里亚、弗雷德里克·詹姆森、让–弗朗索瓦·利奥塔、罗兰·巴特和雅克·德里达，他们对后现代主义持有不同的观点。也许可以用现代主义所代表的进步、真理和对乌托邦理想的追求来对这个时代进行概括。相应地，后现代主义反映的是疲惫、对真理的质疑和反乌托邦的社会。史蒂芬·布朗在《布朗利等人》（1999）一书中总结了让·鲍德里亚对后现代状态的看法：

> 艺术、生活、理论、政治和社会的每一种可能性都已被尝试过了。原创已经不可能了，历史已经结束，未来已经到来，剩下的只是在厌食风潮的废墟中玩着残片。换句话说，唯一可行的选择就是以讽刺或不敬的方式重新组合已经存在的形式、风格、类型、方法、技术和方式。因此，尽管后现代主义在很多方面是现代主义的终点、边界、死胡同，但它表现为一种戏谑的感觉，对失败的异常兴奋，以及一种"既然无能为力，不如来狂欢"的及时行乐的态度。

这在一定程度上可以解释，为什么时尚界的创意几十年都在无休止地重复，而在某种程度上，对未来、对发展的不确定充满焦虑。布朗的营销视角可以解释后现代主义。

碎片化。媒体影响力上升，造成政治动荡、经济理论瓦解和社会组织消解，消费者群体从大众市场进入到个性化状态。

去分化/趋同。过去的精英文化和草根文化发生了融合，如政治家和名人。过去清晰的界限也变得模糊，如性别界限以及人们对名人的认识。在时尚界，先前不被重视的面料开始被使用，活动装也走上T台。

COMME des GARÇONS

顶图　川久保玲（Comme des Gargons）1995年的活动。

上图　英国真人秀明星萨曼莎·费尔斯2014年的"La Bella"香水广告。

超现实。奇幻世界的出现使人们对真实和虚拟产生质疑。最初表现为主题公园和电脑游戏的流行，现在发展成为真人秀节目、虚拟仿真以及更加身临其境的视觉游戏体验。通过超现实主义，社会接受了将电视真人秀明星作为"名人"。因此，品牌商有可能利用真人秀明星在社会中的形象和地位向消费者进行品牌推广。

拼凑/杂糅。在时尚、建筑、艺术、电影、文学等领域对现有风格和符号进行带有讽刺意味或趣味的拼凑组合。例如，高端百货商店哈维·尼科尔斯（Harvey Nichols）就因使用拼凑法制作具有讽刺意味、厚颜的，有时还会引起争议的广告而出名。2015年，该公司使用了商店扒手的真实录像镜头，并用卡通面孔打码。这则广告是为Harvey Nichols的奖励应用程序制作的，广告语是"喜欢免费赠品吗？让他们合法"。

反基础主义。对外衣和内衣的解构和质疑经常表现出对细节的关注，而袖子等功能也发生了变化。在更广泛的意义上，这是对常识的质疑。时尚界一些最先进、最具智慧的当代设计就是基于这一原则。这也解释了当前人们为什么想要了解"幕后"和推广活动的过程。

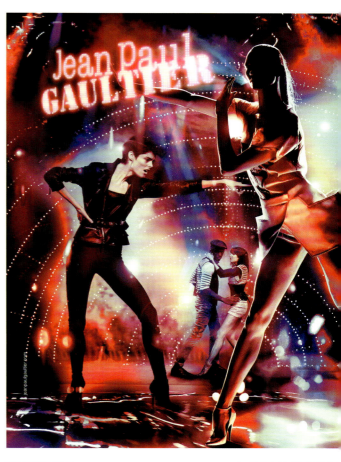

右上图　让·保罗·高缇耶（Jean Paul Gaultier）2014年春夏活动使用T台照片。

右图　薇薇安·威斯特伍德（Vivienne Westwood）2015年春夏活动。

趋势预测机构是如何运作的

前述内容明确了观察消费者的重要性，探讨了趋势如何被社会接受的背后理论以及时代如何影响趋势的出现，接下来探讨趋势预测机构如何观察消费者行为，识别出趋势。

每个趋势预测机构都有其收集数据和综合分析的流程和工具。在第14页，维多利亚·卢梅斯（Victoria Loomes）向我们介绍了trendwatching.com的分析过程。这一网站因其免费出版物而闻名并备受赞赏，受到学生和业内人士的欢迎，它提供每月趋势简报（以9种语言提供）、地区简报和趋势画布，能够帮助品牌商和零售商解读趋势理念并实现创新。

trendwatching.com的案例

以下趋势信息在2015年可以免费获取。接下来的章节将举例说明这些长期消费者和社会文化趋势理念的早期采用者进行活动设计的情况。

趋势一：后人口统计消费主义

这是trendwatching.com网站对本章前面讨论的传统代际模糊问题的看法；它继续发展成为一个大趋势，取代了"部落和生活"。在一个信息流动如此通畅的社会里，所有年龄段的人都在构建自己的身份，消费模式不再由年龄、性别、地点、收入、家庭或地位来定义。苹果、脸书、宜家、麦当劳和优衣库等全球知名品牌在全球范围内推广不限年龄的体验，从而形成了这一趋势。

大城市更自由的生活方式也帮助消费者形成了对自己的身份认知，消费者不再根据家庭结构甚至性别角色来理解自己的身份。使用数字工具实现个性化和进行实验越来越频繁，这使得更多的人能够以更个性化的方式识别品牌并与之相联系。新的身份象征——体验、真实性、连接和道德——使得品牌向所有人开放，无论其年龄大小、贫富贵贱、身处何方。Trendwatching.com在这一大趋势中指出了四个类型。

新标准。品牌旨在减少对消费者利益的负面影响。例如，脸书阿根廷在创建个人资料时增加了更多的性别选项，比如跨性别女性。

传统异端。品牌拟重构和推翻几十年来已确立的品牌历史和传统，以吸引更年轻、更富有但不羁的顾客。例如，纽约的滑板品牌Shut就推出了一款奢华的镀金滑板。

跨人口的融合。共同的品位和愿望意味着创新从一个核心人口转移到另一个核心人口的机会前所未有的巨大。例如，CNA语言学校启动了口语交流项目，通过网络摄像头将讲巴西语的学生与参加英语课程的退休美国人联系在一起。

反人口统计。迎合越来越小的细分市场，为其提供利基产品，而不是基于传统普遍的人口统计数据来设计产品。例如，Vogmask和Face Slap在2015年中国香港春夏时装周上推出了时尚的防污染口罩。

趋势二：同情定价

这一趋势是"人类品牌"大趋势的一部分。这表明消费者已经厌倦了品牌告诉他们自己很在乎消费者；他们希望看到一些实际证据，比如提供新颖和灵活的折扣。消费者已经学会无视品牌所传达的关于关心环境、关心员工或关心消费者的信息。在美国和英国，只有5%的消费者认为品牌的行为是开放和诚实的。

（下接17页）

上图 优衣库的"Made For All"广告。2014年纽约第五大道旗舰店开业时，建筑路障上布满广告。

右图 Trendwatching.com的"同情定价"报告。

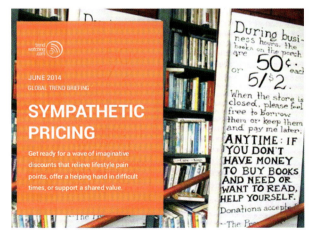

trendwatching.com的维多利亚·卢梅斯（Victoria Loomes）

维多利亚·卢梅斯是trendwatching.com网站的高级趋势分析师。该组织成立于2002年，在全球90多个国家和地区拥有超过3000名潮流观察者。在纽约、伦敦、圣保罗、新加坡和拉各斯的五个中心办公室里，人们对趋势的观察铺天盖地。该组织由一个23人的团队领导，他们负责管理客户和区域办事处、预测趋势、营销和网站设计。根据观察到的趋势，该组织将为1200名付费客户发布高级服务趋势报告，并为超过26万名订阅者发布免费公告。它的客户包括迪赛尔（Diesel）、古驰（Gucci）、圣罗兰（Yves Saint Laurent）、彪马（Puma）和新秀丽（Samsonite）。

任何对当地消费趋势和商业创新有兴趣的人都可以申请加入trendwatching.com的潮流观察网络。网站经常招募免费出版物的读者。投稿成功可获得积分（积分可兑换礼品），并可在趋势公报上发表。

Trendwatching.com的趋势分析师为客户举办全球研讨会和创新工作坊，也参加由领先思想家和创新者举办的研讨会，以保持始终处于当前事物和未来发展的前沿。

问：你们如何处理全球不同办事处获得的信息？

答：这是一个挑战，但我们通过Skype让大家聚在一起交换信息。我们还有一个很棒的内部聊天程序Slack，这是一个即时通信应用程序，可以前后推送实时评论，允许不同的人进入对话。

区域办事处负责制作区域简报，内容包括标题、趋势和洞悉，会送到我们这里，但简报的内容和方向是由每个区域办事处自行确定的，这个过程是民主的。

问：你们是否要在世界各地举办趋势研讨会？

答：现在是7月，所以我们现在正在进行本年度（2015）的这项工作。首先是阿姆斯特丹，其次是伦敦、新加坡，再次是曼谷的私人活动，接着是悉尼，最后一个研讨会在纽约举行。2016年圣保罗的活动将是一个私秘的研讨会，更具亲密性、互动性、没有固定的议程。我们发现这种形式更适合某些喜欢地下活动的消费者。研讨会很有趣，但要聚在一起很难。围绕着趋势框架安排研讨内容，提供优质内容。

右图　Trendwatching.com提供免费的区域性出版物，消费者可以分享、点赞或下载。

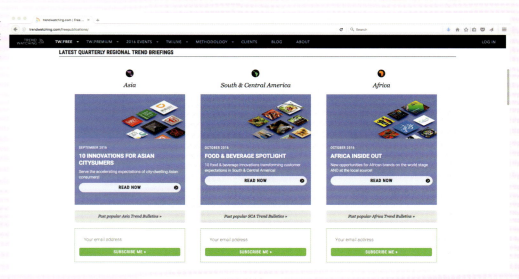

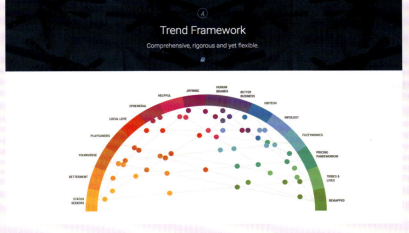

左上图
trendwatching.com的
趋势框架。

右上图
比利时安特卫普的
迷你时尚酒吧。

趋势框架中包含16个大趋势，每个大趋势中都有子趋势，这些子趋势不一定不重要，但它们变化得更快，演化得更迅速。我们定期更新子趋势，并提供具体实例。在研讨会上，我们将介绍趋势框架，以及未来几年各子趋势将如何塑造整体趋势。我们提出了10个趋势，都是与会者应该知道的并应立刻据此采取行动。我把很多东西放在一起。旅行是令人兴奋的，我们总是尽可能地根据当地市场确定研讨内容，即使这仅仅意味着改变形象以与当地情况相关。

问： 目前有什么特别的国家和地区值得关注吗？

答： 这是个很难回答的问题。目前在非洲有很多有趣的事情：那里的中产阶层正在成长，他们在观察，从其他国家和地区的人们那里得到有趣的想法，并加入他们自己的观点。由于互联网和信息传播如此容易，很难说你应该关注特定的市场，因为现在的观点、灵感或想法实际上可以来自任何地方。我不会说有一个特定的市场，你需要有全球意识。对企业来说，重要的是要意识到，现在人们在世界各地旅行的次数越来越多，他们会带着某些期望，也会想"为什么这里不提供这种服务"，很多全球品牌制定了全球通用标准，像谷歌、脸书和苹果这样的公司已经重新定义了对某些服务的看法，以及对客户服务的期望。苹果的天才吧（Genius Bar）在世界各地都有销售，因此小型初创企业不得不对这些提高了的客户服务水平和大品牌制定的标准做出回应。

问： 还有其他有趣想法的特别来源吗？

答： 好的想法可能来自任何地方。一旦像苹果或亚马逊这样的品牌做了什么，一个初创品牌就更容易在这个理念基础上建立起来，并从中找到自己的方向。进入门槛已经降低。数字技术让人们可以更容易地体验更多。对于品牌或个人来说，也更容易尝试，或提供定制化服务，以及决定参与什么类型的活动。

意识到任何渠道都可以成为营销渠道同样重要。例如，安特卫普（Antwerp）的班克斯精品酒店（Banks boutique hotel）就与德国时装店Pimkie合作。现在，他们的酒店房间里有一个迷你时尚酒吧，里面有精心挑选的服装，你可以在旅行结束时穿上并支付费用。这样你就不用去商店买东西，不用打包很多东西，也不会感觉到自己错过了什么。利用每一个机会进行营销将变得越来越有针对性和精确性。

问：有没有一个子趋势后来成为大趋势的例子？

答：也许一开始并不是一个子趋势，但是可以进化演变为大趋势。"部落和生活"趋势现在已经被重新命名为后人口消费主义，即消费者没有按照他们应该做的去做。人们在获取信息方面富有经验，对全球品牌了如指掌，不能再用年龄、地点或性别区分消费者了。"部落与生活"是将人们按群体划分。有一种叫作"粉色利润"的趋势（本质上是针对粉色英镑即同性恋购买群体的营销），还有一种与女性相关的趋势。过去我们经常讲这些想法是过时和老套的。2014年11月，我们向高端客户发布了"后人口消费主义"的概念。它已经变得比1个大趋势还要大——一个总体趋势，一个关于"我们需要如何看待人"的根本转变。对于品牌来说，如何向消费者定义自己是至关重要的。年轻人仍将是最早的采用者，但这些信息会在每一代消费者中更快地传播，每一代消费者接受这些信息的愿望也会愈加强烈。

问：您现在有没有研究一些您认为会对时尚品牌产生影响的趋势？

答：时尚和技术的结合真的很有趣，不仅是应用在电子商务上或在销售点使用。例如，李维斯正与谷歌合作开发用于制造牛仔裤的智能面料。该设计的理念是，当穿着者的手在牛仔裤的布料上上下滑动时，可以改变音乐的音量。在你所穿的衣服中嵌入技术的"响应式"服装是一个有望发展的领域。电子商务的可能性是无限的。使用设备会让人与人之间孤立起来，人们都是低头看东西；手势技术可以使我们变得更加广泛和积极。技术的使用不是为了技术本身，而是需要解决一个问题或使某件事变得更好、更容易或更直观。

时尚品牌可以考虑与消费者保持联系。乐购开展了一项活动，顾客可以向美容博主预订教程，由博主讨论哪些产品适合他们。时尚品牌帮助消费者改善外表、获得幕后知识，通过时尚圈内人的眼光来看待事物；同时，还可以利用消费者的人脉创造很多利润。营销被视为一种服务，要对消费者提供有用的东西，而不是将消费者视为被动用户。在其他行业，消费者也在相互直接交易并建立信任。为了保持地位，时尚品牌可以借鉴其中一些模式。

问：在潮流观察中，您有什么最喜欢的品牌或想法吗？

答：我的确会观察一些品牌。达美乐披萨通过服务营销做了很多令人惊叹的事情，比如订购表情符号。我还喜欢巴塔哥尼亚（Patagonia），它非常透明，2011年推出了"不要买这件夹克（Don't Buy this Jacket）"活动。这是违反直觉的，但是有效地告知了购物者制作一件这款畅销夹克需要多少资源。我对那些介入并帮助消费者了解新技能或新事物的品牌感兴趣。消费者从获得商品转变为想要体验更多、想要收集不同体验。我们不会停止购物，但与每一次购物相关的故事、活动和途径正变得越来越重要。

下图 2015年，达美乐在美国推出了一款新的披萨表情，用于快速便捷点餐。注册用户在指定自己的披萨喜好之后，可以在推特上发这个表情，或者在@dominos账户上使用"EasyOrder"标签来点餐。

AT DOMINO'S, WE LOVE EMOJI TOO. ACTUALLY ONE IN PARTICULAR.

这一趋势包括三类同情定价：

止痛药定价。 针对生活方式痛点提供折扣。例如，出租车应用优步（Uber）为伦敦和波士顿受到交通中断影响的乘客提供折扣。

富有同情心的定价。 在困难时期提供帮助的折扣。西班牙马德里一个地区的Tienda Amiga激励就是一个例子，那里的商店为失业者提供折扣。

有目的的定价。 为支持共同的价值或信仰而提供的折扣。例如，荷兰航空公司Corendon为同性恋权利活动人士提供了前往俄罗斯的廉价航班。

趋势三：无界面

这一细分趋势（"Ubitech"的大趋势）涉及一种更自然、更直观的方式，通过语言、手势、触摸和视觉与技术交互。从某种意义上说，手机的使用解放了消费者，让他们可以随时（一天24小时，一周七天）购物和保持联系，但这在物理上是有限制的。人们渴望一种新的方式——人们可以与设备交谈，可以感受到提醒，而不仅仅是低头看屏幕。这一趋势预示着，消费者将渴望更快、更直观的方式来处理他们面前的海量信息。

声音。 很少有比简单的交谈更快的互动。例如，亚马逊Echo是一款智能数字服务助手，可以让人们从声音中学习。它可以用于查找音乐、新闻、天气和信息。

手势。 自然手势是与技术互动的一种非常直观的方式。例如，Ring Zero是一种可穿戴的戒指，可以通过手势控制智能设备。

触摸。 除了可以发送打字信息外，佩戴者还可以感受到警报或表情符号等新的触摸功能。例如，Hug是一个振动应用程序，使用者发送一个拥抱，接收者可以真正感受到。

增强现实。 新技术正在将数字信息与现实世界无缝地融合在一起。例如，RideOn增强现实（AR）眼镜为滑雪者和滑雪板运动员增加了虚拟层面，使其能感受到真实的挑战和竞争。

本章中提到的消费者的本质和趋势环境应该是传播计划过程的重中之重。至少有两家趋势预测机构（分别由独立发表的研究支持）预测了品牌如何看待未来消费者的变化，几乎可以肯定，这种变化将会发生，并在21世纪20年代加快步伐。更具体地说，更多地使用止痛药定价将引起个性化的、短期的折扣，而不需要卖出旧库存。语音和手势控制界面是最直接和最有可能被时尚界广泛采用的工具。增强现实技术也被Net-a-Porter和其他公司用来增加购物体验的深度。下面的章节将重点介绍我们提到的这些趋势以及其他趋势是如何被具有前瞻性的品牌所利用的。

参考文献

Brownlie, Douglas, et al., *Rethinking Marketing: Towards Critical Marketing Accountings*, Sage Publications 1999

Experian, 'Mosaic Global', 2007, www.experian.co.uk/assets/business-strategies/brochures/Mosaic_Global_factsheet[1].pdf

Kotler, Philip, Hermawan Kartajaya and Iwan Setiawan, *Marketing 3.0*, Wiley and Sons 2010

Strategic Business Insights, 'US Framework and VALS Types', 2015, www.strategicbusinessinsights.com/vals/ustypes.shtml

VisualDNA, 'Emotive Segmentation Methodology', 2013, www.visualdna.com/wp-content/uploads/2014/09/Emotive-Segments-White-Paper-VisualDNA.pdf

延伸阅读

Euromonitor, 'Age Blurring: How the Breakdown of Age Boundaries Is Affecting Global Consumer Markets', Strategy Briefing, 2011

Flat Age Society, The Future Laboratory on The Flat Age Society, 2015, https://vimeo.com/85909422

Raymond, Martin, *The Trend Forecaster's Handbook*, Laurence King Publishing 2010

Retail Innovation, 'The Future of Retail with Wearable Technology', 16 March 2015, www.retail-innovation.com/the-future-of-retail-with-wearable-technology

讨论

如今的创新者和早期采用者都是谁？这些角色是如何变化的？

请思考：时尚品牌如何成功地迎合千禧一代消费者？

你认为哪三种早期社会文化趋势会在未来两三年内影响时尚品牌和产品？

第二章

品牌化的时尚营销传播

　　本章讨论品牌化及其对时尚品牌推广的重要性。首先介绍常见的品牌化模型，用于塑造品牌的特征和个性，使其具备更鲜明的人格化特征，易于识别，并说明品牌如何使用颜色、标志和字体来构建消费者喜爱的品牌形象。其次，品牌个性棱镜常常作为管理者评估品牌个性有效性和强度的工具。最后，将探讨如何利用营销传播来创建和强化品牌形象。

时尚品牌

毫无疑问，当被问及最喜欢的时尚品牌是什么时，每个消费者都会根据其需要、欲望、品味和喜好给出不同的答案。更重要的是，他们所穿的衣服和选择的品牌反映了他们所关注的和渴望的，塑造并向他人传递的理想自我。

时尚品牌不仅用于识别和区分零售商的产品和服务，还用来塑造消费者的个性、性格和态度。并且，

由于时尚品牌是消费者构建自身个性的一部分，因而与品牌相关的信息在时尚产业中极其重要。这意味着品牌面临着一个极其困难的挑战，即必须将自己与其他品牌区分开来，以满足消费者的需求，同时通过挖掘和定位消费者的欲望来创造持久的消费热情。

在本章中，我们介绍品牌人格化的理念，即赋予品牌人的特征。正如一个人有其特点、个性特征和

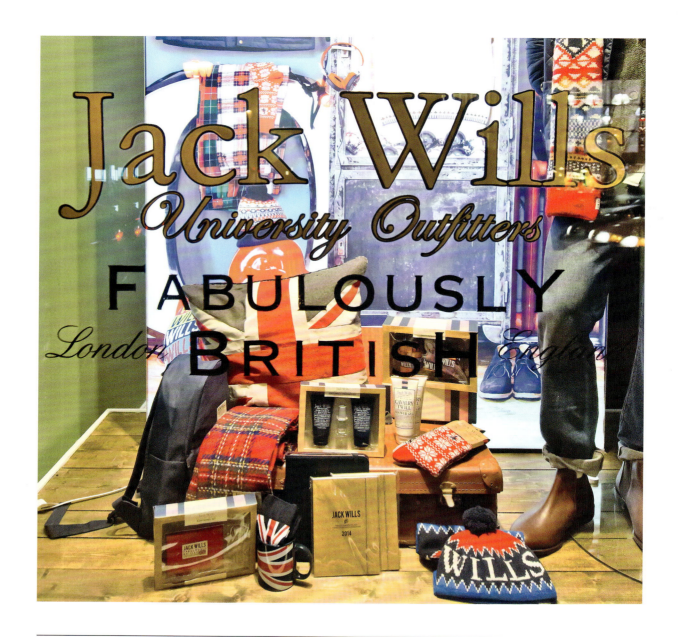

上页图和上图 杰克·威尔斯将"难以置信的英国"理念视觉化，将其融入商品和生活用品中来反映生活方式。

个人经历，品牌也是如此。有关消费者行为的研究表明，人类通常先感性，然后才理性，这适用于人们与品牌的连接。因此，品牌向目标消费者传递信息时越来越使用感性驱动的信息。

强势时尚品牌使用有效的品牌化和传播活动来传达感性信息。例如，杰克·威尔斯（Jack Wills）就成功地建立了一个品牌，将美国学院派的着装风格英伦化。该品牌所传达的"英国制造"和"超级英国"的理念在情感上与品牌的目标消费者——年轻的学生和专业人士联系在一起，品牌传播活动强调更年轻、更新鲜的英国生活方式，这正是其目标消费者所向往的。

品牌代理机构大象跳不起来（Elephants Can't Jump）的主管里克·西姆科克（Ric Simcock）也秉持"情感战胜一切"的观点，认为在考虑功能前需要在情感上进行沟通："如果我们不能给消费者一些感触，他们就不会考虑我们，（而且）在有需要的时候不会选择我们的品牌。"凯文·罗伯茨（Kevin Roberts）引用了情绪研究者迪伦·埃文斯（Dylan Evans）的研究结论，在其2006年出版的《至爱品牌》（*Lovemark*）一书中也反映了这一观点。埃文斯将人类的一级情绪确定为喜悦、悲伤、愤怒、恐惧、惊讶和厌恶，二级情感为内疚、羞耻、骄傲、嫉妒，以及最重要的——爱。其中，二级情感是我们形成人际关系基本能力的基础。我们需要某人或某事来唤起爱。凯文·罗伯茨认为人格化的品牌可以传递情感，从而满足这种需要。无论是打造box-fresh活动鞋系列，还是当季的设计师It系列包，如果品牌传递的信息能使消费者产生共鸣，爱的连接就会被建立。

品牌要素：具象与抽象

人们对于品牌化的定义和构成要素尚未达成一致意见。品牌专家凯文·莱恩·凯勒（2011）给出了一个常用定义：品牌的具象要素包含了"名称、术语、标志、符号或设计，或这些东西的组合，用于识别卖方的目标或服务，使其与竞争对手区别开来"。然而，品牌不仅具有物质属性，而且向消费者传达价值承诺、传递信息从而塑造企业形象。因此，品牌是词句和形象的结合、承诺和意义的结合。这些就构成了品牌的具象要素和抽象要素。下表由保罗·R.史密斯（Paul R. Smith，2000）等修改而成，详细说明了品牌的具象要素和抽象要素。

品牌的这些具象要素和抽象要素代表了其物质属性和情感属性，可以产生品牌溢价，以更高的价格出售。例如，消费者会认为滑板品牌Supreme的白色T恤质量更好，因为该品牌向消费者传达的信息是："如果你穿Supreme，你就是我们中的一员，你就是滑板文化的弄潮儿。"因此，Supreme的白色T恤同等质量但无品牌的白色T恤定价更高。凭借品牌的力量，Supreme正试图推销一种承诺。

下图和对页图　印有Supreme标志的T恤比一件普通的白色T恤意义重要得多。该品牌由滑板爱好者开发，已成为崇拜、地下、酷感的象征。

品牌的具象要素和抽象要素

具象要素	抽象要素
实物（产品或服务）	信任和信赖
品牌名称	附加价值
品牌标志	承诺与主张
品牌特征	独特性

品牌的具象要素

具象要素是物理性的、可衡量的。

实物（产品或服务）。实物指的是品牌所提供的产品或服务类型，如滑板服装配饰的供应商和零售商。但它也可以用来指产品或服务潜在的市场价值和财务价值。

品牌名称。品牌名称帮助消费者识别产品，并将其与竞争对手区分开。品牌名称在品牌特征一节中有更详细的讨论（见第24页）。

品牌标志。品牌的第三个组成部分是品牌标志。这是品牌无法用言语表达的元素。它可以是一种图形、设计、特定类型或独特包装。

品牌特征。一个品牌可能提供非常独特的产品或服务，例如，牛仔品牌G-Star RAW使用了具有工业风格的厚重型铆钉牛仔面料。

品牌的抽象要素

品牌的抽象要素必须通过具象的物理特征来表现或表达。还以Supreme为例，白色T恤上的品牌标志是具象的，但无形的叛逆感、酷感和个性化的感觉，可能是该品牌在推广中所描绘的情感部分。

信任和信赖。当在一件服饰上添加一个知名或公认的品牌的标志时，消费者会感受到可信和可靠。例如，Supreme T恤被认为质量很好，适合在滑板活动时穿着。

附加价值。价值是一个重要的品牌抽象要素。它满足了消费者的理性需求和感性需求，让他们相信这个品牌会与众不同。当消费者购买品牌时，他们是在实现消费价值。这些附加价值可能是情感性的（如满足体验的欲望、实现对酷感的追求）或功能性的（如产品的实用性）。

承诺与主张。品牌的价值承诺意味着品牌方所提供的商品拥有其所宣称的诸多属性。

独特性。这与消费者感知该品牌的方式有关。例如，创始人的可信度使得Supreme成为一个独特的滑板活动服饰品牌。

品牌特征

对一个品牌具象要素和抽象要素的考察表明，品牌可以借助这些要素来区别于竞争对手。为了加强品牌的差异性，还必须塑造品牌与众不同的特征。在塑造品牌特征时，我们通常会关注品牌内在属性（即产品本身的功能特点，如合身度、剪裁、风格等）以及外在属性（如塑造品牌联想的营销传播）。克里斯·菲尔（Chris Fill，2013）认为，品牌的内在属性与外在属性是相关联的。

约翰·伊根（John Egan，2015）提出的品牌特征模型扩展了这一思路，用可视化的方式来传递品牌表达，具体见下图。

核心层。品牌的核心层包括基本产品/服务、形状/质地、性能和物理功能等特征。

附加层。附加层包括包装/展示、价格和条款、质保、附加服务和售后服务。

扩展层。扩展层本身就是品牌通过营销传播向外界展现的一面。包括塑造品牌形象，积极促进消费者的品牌联想，能够帮助消费者区分不同品牌。

品牌特征也可以是一个品牌实际所做的。就像工作头衔用于定义社会角色，品牌也要让消费者产生对产品的认知，这可以通过品牌名称来实现。米凯尔·达伦（Micael Dahlen，2010）等建议，品牌名称不需要反映生产目标，但表达产品品类可以帮助消费者记忆品牌。在时尚行业，奢侈和溢价大品牌能够激发人们对传承和高端的联想。凯尔·达伦等人建议，就创意而言，品牌名称应该与品类名称不同，但隐喻有助于建立强大的联想。例如，薇薇安·韦斯特伍德（Vivienne Westwood）的子品牌Anglomania可能会使人产生20世纪80年代那种享乐主义精神和英雄主义体验，而美国牛仔裤品牌Not Your Daughter's jeans（NYDJ）开发了牛仔服的多种品类，形成了鲜明的特色。

约翰·伊根的品牌特征模型

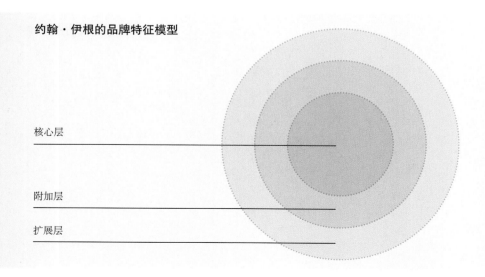

核心层

附加层

扩展层

哈瓦那人字拖（HAVAIANAS）

巴西鞋履品牌Havaianas白手起家的故事享誉全球，该品牌讲述了一款由政府控制价格、主要由穷人穿着的不起眼的人字拖如何变成了价值数十亿美元的全球业务。产品中对色彩的简单运用源于巴西人喜欢露出人字拖的彩色鞋底，从而使经典的单色模式成为流行。通过搭配色彩艳丽的商店墙壁进行陈列，为消费者提供多种选择，激发消费者的购买兴趣，该品牌在零售领域取得了惊人的成功。这个品牌的产品相对便宜，有很多颜色可供选择。Havaianas也是民族品牌的典例，反映了巴西这个国家积极向上的一面，产品因此被消费者所追捧。Havaianas与纽约品牌Opening Ceremony合作，将巴西海滩融入城市，在城市场景下运用太阳、海洋和色彩来创造意象。

下图　2013年Opening Ceremony与Havaianas联名款。

品牌故事

消费者、零售商和品牌营销人员进行品牌化的另一个方式是品牌故事，即说明品牌为何存在。品牌故事可以从历史的视角和当代的视角对品牌进行溯源，表明它在当前市场不可或缺。本节认为，在建立品牌独特性和向消费者传递品牌核心时，品牌故事都至关重要。

叙述品牌历史在以往奢侈品牌和高端时尚品牌中扮演着重要的，甚至是专属的角色。例如，法国奢侈品牌爱马仕（Hermès）在其标志中使用了一辆皇家马车来强化品牌起源。爱马仕于1837年诞生在巴黎，它因为贵族制造奢华的马具和马缰绳而闻名，并在1900年引入了Haut-à-Courroies这款包（用于装载马鞍）。因此，爱马仕的品牌故事是受贵族喜爱的工匠的故事，爱马仕作为优质皮革制品生产商的形象便根植于此。然而，爱马仕在当代也大有发展势头，并在奢侈品牌和主流品牌中拥有更加显赫的地位。其当代视角下的品牌故事包括品牌态度、生活方式主张、政治立场、灵感和创始人故事。

品牌故事超越产品自身功能的介绍，使消费者与之建立联系并产生忠诚感。2014年，博柏利（Burberry）首席创意总监兼首席执行官克里斯托弗·贝利（Christopher Bailey）谈到在中国打造品牌时说："讲故事使得事物不再（仅仅）是产品，而是开始赋予它生命。"博柏利自身具有丰富的历史故事。与爱马仕类似，博柏利是久负盛名的高质量防水外套生产商，为探险家和飞行员提供产品，使英国精致定制外套的声誉名扬世界。博柏利基金会（Burberry Foundation）为具有创造愿望和勇于挑战的年轻人提供资金，其成立在很大程度上是为了向年轻的新受众诠释博柏利的品牌故事。当消费者开始认同这个品牌的故事时，就会受到吸引，想要购买商品。

构造一个品牌故事没有固定的模式，但越可靠或越真实的故事越能更好地与目标消费者建立连接，也越能以此为基础开展推广活动。详细的内容会在后文讨论。下一页列出了一些成功的品牌故事。

OBEY

谢帕德·费尔雷（Shepard Fairey）开创的品牌OBEY始于流行的街头艺术领域，最早并非服装品牌。该品牌起源于1989年，当时谢帕德·费尔雷制作了美国摔跤手巨人安德烈（Andre The Giant）的贴纸，引起了追随者的注意。这些贴纸本意是"毫无意义"的，但费尔雷注意到，在公共场所放置这些贴纸通常被用于广告或政府标识，具有一定的影响力。费尔雷的作品受到朋克和滑板文化的启发，也受到了俄罗斯构成主义活动和概念艺术家芭芭拉·克鲁格（Barbara Kruger，她的作品将图片配以装饰性文字，并戏剧性地使用色彩）的影响。"费尔雷的巨人安德烈"（Fairey's Andre the Giant）更加简化，使用了"Obey"这个单词（这个单词从1996年开始在海报上使用）。这些海报挑战了受众对盲目消费的看法，并引发了受众对自身角色的质疑。OBEY从2001年起发展成为服装系列、平面设计机构和艺术项目载体。费尔雷不断创作公共艺术作品，与其他街头艺术家合作，并在2008年为巴拉克·奥巴马参加美国总统竞选制作了海报《希望》（Hope）。穿着这一品牌服装意味着接受了费尔雷挑战社会主导结构的思想。

品牌故事用作标语

品牌故事也可以传达品牌的使命宣言和标语。例如，耐克的标语"想做就做（Just Do It）"。耐克一直在根据自己的故事不断丰富品牌内涵。人类的活动潜能贯穿于耐克的品牌元素。通过这种方式，耐克不断为顾客带来启迪，并与之建立联系。

右图　耐克的使命宣言，用在传播活动材料和标志中。

ONE TRUE SAXON

英国品牌One True Saxon利用了其目标消费者对英国足球部落的热情。英国在时尚品牌和足球之间有着源远流长的联系，这得益于20世纪70年代利物浦连续获得欧洲杯参赛资格。Lois等品牌现在已经进入了英国的商店，以前只在欧洲其他国家或地区出现，因为球迷回国后对这些品牌产生了购买需求。这种以活动服为灵感的休闲服饰诞生于英格兰北部还是南部尚存争议，可能来源于北部收购的品牌，也可能受到富饶南部更多样化的影响。品牌One True Saxon贴合这一故事，激发了一群狂热的追随者。最初产品只在北部供应，坚信北部是真正的传承之地，而南部以T台秀闻名。

右图　OBEY与杰米·里德（Jamie Reid）2016年联手推出的限量版图案T恤。杰米·里德是一位艺术家，对费尔雷有长期影响，创作了许多极具标志性的朋克形象。

最右图　谢帕德·费尔雷的OBEY项目，于1996年张贴的巨人安德烈海报。

品牌个性

　　品牌故事与消费者产生连接，使购买行为带有"人格特征"，把品牌当作人一样来描述。品牌故事帮助消费者了解品牌，并确认是否与他们自身相协调。劳伦斯·文森特（2002）认为，每个品牌都应该努力塑造一个强势的、吸引人的和能被迅速认可的形象。这个形象决定了品牌是否与消费者调性一致，是否符合他们在生活中展示的角色和特征。这一角色由表达品牌个性的属性来定义，比如决心、勇气、诚实、灵活性和好奇心。它与消费者相连，有助于与消费者建立持久的情感纽带。

　　将品牌人性化并不是一个新概念。品牌个性领域的一些研究试图将人的个性特征与品牌的个性特征结合起来，预期潜在消费者能够在他们选择的品牌中认识到自己的某些特征。在1997年进一步的研究中，詹妮弗·阿斯克（Jennifer Aaker）测量了631名被试针对37个品牌的114种人类性格特征反应。她试图研究对品牌个性的态度和人类五大人格特质之间的关系，这五大人格特质是：

- 外向性
- 随和
- 开放
- 尽责
- 神经质

　　她发现，消费者认为品牌具有五种不同的个性特征，这些特征已经成为主要的品牌个性特征：

- 真诚
- 兴奋
- 能力
- 复杂
- 粗犷

　　詹妮弗·阿斯克发现，当一个品牌以真诚（开放或随和）、兴奋（外向）或有能力（尽责）这三个特征来表现自己的形象时，可能会直接引起消费者的共鸣。这三类特质最为常见。复杂和粗犷在品牌中也会被感知，尽管它们不在人类五大个性特征之列；然而，研究表明，人们可能渴望这些品质，可以通过市场营销来激发消费者对具备这些品质特性的品牌的渴望。

来自爱丽丝的猪（ALICE'S PIG）的尼古拉·舒曼（NICOLAI SCH·MANN）

尼古拉·舒曼（Nicolai Schumann）将自己与生俱来的德国人强烈的规划意识带入了国际时尚品牌的发展中。此前，他为BBC全球新闻的移动端内容制订了战略；在工程公司ESAB时，他负责多个地区和业务渠道的拓展、合并和收购。2013年1月，他成为Alice's Pig的创始董事，负责其品牌化、财务和供应链，他的妹妹阿曼达·德·梅利格（Amanda De Meleghy）负责服装设计。虽然英国人的灵感来源于对《爱丽丝梦游仙境》的热爱和对碰撞风格和文化的渴望，但爱丽丝的猪从一开始就被设计成具有国际认可的核心价值观。该品牌目前在超过15个国家和地区进行销售，总部位于伦敦南部的布里克斯顿（Brixton），在中国上海还有一个办事处。这一做法深化了人类品质的构建，从而强化了消费者与品牌之间的情感联系。

问：您认为品牌可以有"人性化"的特点，从而让用户接受吗？

答：应该把品牌看成是一个人，一个有其个性的人；这对围绕品牌创建所有故事非常有帮助——它是一个很好的结构，涵盖品牌的方方面面。品牌不是一个产品，其内涵远超于此。我认为很重要的一点是，品牌给人们提供某种生活方式和某种意义。这就是为什么我们创立自己的品牌几乎就像在塑造一个虚拟人物——我们给"它"带来生命。

在分析了我们的客户之后，我们使用了Carl Jung的原型系统，这是非常有效的，因为世界上每个人身上都会体现12个角色（不法分子、小丑、情人、看护者、普通人、无辜的人、统治者、圣人、魔术师、英雄、创造者和探索者）。如果你对自己想要传达的品牌形象有一个很好的想法，那么了解你的品牌代表什么原型将是非常有帮助的。通常，正是这些原型的结合创造了一个有趣的品牌概念。我认为，了解并意识到你的品牌如何帮助人们是很重要的，如果你使用了这个原型概念，你就已经拥有了非常肥沃的土壤，可以让人们了解你的想法。我们为爱丽丝的猪这个品牌

选择了探险家和小丑的角色，象征着渴望发现一些不同的东西，寻找个人认同，但总是很有趣。

问：还有其他东西帮助建立品牌个性吗？

答：我们通过词汇联想实现整个品牌个性的可视化：如果是汽车，那就是阿尔法罗密；如果是书，那就是《爱丽丝梦游仙境》；如果是一个元素，那就是空气；如果是电影，那就是《花园州》；如果是一项活动，那就是跳舞；如果是一件家具，那就是一个绿色的天鹅绒沙发等。这对内部目标非常有帮助，可以使你对品牌有一个非常清晰的认识。我强烈推荐大家进行这个联想游戏。可以帮助你做决定，比如决定品牌所传达的调性。在我们的例子中品牌调性是非正式的、幽默的、尖锐的和富有想象力的。

问：您认为品牌叙事或品牌故事发挥什么样的作用？

答：我希望我们传达的信息是，人们应该做一些不同的事情，不管别人说什么，要做自己。另一件重要的事情是要做有趣的人，这就是为什么我们的品牌意象中包括小丑。很多人随着年龄的增长失去了孩子般的好奇心，但我认为保持一种好奇的生活态度很重要，不要把自己看得太重。然而，说到底，品牌故事不是你自己说的，而是人们对你的看法。

在设计我们的品牌标志时，平面设计师从约翰·坦尼尔（John Tenniel）绘制的爱丽丝梦游仙境插图中提取元素并进行现代化处理。这只猪的灵感来自书中的一个事件，坏公爵夫人抱着她哭泣的婴儿，婴儿变成了一头猪，跑进了森林。爱丽丝说了一些类似这样的话："讨厌的小婴儿变成了一只非常漂亮的猪。"我们喜欢这种对比，一切事物都是美的，即使是一只猪；一切事物都和表面上看起来的不一样。这反映了品牌的形象。在时尚界，把猪放在商标里是很标新立异的。据我所知，还没有人这样做过。这直接融入我们的设计原则中：我们想要在设计的任何产品

中添加令人惊讶的元素。你应该勇敢、与众不同，在时尚界脱颖而出。

问：这种思维如何转化为你们实施的营销传播？

答：我们做了很多内容营销。我们有一个超视觉的网站，用诙谐的方式说明我们的灵感；我们写博客，举办比赛，讲故事；我们拍电影，放到YouTube上。这是一个整体的组合，但必须与品牌一致。我们保持了核心信息的一致性，并根据使用的不同渠道对风格进行了细微的调整。我们涵盖了所有基础的社交媒体。我们也会开展不同的活动，例如，与插画家合作庆祝《爱丽丝梦游仙境》150周年。我们给博主送礼物，我们每一季大约和50个博主合作。10万观众被年轻的时尚博主所吸引，这真是令人着迷。一场巨大的影响力正在发生转移。我们看谁在影响市场，谁适合我们的品牌精神。我们很谨慎，以免击中错误的目标受众；为了保持品牌的完整性，我们对博主的定位非常精准。

品牌调性

　　品牌需要以一致的调性通过不同传播渠道传递信息。对于一个品牌来说，调性是其个性和故事的体现和表达，贯穿于网站、新闻稿、社交媒体页面、与消费者的电子邮件沟通以及客户服务。例如，爱丽丝的猪已经发展出明确的个性，用有趣和好玩的方式传达所有的信息。品牌调性与品牌故事直接相关，创始人的热情或兴趣也可以影响一个品牌的调性。

品牌形象

　　就像人们通过不同的名字、特点和个性特征来区分不同个体一样，品牌也会将名称、特点和个性特征融入产品、标志和商标以及各种活动中，从而定义自身，使产品有别于竞争对手。

　　品牌形象是具象要素和抽象要素、品牌特征、品牌故事和品牌个性的结合——是所有品质的概括。强势品牌严格地坚持其既有形象，客户就非常清楚他们购买的是什么。有些品牌甚至仅仅通过商标或包装就可被识别。

　　可视化的种种技术，包括情绪板和色板，已用于与合作伙伴和消费者的沟通，在标志的设计和颜色选择上也要认真考虑。

图❶　蒂芙尼的蓝色小盒子仅通过包装就在视觉上识别了这个品牌。

图❷　弗雷德·佩里（Fred Perry）出名的32叶月桂花标志与卓越的网球技术和英国亚文化联系在一起，在20世纪60年代被现代活动吸收。作为20世纪30年代著名的英国网球运动员，弗雷德·佩里从打网球开始制作吸汗带，后来又制作Polo衫。

图❸　弗雷德·佩里男士时尚复古帆布鞋。品牌形象体现在鞋履、手袋和配饰上。

图❹　弗雷德·佩里再版的打褶网球裙。随着品牌范围扩大到更多时尚单品，弗雷德·佩里依然忠于自己的品牌形象。

图❺　原版弗雷德·佩里衬衫。Pique衬衫是该系列的主打产品。

色板

　　色彩是一种有效的、有力的、可立即识别的视觉交流媒介。右图是马朗戈尼学院时尚商务专业的荣誉学士学生所做的一组设计，展示的是化妆品品牌扩展到内衣品类的一个例子，其中识别品牌标志色对新品类的快速传播发挥了重要作用。这些有趣的和女性化的颜色在所有品牌传播中都是统一的，使消费者认知品牌形象。

标志

　　时尚品牌可以以特定字体的公司名称或品牌名称作为品牌标志，如迪赛尔（Diesel）；可以是一个设计的符号，如耐克（Nike）的对勾；也可以是两者的结合，如卡尔文·克莱因（Calvin Klein）的商标名称中就用了小写的C和大写的K。

　　商标对于帮助消费者准确识别和记忆品牌至关重要。根据达伦等（2010）的观点，使一个品牌与众不同但又不失自然的技术包括偏离对称（如图所示的Gas标志）和设计元素的重复。达伦等人认为加入自然元素、有机元素是可行的，如通过动植物的形象来帮助传递品牌联想。添柏岚（Timberland）的标志体现出该品牌以靴子供应商发家，最终成为户外服装和配饰供应商的过程。品牌的注册商标即显示出商标的两个构成部分均为添柏岚公司注册（"Timberland"文字和树的图形）。

　　颜色在标志中也很重要。通过蓝色的使用，Gas传递出宁静、前卫、理性和富有创意的感觉；李维斯运用红色表达出温暖、感性和开放；黄色和白色是清新纯净的；绿色代表自然；紫色显示尊贵；黑色体现卓越和庄重。亨德森（Henderson）、吉斯（Giese）和科特（Cote）高度评价了字体的作用（2004），认为将它们组合在一起可以创造不同的印象：①可以产生令人愉悦的效果。比如，澳大利亚品牌Braintree使用自然和谐的字体，不经意间流露出精致的设计。②可以产生引人入胜的效果，比如菲拉格慕（Salvatore Ferragamo）使用的标志，使用精心设计的手写体，字母间距缩短，不过分雕琢。字母e和r的写法尤其可以体现手写体的特点。③产生可靠的感觉。如迪奥的标志和谐地使用字母组合，有一些华丽的特点，但又不复杂。④产生突出的效果。比如NORSE PROJECTS的标志强调黑体字的使用，看起来自然和谐。

上图　时尚商业学生里利亚德（Rea Dea Lilliard）于2015年创作的品牌情绪板。

Diesel标志

Timberland标志

Braintree标志

Nike 'swoosh'标志

Ferragamo标志

Gas标志

CK标志

Dior标志

NORSE PROJECTS

Norse Projects标志

品牌形象棱镜

让消费者准确地识别品牌形象对品牌来说是非常重要的，因此必须持续进行跟踪和评估。品牌形象的强度指的是评估品牌的整体有效性，由品牌经理来进行。在评估时可以使用品牌形象棱镜作为分析工具。让·诺埃尔·卡普费雷教授（Jean-Noel Kapferer，2012）将品牌形象描述为一个六面棱镜，每个棱面分别代表品牌形象的一个方面。

品牌形象棱镜的内容

- **物质棱面**：品牌的一系列物理特征，当提到品牌名称时，人们会联想到它。让·诺埃尔·卡普费雷认为，物质棱面是品牌的基础。
- **个性棱面**：指品牌特征，可以通过特定的字体风格或特定的设计特点来传达。也可以用人物形象来视觉化一个品牌的个性。
- **文化棱面**：一个品牌赖以建立其行为（产品和传播）的价值体系和基本原则。许多品牌联想都与品牌原产国有关。例如，阿贝克隆比＆费奇（Abercrombie & Fitch）迎合美国价值观，而香奈儿（Chanel）迎合法国价值观。
- **关系棱面**：反映了品牌可以象征人与人之间的某种关系。因此，必须表达出品牌所代表的关系。例如，安普里奥·阿玛尼（Emporio Armani）与阿玛尼休闲（Armani Exchange）的区别在于产品的价格、质量和专营权。
- **反映棱面**：指的是品牌的典型用户，是品牌识别消费者的来源。在杰克·威尔斯（Jack Wills）的案例中，其理想的目标客群是18～23岁、喜欢玩乐、热爱活动、享受校园生活的大学生，而该品牌的实际消费群体要年轻得多。
- **自我形象**：目标客群的镜像。例如，法国鳄鱼（Lacoste）的客户可能会认为自己是某个活动俱乐部的成员，即使他们并不积极参与任何活动。

这六个方面被划分为四个维度：

- 发送者或来源（品牌的形象或图片，由品牌构成）与接收者（客户画像）。棱镜模型认为要把品牌和消费者都作为人来考虑。发送者由物

品牌形象棱镜

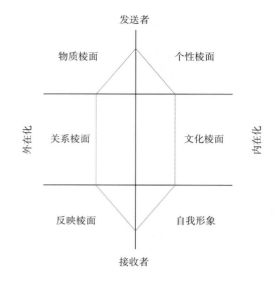

质棱面和个性棱面组成；接收者是品牌想象出来的典型的购买者，也是有自我形象的真人。

- 外在化与内在化：一个品牌有定义其外在表现的方面（由物质棱面、关系棱面和反映棱面构成），也有融入品牌本身的方面（由个性棱面、文化棱面和自我形象构成）。

让·诺埃尔·卡普费雷认为，强势品牌能够将棱镜的各个棱面有效地整合成一个整体，创造出简洁、清晰、有吸引力的品牌形象。使用这些维度从外部和内部来进行考察，可以确保从消费者和品牌自身的角度来评估品牌形象。这使得一个品牌能够建立它的品牌形象（Brand Image，消费者如何看待品牌的有形价值和无形价值）。理想情况下，这些棱面之间应该匹配或非常接近。

品牌经理可以根据棱镜的各个方面来评估自己品牌的优势和劣势，进而弥补弱点，以建立更强的品牌形象。这涉及评估消费者的自我形象和与品牌的关系，因而也有助于创造品牌忠诚度（实现重复购买）。最终，品牌形象越强，与目标消费者的共鸣就越大，他们就更有可能购买，从而增加品牌的经济价值。

品牌定位

另一个需要着重考量的反映受众与品牌关系的概念是品牌定位。定位分析有助于品牌了解受众如何接收和处理市场上的全部信息，并对竞争对手进行考察。对于一个品牌来说，推广活动的目标也可以是关于市场的重新定位（确定不同的消费者群体，推出一个子品牌，或定位在更高层次的新产品类别等），所以了解品牌的现有定位是至关重要的。品牌定位需要分析竞争品牌在做什么，这在时尚行业非常关键。例如在英国，2015年圣诞节前夕，大型百货公司或线上时装零售商不发布一个令人难忘的、视觉上引人注目的电视广告活动是很不寻常的，这意味着电视广告成为不得不加以考虑的有效方式。

凯文·莱恩·凯勒（2008）提出了品牌相似点（Points of Parity，POP）和品牌差异点（Points of Difference，POD）作为衡量品牌定位的工具。品牌相似点研究与其他品牌的相似之处，品牌差异点研究品牌可以做些什么使之与众不同。以圣诞电视广告为例：

品牌相似点。受众们将期待大型时尚品牌在圣诞节推出相应的活动，若没有，他们就会感到诧异。

品牌差异点。品牌如何使传递的信息与其他品牌不同？2015年市场上传递的信息包括：

- 怀旧——怀念童年的圣诞节。
- 辛酸的——圣诞节的信息提醒我们不要忘记老人、独居者和孤独的人。
- 一个充满乐趣的酒会——狂欢时间。
- 个人身份——按照自己的方式过圣诞节，做任何事情都可以。
- 认清现实——利用一些经常发生的事，比如收到不想要的礼物。

下图 弗雷泽百货（House of Fraser）2015年的圣诞活动"你的规则（Your Rules）"获得大量的编辑报道。这家零售商在自己的网站上发布了这则广告，并对歌手和编舞进行了采访。该活动引发了话题#Your Rules的创建，发布的第一周就在推特上获得超过10万个赞。

品牌化和营销传播

在时尚界，品牌化对于营销传播至关重要。某些品牌的成功是由于向消费者进行了有效的品牌传播。品牌化可以促进品牌信息的一致性，并且在营销传播中遵循这一原则可以帮助消费者识别、记忆、理解、感受到对品牌的喜爱，甚至爱上这个品牌。

强势品牌注重内容营销（见第六章和第七章）。高质量的内容（如感人的或可信的创业故事，一个充满活力的视觉形象或者慈善内容）可以作为品牌传播的基础，在时尚行业等高度竞争的市场上发挥关键作用，进行品牌识别和区分。

对于许多时尚品牌来说，时尚杂志的社论报道、有影响力的社交媒体和博客是开展传播活动的第一步。像这样的公关活动需要品牌发布新闻稿，传达设计理念以及公司及设计师的特点和背景等信息。时装品牌背后的灵感可能包括创始人的故事、设计师信誉、发展历史，甚至是特定的面料和颜色，可以与具象要素一起使用，体现品牌的调性和气质，最终形成展示穿搭照片，在新闻稿件中发布甚至作为时尚大片的封面。品牌故事可以作为传播活动的素材。例如，人字拖品牌哈瓦那（Havaianas）的广告宣传中充斥着缤纷的色彩和热带风情（通常是海滨风情）。

为了总结这一想法，我们将研究零售品牌Cos的品牌特征、品牌个性和品牌形象，看看这些如何转化为营销传播以及由此产生何种品牌形象。

Cos的定位反映了人们对简洁的线条、简约的设计（斯堪的纳维亚风格，Scandinavian）日益增长的兴趣。与许多高街品牌一样，Cos生产一系列价格实惠的服装、配饰和鞋履，其形象清晰地反映在它的产品、包装、宣传材料和销售环境中。Cos于2007年诞生，以一种谨慎、深思熟虑的方式在全球传播。下面我们用本章中学习的内容来对这个品牌进行分析。

具象属性。精心制作的服装高度关注细节和生活方式的设计概念（而不是追随高级时尚）。每个季节都会更新廓型，而非提供全新风格的款式。这些服装在无广告的电商网站上售卖，以简洁的工业商店的形式进行展示。商标中的阴影设计表明了公司所遵循的永恒、简约精神，这也反映在摄影风格上。

左图　Cos2015年春夏服装。

下图　2015年哈瓦那的广告活动。

抽象属性。 在门店建筑、室内装饰和家具上坚持极简主义，在创新设计和服装裁剪上秉持斯堪的纳维亚风格。注重与雕塑艺术相关的智慧的品牌联想、深思熟虑的服装设计，而不是盲目的消费。

品牌特征。 Cos是功能性的、现代主义的、从容不迫的和理性的。

品牌个性。 在品牌的五大个性特征中，Cos是真诚、能干、成熟的。如果把Cos这个品牌看作一个人，她/他穿着自信，略带严肃，妆容淡雅，发型清爽。她/他对艺术、设计和社会都有博识的见解，并且看重质量而非数量。

品牌调性。 见多识广的、通情达理的、自发自觉的，愿意与跟随者并肩合作。

用于营销传播的品牌形象。 Cos构造了品牌的色板、产品、零售体验、标志和营销活动来表现酷感和极简主义。运用极简主义建筑美学的雕塑图片来向客户进行传播。通过社交自媒体、杂志风格的博客和时事通讯，发布精心策划的音乐收藏、展览预告以及家具和建筑设计图标，让粉丝们尽情倘祥在艺术的世界。

品牌形象。 顾客在购买的当下感到很值得。他们意识到这些服装可能会被误认为是同为瑞典的品牌艾克妮（Acne）、吉尔·桑达（Jil Sander）甚至赛琳（Celine）的服装，那些品牌昂贵得多。他们也很欣赏这些款式不会过时，也不需要每一季都更换。品牌形象几乎等同于身份。

时尚推广的作用是传播品牌形象，并保持品牌和消费者之间的关系。一旦建立一个清晰的品牌标志，该品牌就要考虑如何用最好的方式推广。这可以通过公共关系、广告或直接营销、促销和人员推销，或更有可能是其中一些或全部的组合来实现。然后，品牌经理可以考虑如何用最好的方式在线上和线下的传播中展示品牌。通过这本书，我们将探索和理解运用精心设计的整合时尚传播活动来加强和建立品牌的重要性。

参考文献

Aaker, Jennifer L., 'Dimensions of Brand Personality', *Journal of Marketing Research*, 34/3 (August 1997), p. 347

Dahlén, Micael, Fredrik Lange and Terry Smith, *Marketing Communications: A Brand Narrative Approach*, Wiley 2010

Egan, John, *Marketing Communications*, 2nd ed., Sage 2015

Fill, Chris, *Marketing Communications: Brands, Experiences and Participation*, 6th ed., Pearson 2013

Harilela, Divia, 'Storytelling Key to Burberry's China Strategy, Says Christopher Bailey', 26/4 (April 2014), www.businessoffashion.com/articles/global-currents/storytelling-key-burberrys-china-strategy

Kapferer, Jean-Noël, *The New Strategic Brand Management: Advanced Insights and Strategic Thinking*, Kogan Page 2012

Keller, Kevin Lane, Tony Apéria and Mats Georgson, *Strategic Brand Management: A European Perspective*, 2nd ed., FT Prentice Hall 2011

Roberts, Kevin, and A.G. Lafley, *Lovemarks: The Future Beyond Brands*, Powerhouse Books 2008

Smith, Paul R., Chris Berry and Alan Pulford, *Strategic Marketing Communications*, Kogan Page 2000

Vincent, Laurence, *Legendary Brands: Unleashing the Power of Storytelling to Create a Winning Market Strategy*, Dearborn Trade Publishing 2002

延伸阅读

Hameide, Kaled K., *Fashion Branding Unraveled*, Fairchild 2011

Herskovitz, Stephen, and Malcolm Crystal, 'The Essential Brand Persona: Storytelling and Branding', *Journal of Business Strategy*, 31/3 (March 2010), pp. 21–28

Woodside, Arch G., Suresh Sood and Kenneth E. Miller, 'When Consumers and Brands Talk: Storytelling Theory and Research in Psychology and Marketing', *Psychology & Marketing*, 25/2 (February 2008), pp. 97–145

讨论

选择一个或两个时尚品牌，并考虑以下几点：
品牌的具象要素和抽象要素分别是什么？
这个品牌的调性是怎样的？
品牌的故事是什么？品牌的营销活动是如何传达品牌故事的？

第三章

整合营销传播

　　本章介绍成功开展推广活动的工具。将讨论整合营销传播（IMC）的概念，通过整体协调运用整合营销传播中各种形式传播手段和媒介，为消费者提供简洁有效的信息。重点在于在推广活动中始终保持统一的形象。探讨整合营销传播的思想，为传播活动提供基于理论的可操作性清单。进一步的建议是，运用SMART模型细致地选择传播活动的目标，优化整合营销活动。

6P中的推广和传播

本书认为推广是营销组合6P中的一个P。营销组合4P于20世纪40~50年代开发，60年代初被正式定义。这段时期大众消费主义盛行，奉行产品导向的营销理念。

早期营销组合4P包括：
- 产品（Product）——产品或服务采用的形式。
- 价格（Price）——售价为多少。
- 推广（Promotion）——采用什么样的信息以及如何使用这些信息来吸引消费者。
- 渠道（Place）——产品销售的方式和通路。

近年来，4P已扩展为6P，涵盖了以消费者为中心的营销理念，例如，消费者如何看待品牌以及如何受其影响。帕特里克·德·佩尔斯马克（Patrick De Pelsmacker，2007）定义了营销流程，下表提供了他所提出的"营销组合工具"：

营销是计划和执行产品、服务和创意的概念、定价、推广和分销，创造价值、交换价值并满足个人和组织目标的过程。

添加到佩尔斯马克表格中的两个新增的P是人员（People）和说服（Persuasion）。

在营销组合中，推广涵盖了品牌或零售商如何将其意图传达给目标消费者的所有方面，品牌如何激励顾客购买，如何使用广告，如何进行事件营销，选择哪类名人做代言，如何将产品出售给客户，以及客户如何理解品牌并与之互动。这些推广工具被称为推广组合，本书也称营销传播组合。

营销传播组合包括：
- 广告
- 公共关系、代言、赞助
- 社交媒体
- 通过线上、线下进行的人员推销
- 直接营销
- 时装秀，展会
- 促销

开展上述活动是通过混合使用数字媒体和传统媒体来实现的，公司或品牌可以使用这些媒体与目标客户交流，从而推广产品，树立整体的品牌或公司形象。下一节将介绍传播组合的要素或工具。然后，我们将逐章讨论每种工具及其在时尚产业中的应用。

佩尔斯马克的营销组合工具

产品	价格	渠道	推广	人员	说服
利益诉求 特征 选择 质量 设计 品牌 包装 服务 质保	标价 折扣 信用条款 付款期限 激励	通路 物流 库存 运输 分类 选址	广告 公共关系 赞助 促销 直接营销 卖场 展览与展会 人员推销 线上/线下	员工 利益相关者 管理人员 面向客户的员工 公司文化	改变消费者行为或态度的要素 与竞品相比的优越性

营销传播组合工具

营销人员可以使用的工具包括广告、公共关系、社交媒体、人员推销、直接营销、展览和促销。

时尚广告

在时尚产业，广告极其有效且有说服力。广告使用付费的大众媒体来传播信息，这些大众媒体包括电视、影院、广播、报纸、杂志、路牌、线上广告和可以做广告的社交媒体网站。广告是面向大众进行传播的，付费这一特点使广告有别于其他传播方式。广告媒体决策取决于预算或期望的传播效果，品牌可以选择一种或多种可用的广告媒体。

时尚公关、代言和赞助

在时尚产业，公共关系被认为是最可靠的传播工具，因为它具备第三方认可的特点。与广告不同，公共关系是不付费的。相反地，公共关系就如同时装编辑在专栏写作中引用展示，名人穿戴着品牌产品拍照，或影视导演在受欢迎的电影系列中展示。成功的时装品牌公共关系活动可以是在杂志上刊登编辑报道，由第三方博客进行评论，在杂志时装拍摄中使用品牌产品，对品牌传播进行新闻报道，对品牌事件进行讨论或报道，以及签署名人代言合约。与广告类似，公共关系是一种非个人形式的大众传播，但它提供了更多与消费者互动的机会，例如与博主进行线上交流。

时尚公关的基本工作是向新闻界提供具有价值的信息，例如发布新系列、举办展览、新店开业甚至新创意总监上任。公共关系可以由以下内容生成：发布季节性穿搭建议（品牌生成的产品信息，通常以小册子的形式展示），进行新闻报道，或专门邀请编辑、记者或博主参加时装秀等各类活动。

当品牌签约名人在品牌公关活动中出现或推出合作款时，名人就弥合了公共关系（穿戴指定品牌产品）和签署代言协议之间的差距。这时名人就是品牌代言人或品牌大使。类似的，赞助协议是两家公司签订互惠协议，例如增加曝光。产品植入让产品得以在

上图　2014年春季鳄鱼（Lacoste）品牌的宣传图，仍然出自影片《大飞跃》（*The Big Leap*），该片由塞布·爱德华兹（Seb Edwards）制作，讲述了法国演员保罗·哈米（Paul Hamy）克服对承诺的恐惧，进行了一次信仰上的飞跃。这部电影首次在法国电视台播出，恰逢俄罗斯索契冬奥会开幕，当时法国运动员穿着鳄鱼牌服装。

下图　2014年春季鳄鱼品牌的宣传图——人生就是一场美丽的活动。这部影片是摄影师雅各布·萨顿（Jacob Sutton）拍摄的一系列路牌广告和平面广告活动的核心，模特凯蒂·内舍尔（Kati Nescher）和洛克·巴博特（Roch Barbot）在城市景观高处自信地大步走着。

左图 克里斯托弗·凯恩（Christopher Kane）的2016年春夏系列大胆地使用了原色面板，与流苏形成对比。

上图 该系列的主题是"崩溃与修复"，激发了引人注目的广告活动。这是该品牌的第一次广告活动，照片由摄影师海莉·威尔（Hayley Weir）拍摄，模特是爱丽丝·白金汉（Alice Buckingham）。

电视节目和电影中出现。电影《穿普拉达的女魔头》（2006）中出现了21种以上的产品植入，其中包括卡尔文·克莱因（Calvin Klein）、香奈儿（Chanel）、杜嘉班纳（Dolce & Gabbana）、迪奥（Dior）、芬迪（Fendi）、爱马仕（Hermès）、周仰杰（Jimmy Choo）和莫罗·伯拉尼克（Manolo Blahnik）。

公关人员还要进行危机公关。在时装产业，使用危机公关的情形可能包括出现使用毒品、使用"零号"模特或解雇创意总监等负面报道。专业的公共关系活动要面对这些消极和负面的信息，发布正面信息，树立积极、正面的品牌形象。

公关人员的主要职责是与时尚圈的意见领袖和博主建立联系，促使他们发布产品和品牌好评。时尚博主（尤其是那些自发为品牌代言并拥有众多受众的博主）已经在时尚界变得强大起来，被视为可靠的专家。识别出那些不写博文但在社交媒体上拥有大批追随者的人也很重要，对于那些希望吸引年轻"95后"的品牌来说尤为重要，这些人在受众中建立了可靠的形象，其观点也会影响时尚前沿。

社交媒体

社交媒体以前是公共关系的一部分，如今越来越多地被视为一种营销传播的重要形式。时尚品牌在通过人际传播方式进行推广时，会乐于选用社交媒体，因为受众经常通过在社交平台上点赞、分享和评论来交流信息。品牌在自媒体的页面上进行内容营销，吸引并激励粉丝参与互动，进行品牌活动传播。

120多年来，品牌巴伯尔（Barbour）致力于设计极端环境下穿着的防护服。其冒险传承（Heritage of Adventure）系列受到这一历史渊源的启发，以此主题开展了一场活动。巴伯尔发布了一段鼓舞人心的视频，该视频由通讯社Cult LDN制作和传播，由摄影师（也是年度冒险家）肖恩·康威（Sean Conway）出演。这一活动旨在寻找完美的英吉利湖摄影作品，鼓励潜在追随者参与。这一活动邀请追随者通过推特（Twitter）或照片墙（Instagram）提交自己在户外活动中的探险照片或视频，最佳参赛者将赢得价值500英镑的商品。该活动产生了800多个作品，浏览量达800万次，电商销售额大幅增加。社交媒体的使用正在激发品牌创造更多新颖的方式来吸引追随者、促进销售。

线下和线上的人员推销

成功的人员推销要求员工训练有素、富有热情，为消费者准确提供产品和品牌信息，鼓励消费者购买。人员推销的特点在于，它是品牌对企业或终端消费者的一对一活动。优点是可以传递有针对性的信息以适合终端消费者的需求。也就是说，可以调整订单数量、按季节安排配送或仅仅是提供其他信息。电子商务的快速发展意味着品牌商和零售商要关注消费者的整个购物过程，考虑设计登录和浏览页面、制作应用程序及提供客户服务等。

直接营销

直接营销是一种人际传播手段，旨在与客户进行一对一的互动，核心是建立目标消费者通讯录数据库。由于线上行为抓取技术的改进，可以根据消费者先前对新产品线、折扣产品线、事件或活动的兴趣，向其提供相应的信息，因此这种信息传播形式越来越有针对性。直接营销通常与促销结合使用，向消费者提供产品信息，将小册子或邀请函邮寄到家，或以电子快讯或电子邮件的方式发送。

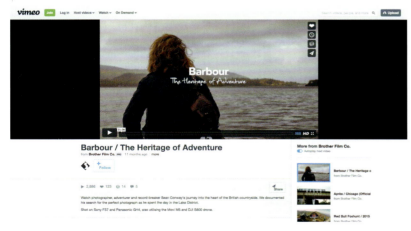

上图 2015年巴伯尔（Barbour）的"冒险传承"活动。

右图 保罗·史密斯使用电子邮件和促销活动为顾客提供一段时间内的免运费服务。品牌可以追踪消费者是否点击了电子邮件中的链接，并研究消费者未来对于免运费服务这类刺激手段是否感兴趣。

时装秀和服装展

时装秀在时装业中至关重要，可以引起公众关注，创造品牌认知，保持品牌知名度，以赢得新客户并保持原有客户。奢侈品牌和高端设计师品牌有足够的预算参加国际时装周，进行时装秀展示。时装秀是时装发布会的预告，目的是吸引设计师和商店买手的个人客户，随之而来的公众关注将会带来订单。展会通常是季节性产品系列的静态展览，高端品牌和大众市场品牌乐于参与，因为服装展会有助于产生店铺买手的B2B交易。

促销与现场零售

在时尚界，促销通常用于增加销量。最常见的促销形式是打折促销。打折促销手段大多是高街时尚品牌和美容行业使用的，但是现在高端商店和设计师品牌由于销售季的竞争压力也早早打折。促销包括各种形式的购买激励措施，例如，通过试用或免费样品向消费者介绍新产品，通过使用捆绑定价（例如买一赠一）来增加销售量，通过会员积分卡奖励客户重复购买。消费者数据抓取技术的改进意味着可以专门针对个人购物习惯进行促销。

零售点销售是指在商店卖场（POP）进行传播与销售。横幅、海报、广告牌和货架分隔物等用于分隔商店中的不同品牌或产品线，称为现场销售材料（POS）。其他POS要素还包括明信片、品牌穿搭手册、品牌购物袋和捆扎胶带等。稍后，我们将细致阐述商品展示和店面布局等零售环境（请参阅第145页）。

传播方式的选用取决于品牌要传达的信息、传播活动的性质以及预算，同时也取决于传播目标。如果传播的信息是私人化的，宜使用个人传播工具，例如直接营销或人员推销；如果信息传播目的是提高品牌认知，广告将是快速有效的选择。成功的营销传播活动需要选取和混合使用不同且功能互补的多种工具，从而实现多种目的。接下来讨论整合传播，考察如何设置目标，制订最优传播方案。

上图　英国商业街上不断进行打折活动，会让消费者产生降价期望。全价销售季极短，设计师品牌和小型独立品牌可能难以与大型零售商竞争。

上图　促销还包括销售激励，如查尔斯·蒂里特（Charles Tyrwhitt）的折扣活动能使顾客产生与众不同的良好感觉。

上图　2011年，罗马科尔索大道（Via del Corso）上的盖璞（Gap）品牌店。美国零售巨头盖璞擅长将视觉效果和图形置于商品上方。这些就像商店里的视线一样，引导购物者到不同的产品线。

整合营销传播的定义

一般对于营销人员而言，整合传播组合涉及根据传播信息选取合适的媒介。通过多种媒体进行信息传播比通过一种媒体渠道进行重复传播更为有效。

根据达伦等（2010）的观点，多渠道传播中信息是核心：

使用多种媒体，即使用营销传播组合中的多种要素，通常被称为整合营销传播（IMC）。整合营销传播需要协调使用所有人物、媒介和信息，来建立品牌故事。

时尚品牌一直非常擅长采用不同营销传播组合要素来建立品牌形象。在整合营销传播的正式定义出现之前，优秀的营销人员已经进行了多年的整合营销传播实践。

下面是美国广告代理商协会对整合营销传播的详细定义：

营销传播计划这一概念利用整合的附加价值实现综合计划，评估一般广告、直接回应、促销和公共关系等各种传播手段的战略作用，并结合这些手段来达到清晰、一致和最大化的传播效果。

当前，整合营销传播的思想认识到个性化方法对于客户体验的重要性，协调使用多种传播，包括吸引受众互动的直接营销和社交媒体等。技术的使用尤其是消费者数据库的采用使得品牌与消费者的互动更加紧密，有助于进行有效的营销传播反馈评估。

下一节将介绍实际工作者的思想，他进一步推动了整合营销传播概念的发展，考察消费者在基于技术的传播活动中的作用。

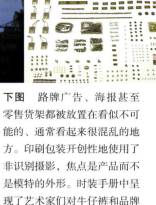

上图　1998～2001年，荷兰设计师兼艺术总监布瓦·巴斯蒂安（Boy Bastiaens）重新设计了佩佩牛仔裤伦敦（Pepe Jeans London）的形象。该项目旨在创建一系列创新包装、品牌材料、零售展示项目和销售点材料。这些将在商店中、户外环境中、印刷材料和佩佩的网站上使用。即使是最小的品牌化元素也受到了关注。

下图　路牌广告、海报甚至零售货架都被放置在看似不可能的、通常看起来很混乱的地方。印刷包装开创性地使用了非识别摄影，焦点是产品而不是模特的外形。时装手册中呈现了艺术家们对牛仔裤和品牌的看法。通过使用独具酷感、工业风、尖端前卫、有趣而身临其境的物体和意向来传达创新概念。

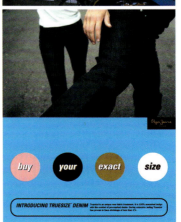

来自拓扑肖普（Topshop）的贾斯汀·库克（Justin Cooke）

2013年2月，作为Topshop的新任首席营销官，贾斯汀·库克（Justin Cooke）与谷歌合作，推出了他雄心勃勃的线上活动"时装秀的未来"（The Future of The Fashion Show）。该项目在伦敦时装周上展示了Topshop及其T台级别子品牌Topshop Unique的产品。

库克在博柏利（Burberry）工作了6年后来到Topshop，担任全球公关和VIP活动主管。他之前为博柏利设计的创新项目包括"沟槽（Trench）艺术"和"零售剧院"。他举办"时装秀的未来"的目标是让那些数字化超级用户（在社交媒体渠道和实体店购物时已经很活跃的人）进行体验，让他们参与传播，成为活动的一部分。他首先考察了过去用于播放时装秀的成功媒体类型，并研究了现在可用的互动交流工具，然后发展出令人兴奋的互动体验。

Topshop是英国备受喜爱的高街品牌，在纽约、芝加哥、拉斯维加斯和洛杉矶也有旗舰店，还有137家国际特许经营店。

"时装秀的未来"通过为在线观众提供前排体验，使时装秀大众化。他们有机会参与定制产品，在T台上挑选购买，评论秀，与明星聊天，或从模特的视角观看T台。根据Mashable.com的数据，超过100个国家和地区的200万人观看了这场秀，在节目开始的五分钟内，谷歌、脸书、推特、拼趣（Pinterest）、照片墙（Instagram）和汤博乐（Tumblr）等社交媒体上就出现了20万条分享。

该项目为期三天，旨在利用谷歌的功能和特色，结合其他社交媒体平台，以及Topshop的线上和实体销售环境来展示这场时装秀。在展会前三天，Topshop和谷歌在位于伦敦牛津广场的Topshop旗舰店安装了一个"成为模特"的照相亭，顾客可以穿着服装摆造型，并与朋友分享动图。时装秀前两天，筹备工作的视频在YouTube上播放。博主和粉丝被邀请与Topshop的创意总监和设计团队一起参与谷歌聚会（多个用户参与制作一个实时视频流）。

下图　Topshop与谷歌合作的"时装秀的未来"。

右图 使用名为"成为模特"的照片亭可以制作动图，供用户在社交网络上分享。

就在节目开始前，Topshop播放了博主之间的闲聊，以及明星们去节目途中的片段。这场表演在Topshop网站、谷歌网站、推特和牛津广场商店的大屏幕上进行了直播。观众可以以模特的视角通过安装在衣服和配件上的微型摄像机观看。通过与脸书合作，用户可以定制特定的商品，并在订单到期时收到通知。他们可以从iTunes下载节目中使用的音乐，还可以购买模特化妆时使用的化妆品。据库克介绍，化妆品的销售非常火爆，一些定制服装在时装秀结束前就已经售罄。推特评论比赛的获胜者赢得了下一季Topshop表演的门票。

时装秀结束后，顾客被邀请使用谷歌定制应用程序点击"成为买家"，该应用程序可以让顾客获取可滑动版本的时装秀片段，并将其放入他们最希望在店内看到的商品愿望清单。这后来使Topshop的买家能够获得关于T台热门商品的有价值的数据。

很难分析这是不是有意使用整合营销传播。这次活动当然是Topshop为其追随者推动时尚行业大众化所采取的众多举措之一。根据维多利亚·卢梅斯在trendwatching.com上的观察（见第14～16页），这一活动邀请购物者学习并成为时尚产业运作方式的一部分。库克自己说，扰乱正常秩序是他灵感的主要来源。然而，技术的无缝使用，各种社交媒体平台的充分利用，事件、销售环境和社交媒体之间的协同作用，高度跨文化的消费者参与和互动以及个性化内容似乎是可以用整合营销传播来概括的。

整合营销传播的未来

营销人员和时尚推广者面临的挑战是如何将整合营销传播中的最新思维发展成范式，以有效地策划传播。Topshop的案例研究引入了"协同"的思想。营销传播组合的重要方面包括：

一致性

一致性是指品牌的营销组合及其传播组合应加以整合。所有营销组合（6P的要素）和传播组合都必须具有统一目标，才能发挥作用。

协同性

贾斯汀·库克（Justin Cooke）在他策划的传播事件中使用了各种社交媒体平台和专业应用程序，表明Topshop的主要愿望是使消费者按照既有的购物偏好和分享习惯参与传播。所有工具的使用共同加强了这一目标，从而产生了高水平的协同效果。

颠覆性

库克认为未来时装秀的核心是颠覆。他宣称自己在伦敦的《科学》杂志上看到的科技博物馆启发了他在模特服装上使用微型相机进行细节展示，表明人们的灵感不仅仅来源于时尚领域。广告公司TBWA也将颠覆性视为形成客户画像的关键，将颠覆性定义为"提出更好的问题、挑战传统观念和推翻偏见的艺术，从而产生更新颖、更有远见的创意"（TBWA.com，2015）。

亚历克斯·赫兹（Alex Hesz，2015）认为颠覆性不同于新颖或创新，它应当是不可预期的，是一种可以促进受众与品牌进行对话、鼓励受众购买或参与的全新方式。在Topshop追随者和品牌创意总监之间建立沟通渠道似乎并不合逻辑，也无法证明成功性，但这么做确实在购买服装的整个流程中颠覆了传统的购买行为。在营销和推广层面，通常由技术促成的颠覆性可能会给推广活动带来意想不到的结果。

推广活动的框架

这一框架基于整合营销传播的最新理论，有助于推广人进行有效的推广活动。

协同性。所选择的每种传播方式和媒介本身是否都能提供有趣的沉浸式体验？是否可以反映出品牌在所有渠道中所传递的核心价值？

技术性。能否使用技术来吸引受众并评估其反应和反馈？是否使用技术节省成本并减少对传统媒体的依赖？技术的使用是否能产生颠覆性的体验？

颠覆性。推广活动中是否存在超出预期、打破受众常规行为的体验、新知和争议？

一致性。所选的传播渠道是否传递一致连贯的信息，从而支持品牌的营销策略？

持续性。所选的传播方式能否始终如一地提供这些体验？

本书与传播工具相关的章节将介绍如何利用这些整合营销传播因素，以及如何在特定的传播活动中使用传播工具组合。

目标设定和SMART模型

前述内容介绍了传播工具和整合营销传播，说明了工具与媒介的结合使用具有重要意义。此外，推广活动目标的设置也很关键，决定了传播组合和媒介的选择。营销和传播目标是根据公司或品牌的主要目标制订的。企业整体目标通常是长期的，而营销和传播目标则是短期的、战术性的。

营销和传播目标

当前，ＳＭＡＲＴ模型是进行目标设定的常用框架：

S（Specific）——具体的

M（Measurable）——可衡量的

A（Achievable）——可实现的

R（Realistic）——可执行的

T（Time-related）——有时限的

该模型指出，必须仔细考虑目标设置。目标必须非常明确地指出所要实现的结果；目标又必须是可测量的，从而改进和利用结果；在给定的时间限制内，目标必须既可实现又切合实际。

上图 英国休闲服饰品牌Firetrap于1991年推出时几乎采用了完美的营销组合。控股公司WDT（世界设计与贸易）对其之前拥有和分销的品牌零售商进行了广泛研究，为Firetrap创造了有利的营销条件。明确的现存目标市场塑造了促销的全貌，并保持了二十多年。

AIDA和DAGMAR模型

可以运用理论工具根据目标设定结果选择传播策略。保罗·R. 史密斯（Paul R. Smith）和泽祖克（Ze Zook）（2016）列出了爱德华·斯特朗（Edward Strong）在1925年正式提出的AIDA（Attention、Interest、Desire、Action；注意力、兴趣、欲望、行动）模型和拉赛尔·H. 科利（Russel H. Colley）在1961年开发的DAGMAR（Defining Advertising Goals for Measuring Advertising Responses；定义广告目标来评估广告效应）模型。管理者可以使用这两种模型来确定传播策略。

例如，如果希望提高AIDA模型下的兴趣或DAGMAR模型下的理解，则建议使用公共关系、产品植入、赞助和社交媒体等传播策略。

AIDA模型和DAGMAR模型下的建议传播策略

AIDA	DAGMAR	建议传播策略
—	认知不足	—
注意力	认知	广告、公关、名人代言
兴趣	理解	公关、产品植入、赞助、社交媒体
欲望	信任	公关、产品植入、赞助、直接营销、促销、社交媒体
行动	行动	促销、直接营销、人员推销

基于SMART模型确定传播计划目标

伦敦城市大学（London Metropolitan University）时装零售管理、时装营销和商业管理（Fashion Retail Management and Fashion Marketing and Business Management）等课程文学学士（荣誉）的二年级学生面临的挑战是为大四创业学生开发一种传播组合。

大四学生路易莎·克莱顿抓住这个机会，同时在香水和香味产品的零售部门做兼职工作，通过询问顾客来研究市场。她发现，香水市场仍然存在空白，需要手提包大小、用植物提取物制成、不含化学添加剂、不会溢出、价格合理的个性化产品。她开发了固体香水品牌Head、Heart and Base。最初的零售是线上进行的，她在顾客购买大件商品前就把小样提供给顾客。消费者无法在线上体验和创建自己的产品，为此她组织工作坊，对客户进行培训并推广产品。二年级

MARKETING COMMUNICATIONS PLAN
for Head, Heart and Base.

左图　路易莎·克莱顿（Louisa Clayden）为Head、Heart and Base提出创意，在网上销售固体香水和精油：顾客可以根据菜单上的配料自己调配香味。图片由代理公司Seamless拍摄。

学生波林·戈茨和安娜·西曼斯卡代表传播代理公司Seamless制订了合适的传播计划，确定了传播目标。

公共关系目标

目标1：在Head、Heart and Base网站上开启博客，每天更新。利用博客推动流量进入网站注册，然后推广工作坊。

HEAD、HEART AND BASE的传播计划

目标总结	四月	五月	六月	七月	八月	九月	十月	十一月	十二月	一月	二月	控制
1　创建博客	在博客上创建活动发布的资讯	开始推广网站订阅		告知订阅者工作坊信息	展示事件照片和视频	与关注者交流即将到来的活动	创始人受访经历	告知订阅者圣诞季新产品	圣诞节折扣资讯	情人节产品	情人节折扣活动	博客要每天更新，以达到每月5个订阅户进入网站并链接到社交媒体网站。一次工作坊获得15个意向订阅户
2　向外部博主发送礼物												赠送样品给20个外部博主，在4个月内完成7篇社交媒体和/或博客文章
3　组织工作坊				策划场地及组织活动	进行长达7小时的香味混合教程							7场工作坊，每场吸引5名受邀访客。电影和摄影活动。出售产品
4　通过受访获得报道						接受《肖尔迪奇制造》杂志的采访						接受一家创意杂志的采访，从而在Facebook上增加100名粉丝，在Instagram上增加20名粉丝，在网站上增加20名订阅者
5　汇总数据库				发送关于工作坊的电子邮件				通过电子邮件发送圣诞节折扣码				汇总100个订阅者的初步数据库，用于发送邮寄广告
6　创建并更新社交媒体页面	设置和发布初始图片	每日发布关于气味、体验、图片的帖子					在Instagram上推广圣诞季新产品					每天在Twitter、Facebook和Instagram上发帖。使用Instagram发布打折资讯。目标是达到300名关注者
7　发放折扣码												在一年中的关键时期进行有限但受欢迎的打折活动，以使销售额增加20%

目标2：在4个月的时间内，通过发送样品礼物与20个外部博主建立关系。

目标3：组织7次为期4天的系列工作坊活动。使用事件照片为博客和社交媒体提供素材，并邀请用户生成内容。

目标4：在第6个月，获得创意相关杂志的报道，如《肖尔迪奇制造》。

直接营销目标

目标5：确保网站能够获取数据，以便建立一个订阅户数据库，发送事件信息和促销资讯。

社交媒体目标

目标6：确保在第1个月建立推特，照片墙和脸书的企业账户。每日更新，包括视觉效果、对气味和季节性预告片的想法和意见。

促销目标

目标7：在第9个月，向所有订购圣诞礼品的用户发放折扣码。类似的促销活动也可以在情人节进行。

这些目标是具体的，详细说明将使用哪些传播元素以及如何使用。通过在甘特图（左页）的控制部分佐证这些目标是可实现的，然后制订可衡量的目标。通过绘制事件顺序，目标可以在一定的时间范围内实现。所有这些目标对于预算较少的创业公司来说都是现实的，可以实现免费和低成本。每次都要给出预期的目标数字，来体现感兴趣的客户是否出现缓慢的、实际的、有组织的积累。最后，在一年时间里，以可视化的方式规划出目标，提供关于何时以及如何审查传播目标的概览图。

作为SMART原则下设定目标的一个例子，计划发布活动要与市场营销计划相一致。传播工具要连接在一起，彼此衔接，共同为成立新公司服务，产生协同效应。在社交媒体和博客平台上广泛应用技术。随着时间的推移，技术的使用可能会延伸到目前正在开发的数字气味技术上，使线上传递气味成为可能。这可能会使未来产生颠覆性。通过监控客户体验并进一步生成与气味相关的图像、评论和体验，可以很容易地维持持续性。当确定传播活动的创意和预算时，要充分考虑这一点。下面的章节将讨论传播组合中每种工具的特点。

参考文献

Dahlén, Micael, Fredrik Lange and Terry Smith, *Marketing Communications: A Brand Narrative Approach*, Wiley 2010

De Pelsmacker, Patrick, Maggie Geuens and Joeri Van den Bergh, *Marketing Communications: A European Perspective*, 4th ed., Pearson 2007

Hesz, Alex, 'The Essay: Beyond the Myths – What Disruption Looks Like', *Marketing*, 1 July 2015, p. 1

Marketing communications definition, Thedma.org (2016), thedma.org/membership/member-groups-communities/integrated-marketing-community/integrated-marketing-definitions/

Smith, Paul Russell and Zook, Ze, *Marketing Communications: Offline and Online Integration, Engagement and Analytics*, 6th edition, Kogan Page 2016

TBWA.com, 'Disruption', accessed 8 June 2015, www.tbwa-london.com/about/disruption

延伸阅读

Abnett, Kate, '6 Reasons the British High Street Is Struggling', 22 January 2016, www.businessoffashion.com/articles/intelligence/6-reasons-the-british-high-street-is-struggling

Allchin, Josie, 'Topshop CMO: Marketing Industry Needs Disruption', *Marketing Week*, 28 June 2013, p. 4

Diaz, Anne-Christine, 'Topshop Raises Digital Bar in Fashion World', *Advertising Age*, 84/9 (6 March 2013), p. 18, www.adage.com/article/cmo-interviews/topshop-raises-digital-bar-fashion-world/240100

Grant, Jules, 'Firetrap Restates Cred in "Deadly Denim" Ad Campaign', *Campaign*, 25 June 2004, www.campaignlive.co.uk/article/214727/firetrap-restates-cred-deadly-denim-ad-campaign

Hill, Adam, 'Client View: Justin Cooke: Fashioning the Ideal Digital Strategy', *PR Week*, 21 November 2012, www.prweek.com/article/1159282/client-view-justin-cooke-topshop-fashioning-ideal-digital-strategy

Mullany, Anjali, 'How Google+ and Topshop Co-created London Fashion Week's Most Interactive Show', *Fast Company*, 18 February 2013, www.fastcocreate.com/1682445/how-google-and-topshop-co-created-london-fashion-weeks-most-interactive-show

讨论

你认为哪种营销传播组合工具在获得宣传方面最有效？

你认为这种情况在未来会改变吗？为什么？

分析一场类似Topshop"时尚秀的未来"的时尚推广活动。活动的一致性和协同性是如何体现的？

第四章

时尚广告

本章讨论广告理论和由此发展而来的广告技术，供广告主使用以增加关注，促进公众与品牌互动。首先，阐述不同广告类型的目标和范畴，包括传统广告（电视广告、时尚杂志广告和路牌广告）和能产生更多受众交流的新型广告（网络广告、社交媒体广告）。其次，通过数字营销专家的访谈说明线上推广的优势，强调组合使用多渠道的重要性。最后，考察了一些成功的时尚推广活动，这些活动可能使用了传统元素，但它们充分利用机会以获得更多媒体报道、加强与社交媒体平台的合作，从而促进销售。

广告的定义

一般来说，广告是指品牌商使用付费媒介（如电视、报纸、广播、路牌、网页等）向目标消费者传达信息的过程。尽管有更便宜、互动性更强的媒体，由于时尚品牌（尤其是奢侈品牌）极具魅力的属性，其营销传播组合的核心仍然是高调、视觉冲击力强的平面广告和/或路牌广告。

格林伍德（Gaynor Lea-Greenwood，2012）将广告定义为"明确的来自企业的向外传播的任何形式的信息，由企业发起并付费。"克里斯菲尔（Chris Fill，2013）建议学生和实际工作者采用理查兹（Jef I. Richards）和凯瑟琳·柯伦（Catharine M. Curran）（2002）提出的定义："广告是一种由确定的广告主付费的传播媒介，旨在说服接收者现在或将来采取行动。"

下图 唐娜·凯伦（DKNY）的2016年春夏系列。双页杂志平面广告，由摄影师拉克兰·贝利（Lachlan Bailey）拍摄，模特是艾德丽安·朱瑞格（Adrienne Juliger）。

广告的投入

电子营销家（eMarketer，2016）预测，到2020年❶，全球付费广告媒体投入将达到6742.4亿美元，用于线上广告、杂志广告、报纸广告、户外广告、广播广告和电视广告。

欧睿2014年的一份报告（见下图）强调了全球趋势是：电视广告持续受欢迎，平面广告下降，线上广告稳步增长。据Marketingtechnews.net（2016）估计，到2020年❷，用于线上广告的投入金额将飙升至2850亿美元，几乎是2016年的两倍。

下图 欧睿公司（Euromonitor, 2014）发布的1990~2013年全球广告支出、五大市场广告总支出以及全球前三名媒体类型的广告支出。

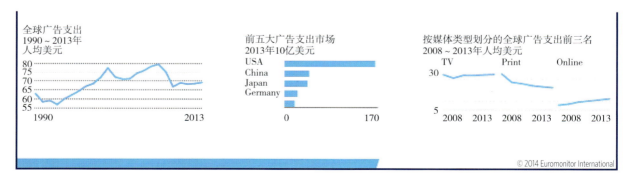

---

❶ 原书出版于2018年。

❷ 同上。

广告效果评估

整合营销传播的核心是评估每一种传播工具的效果，明确各自优缺点。克里斯·菲尔2013年提出的4C框架（见下表，在它基础上增加了关于社交媒体的一列）总结了每种营销传播工具的主要特征，包括传播效果、可信度、成本和可控性。这个模型适用于下面章节中介绍的大多数工具，后文将进行更为详尽的讨论。

广告的优点

- 信息可以到达广泛的受众，尽管可能是没有针对性的，也可能到达了那些买不起产品的消费者。
- 尽管制作一个广告的总成本可能很高，但单次到达成本（成本除以所接触的人数）可能比较低。

- 对于品牌来说广告是可控的，如果广告引起不必要的争议，品牌可以将其撤下。

广告的缺点

- 与广告直接互动的机会不多。
- 受众倾向于认为这是一种付费的传播方式，因而不太可信，特别是受众在阅读杂志时，会跳过杂志广告阅读其他感兴趣的内容。
- 制作影视广告费用高昂，购买广播插播时间、路牌租赁和购买杂志版面等额外的媒体发布费用也高。
- 除了销售额上升这一指标，很难衡量传统广告的效果。

克里斯·菲尔的4C框架：营销传播的关键特征

4C	广告	促销	公共关系	人员推销	直接营销	社交媒体
传播效果						
传播私人信息的能力	低	低	低	高	高	高
到达广大受众的能力	高	中	中	低	中	中
大众互动水平	低	中	低	高	高	高
可信性						
目标受众对广告信息的信任	低	中	高	中	中	高
成本						
总成本	高	中	低	高	中	低
平均成本	低	中	低	高	高	低
浪费	高	中	高	低	低	低
投资规模	高	中	低	高	中	低
可控性						
针对特定受众的能力	中	高	低	中	高	高
依情况进行调整的能力	中	高	低	中	高	低

菲尔的框架可以帮助品牌选取并协调使用多种互补的传播手段。例如，传统广告价格昂贵，到达率高但涵盖非目标受众，不能有效地促进消费者与品牌的互动；但如果推广方还在社交媒体上发布短视频广告，消费者就可以对该信息进行评论，从而增强互动。社交媒体成本低，能到达对某一主题感兴趣的受众，并允许消费者发表正面或负面评论，两者结合使用效果更好。因此，如果有足够的广告预算，品牌要做的是使广告更有互动性，与消费者建立密切联系，同时尽可能获取消费者的信任，克服广告的缺点。

广告理论

广告是所有传播工具中理论化程度最高的，因为它出现时间早。关于广告有两个主要的传统理论。

- 受众看到新的信息，并依据特定的逻辑阶段流程化地处理这些信息。
- 受众在广告信息中对涉及的各种社会文化元素做出反应。

克里斯·哈克利（Chris Hackley，2010）对这种双元性进行了扩展，提出了"硬推销"（将广告纯粹视为销售工具）和"软推销"（运用创造性技术来激发受众的情感、愉悦、参与，最终产生忠诚）。这种双元性中前者表现为理性的方法，即强调产品的特征、性能或价格，后者表现为感性的方法，即重视受众与信息的互动，建立受众对品牌的喜爱。

右上图　Topshop2016年春季系列，由卡莉·克劳斯（Karlie Kloss）代言。这条理性的信息迎合了Topshop年轻目标受众，他们希望自己能像克劳斯一样：有需求、有人脉、对技术抱有令人钦佩的包容态度。

右图　尼奥·贝奈特（Neil Barrett）2015～2016年秋冬活动系列，由摄影师马修·斯通（Matthew Stone）拍摄。这一例子中使用了情感方法，模特的造型结构表达出品牌故事，吸引受众。新的受众可以意识到该品牌在服装领域享有盛誉。

广告中的信息加工理论

哈克利（Hackley，2010）认同克劳德·埃尔伍德·香农（Claude Elwood Shannon）和沃伦·韦弗（Warren Weaver）在20世纪40年代后期开发的信息加工模型，该理论模型描述的是从信息到信息接收者的信息传递过程（见下图）。这一模型不仅适用于广告，而且也适用于理解发送者和接收者之间传递信息时的认知阶段。

在广告活动中，品牌明确广告要求，由广告公司制作广告，最终发送给终端接收方。接收者做出反馈，表明接收并准确理解了广告信息，同时说明了所选的媒介是有效的。香农和韦弗认为在早期的模型中，噪声是个干扰因素，代表其他营销信息。

广告理论中的AIDA

第三章中介绍了AIDA模型（见第47页），用于进行传播目标与传播策略的匹配，也可用于阐释广告效果。今天，一些广告主仍然使用这一模型来确保传播活动可以影响陌生消费者在购买前接收与处理信息的所有阶段。这一模型是分层级的，表明了品牌对消费者的影响在于可以触发和促进购买行为，而不仅仅停留在影响其认知阶段。

这一模型认为，营销噪声会在注意力阶段产生影响，并指出可能需要进行多次尝试，才能获得受众的注意力，使其对产品或品牌的渴望在心中生根，最终产生购买行为。换句话说，这一模型强调了说服消费者的作用。在尼奥·贝奈特的例子（见第54页图）中，受众在购买前可能需要了解传播活动，看到知名演员或模特穿戴品牌的系列服饰，体会到时尚编辑对

服装的热情，注意到一个时装企业家，或者读到有关设计师的内容。

在时尚活动中，人们思维的分界可以说是模糊不清的，许多传播活动使用的是混合信息。因此，分析广告运作方式、运用固定模式，对推广者来说是非常有利的。菲尔（2013）和达伦等（2010）都引用了欧麦利（1991）和霍尔（1992）的研究，另外有四种框架可以解释广告如何作用于受众。

- 说服模型：与AIDA模型一致，受众会被一系列说服性信息打动，这些信息涵盖了品牌的独特性和优于竞品的程度。
- 参与模型：激励受众参与，运用情感方法或其他创意手段来吸引受众，邀请他们参与内容创作，获取更多消费者信息。
- 突出模型：旨在通过传播活动本身的价值脱颖而出，从而产生差异；激发受众分享观点并讨论，从而（为活动而不是产品或品牌）带来很多话题。
- 销售模型：信息传递纯粹是为了刺激销售，通过有吸引力的价格、折扣、奖励和其他刺激实现销售。

在列出的四个框架中，参与模型与市场营销中消费者参与角色的演变最为一致。学者们认为，在广告中运用创意是获得关注和吸引受众的最重要途径之一。

大众传播的传播模式

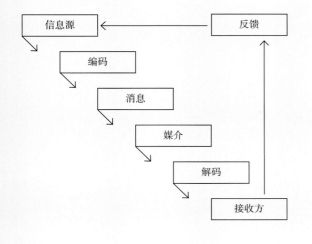

广告理论的AIDA模型

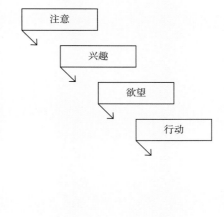

广告如何到达消费者

广告（和其他传播活动）可以使用一些创意手段来激发受众更深层次的参与，最终引起他们的兴趣和欲望。

色彩。人类会被强烈的色彩刺激所吸引（关于在设计商标时使用色彩的讨论，见第31页）。

比例和对比。当受众看到一个巨大而突出的物体时，会认为它是重要的、有力的和权威的。同样，黑白图片也能在彩色背景中赢得关注。

符号学。信息接收者并不是无意识地处理信息。受众将信息所传递的当代社会意义与其他具有重要文化意义的品牌联系起来。如第57页图7所示。

一词多义。与符号学相似，一词多义表现为受众会通过浏览广告来寻找他们认识到的社会文化因素，并试图与他们已经知道的东西产生关联。

知觉与情感。包括能触发基本情绪和情感的形象，如吸引、喜爱、舒适、温暖、愤怒和恐惧。

图❶　迪塞尔（Diesel）名为"我们联结在一起#重启迪塞尔"（We are connected # Diesel ReBoot）广告活动（2014），由伊内兹·范·兰姆斯维尔德和维诺德·马塔丁拍摄。在其传播活动中，迪赛尔经常大面积地使用红色（一种传达危险、热、激情和冲动的颜色）。

图❷　纳坦·德维尔（Natan Dvir）在the Reel Foto博客上的"即将到来"项目（2013），描绘了遍布纽约市的巨大时尚路牌广告。

图❸　IRO的2016年春夏系列，由科利尔·肖尔（Collier Schorr）拍摄的黑白照片，安雅·鲁比克（Anja Rubik）担任模特。

图❹　为了满足人们追求更多样化身材的需求，密探（Agent Provocateur）在其传播活动中邀请了亚特兰大·德·卡德内·泰勒（Atlanta de Cadenet Taylor）为其柔化系列L'Agent担任模特。该图为莉兹·柯林斯（Liz Collins）为2016年春夏时装宣传拍摄的照片。该品牌经常引用20世纪50年代的海报或滑稽的主题，为其颓废的形象添加怀旧元素。

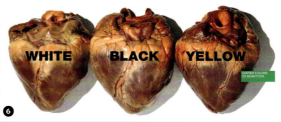

❺

❻

WHITE   BLACK   YELLOW

符号。意涵+意符=这个词的声音和形状。

意涵。指意符"牛仔裤"的意义。

意符。蓝色面料的工作服。

以书面或口头形式表示的"牛仔裤",看起来或听起来都不像意符,而是用来表示或代表牛仔裤。

外延。与线条、剪裁或合身等风格相关联的正式事实信息:蓝色粗斜纹棉布,有五个口袋的西式牛仔裤。

内涵。这个形象或词语给人的感觉是:年轻、自由、叛逆、牛仔、舒适、工作、可靠、经典、性感,取决于我们个人对意涵的感知。

❼

❽

❾

图❺ & Other Stories的2015～2016年秋冬活动系列,采用了跨性别模特瓦伦汀·德欣(Valentijn de Hingh)和哈里尼夫(Hari Nef)、跨性别摄影师阿莫斯·麦克(Amos Mac)、造型师卢夫·贝利(Love Bailey)和化妆师妮娜·潘(Nina Poon)。

图❻ 贝纳通(Benetton)的"白心、黑心、黄心"广告活动(1996)。贝纳通经常在活动素材中采取反种族主义的立场。传达的信息很简单,那就是我们的内心都是一样的。

图❼ 符号学解释:符号、意涵、意符、外延和内涵。这借鉴了马尔科姆·巴纳德(Malcolm Barnard, 2002)的研究,巴纳德总结了瑞士语言学家费迪南德·德·索绪尔在定义符号学关键术语方面的研究。

图❽ 迪赛尔(Diesel)2010年春夏活动:"性感销售:不幸的是我们卖牛仔裤",由林美子(Miko Lim)拍摄。迪赛尔经常使用一词多义来吸引观众,并将模特和信息联系起来,从而延长受众的注意力。

图❾ 库普尔夫妇(The Kooples)"萨沙和米洛斯"(Sasha and Milos),2016年春夏。库普尔是新一波年轻法国品牌中的一员,他们将情感联系发挥到了极致。使用"引人注目的情侣"这一简单概念,叙述他们在一起多久,广泛传播生成的信息,不受经济衰退影响。

广告的名人效应

使用名人可以极大地促进时尚产业中广告乃至所有推广活动的成功。下一章将探讨名人代言，但现在讨论传统广告活动的名人效应。

安吉拉·卡罗尔（Angela Carroll，2009）研究了名人对于唤起受众理想自我的效果。自我概念是消费者通过品牌和消费行为进行自我建构，反映出"他人眼中的自己"。在实际生活中，我们扮演着不同的角色，由此构建了实际自我、理想自我和社会自我。消费者购买的时尚品牌很大程度上作为对外传递个人身份的信号。卡洛尔引用了格兰特·麦克拉肯（Grant McCracken，2005）的三阶段意义传递模型，该模型最能贴切地解释代言中的名人作用，下面以蕾哈娜（Rihanna）与彪马（Puma）的合作为例来说明。

- **第一阶段**：蕾哈娜在音乐领域声名卓著，并担任创意总监、品牌形象大使和时尚项目合伙人，受众对她较为熟悉。她能够驾驭任何风格流派的服饰，并且总是穿出一种独有的感觉，酷感十足、充满自信。她的风格既适合高街时尚品牌，也适合红毯奢侈品牌。受众一看到蕾哈娜就会识别出和回忆起这些意涵。
- **第二阶段**：当看到彪马与蕾哈娜的联名款产品时，受众就将蕾哈娜产生的那些意涵传递到了彪马这一品牌上。
- **第三阶段**：消费者判断彪马品牌下的蕾哈娜是否符合他们的私人自我，从而决定是否穿彪马来展现最新的街头酷感和流行的嘻哈风格。

通过这种方式，蕾哈娜赋予了彪马一种新的意涵，并将之传递给消费者。蕾哈娜这种自信的概念被注入彪马的品牌形象中。对部分消费者来说，蕾哈娜代表了他们的理想自我。

右图　蕾哈娜（Rihanna）是彪马的品牌大使和广告代言人。她担任创意总监，并与Fenty × Puma活动鞋成功合作。

电视广告

传统电视的受众众多且没有针对性，这意味着时尚品牌将电视广告只应用于大众入门级产品，如香水和化妆品。电视广告费用也很昂贵。大型零售商圣诞节广告表明，广告预算可达100万英镑。据英国《卫报》报道，约翰·刘易斯（John Lewis）在2014年的整个圣诞节活动中，"企鹅蒙蒂"（Monty the Penguin）短片广告花费了700万英镑。该推广包括：

- 广告本身；
- 定制App；
- 小册子；
- 企鹅蒙蒂毛绒玩具；
- 第4频道片头植入；
- 社交媒体；
- 赞助伦敦剑桥大街的圣诞彩灯，推特主页同步闪动；
- 店铺推广，例如，采用增强现实技术（AR）使孩子们看到自己的玩具栩栩如生。

上述例子很好地说明了在传播工具上的投入为电视广告增加了互动，同时也反映了多渠道传播手段的协同使用，这在第三章介绍过（见第46页）。在圣诞季中，每一种体验各自都能让消费者产生愉悦情绪，协同使用则可以产生更强的效果。

与黄金时段地面频道相比，有线频道的广告时段更便宜、更能实现区域性广告投放。对于路易·威登（Louis Vuitton）这类品牌来说，广告用于传播时尚而不是香水产品。它的广告"旅行邀请"（L'Invitation au Voyage）于2012年11月在美国付费有线电视频道Showtime上播出，在谍战悬疑系列美剧《国土安全》中插播。该广告由著名的时装摄影师伊内兹·范·兰斯韦德（Inez Van Lamsweerde）和维努德·马塔丁（Vinoodh Matadin）制作，由模特艾利桑娜·缪斯（Arizona Muse）身着威登（Vuitton）装扮出演，在巴黎卢浮宫被倾慕者追求。

电视赞助

电视赞助是有针对性地将品牌与特定的电视节目关联起来的电视广告形式。赞助比现场广告更有效，因为特定的电视节目和品牌在受众心中建立了更积极的联系。观众也会通过社交媒体将这种联系表达出来，他们参与电视情节的讨论，品牌也会受益于此。电视赞助可以是拍摄动人的影片，在电视节目中展示品牌信息，这就是所谓的电视广告，其优点是如果观众想快进就可以跳到广告影片的开头。2012年，拉夫·劳伦（Ralph Lauren）赞助了由美国有线电视频道PBS播出的经典杰作（Masterpiece Classic），该系列播出了英国历史电视剧，如《唐顿庄园》《夏洛克》和《楼上楼下》。拉夫·劳伦2012年秋季时装秀

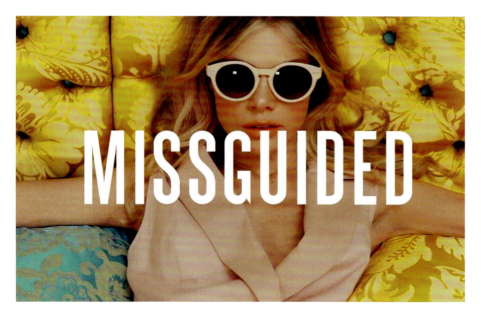

左图 英国线上零售商Missguided将电视广告作为一种有效的媒介，用于制作色彩丰富、充满激情的电影，面向年轻人。他们是美国超模大赛第22季的赞助商，并在美国的路牌广告上推出了更多广告。

RALPH LAUREN
Collection

上图　拉夫·劳伦2012年秋季系
列，灵感来自《唐顿庄园》。

展示了《唐顿庄园》，而且这次赞助被公认为是互惠
互利的。《唐顿庄园》在美国获得了惊人的收视率，
第二季吸引了约1700万观众，而经典杰作的观众人数
增长了27%。

时尚短片

电视广告的主要优势在于它可以制作短片，而著
名摄影师和导演制作的时尚短片对于传播活动的成功
来说是不可或缺的。本书重点介绍几种不同示例。

- 广告叙事：第三章（第39页）介绍了鳄鱼
  （Lacoste）品牌的创意广告The Big Leap，发
  布该广告的同时也进行了印刷广告和路牌广告
  推广，讲述了一个关于信念的故事。
- 交流工具：第五章（第80页）阐述了微博主如
  何作为时尚风向标去发布短片，进而增加受众
  的喜爱。第六章（第113页）说明了Missguided
  一直在努力激发忠实消费者为它的广告系列增
  添素材，增加互动，共同制作广告。

- 沉浸式推广：第二章（第28～29页）以爱丽
  丝的猪（Alice's Pig）为例，介绍了它在优兔
  （Youtube）上发布有趣而有感染力的短片来
  反映品牌形象。
- 时装秀直播：第十章（第171页）阐述了时装
  秀直播既是时装展示，又能加速循环，缩短流
  行周期。
- 花絮：第六章（第112～113页）呈现了更多使
  用潜望镜（Periscope）和色拉布（Snapchat）
  记录的幕后过程，对拍摄瞬间进行传播。

印刷广告

尽管彩页传播数量在逐渐减少，但它仍是时尚广告的一部分。德沃拉·内科娃（Devora Neikova，2014）对《美国时尚》传奇的2007年9月刊发表评论，称它创下了行业纪录，因为这一刊中含有727页平面广告。9月刊是一年中最热销的，读者会在商店中寻找秋季新款，并预览下个春季的设计师时装秀系列。9月刊和3月刊的版面最为抢手。杂志将有关其读者及订阅率的信息提供给潜在的广告客户，帮助广告客户将其消费者与杂志读者相匹配。

杂志的声誉和读者群体、广告的位置与篇幅（全页或单页）决定了广告版面费用。封面内页的位置最为昂贵，其次是封底外页。时尚杂志通常划分区域：该杂志前三分之一的版面比其他部分贵，单页1万~3万英镑，具体数额取决于杂志的声誉。品牌可能要支付高额费用才能出现在某些受欢迎的版面中，即在读者可能会停下来阅读的部分（如目录页面）旁边，或在杂志中常被阅读的右侧版面。

广告的标价仅限在一版杂志中出现一次，这解释了为什么整版和双页广告（尤其是在时尚杂志的前面部分）通常刊登的是奢侈品牌。价格当然是可以协商的，例如同时预订几版杂志广告可以降低价格。然而，即使花费了这笔开支，广告也可能被换掉，因此刊登广告必须迅速给人留下深刻印象。读者会意识到这些是付费广告，因此倾向于获取更多信息，例如从他们更信任的时尚编辑那里获取前沿信息。目前仍存在的问题是缺少与静态印刷图像的交互。

杂志广告的到达量

随着印刷版销量的下降，印刷杂志的发行量（每版发行的数量）变得越来越少。传统上，这一情况对广告客户而言很重要，因为它决定了杂志广告潜在的到达量。如果杂志制作精良，被广泛阅览、重读甚至传阅，其生命力就持久。根据格林伍德（2012）的估计，一本时尚杂志可能会被阅读2.5次，是发行量本身的2.5倍。这一数字也被称为杂志的读者总数。

自2004年意大利杂志《格拉齐亚》（Grazia）在全球范围内发行之后，流行时装刊物由传统的月刊改为周刊。《格拉齐亚》的模式是以"本周的我，本周的穿搭（The weekly who, what, wear）"为口号，发布时尚内容、时尚专题和时尚新闻。它在22个国家和地区中销售印刷版，是唯一能吸引普拉达（Prada）、古驰（Gucci）和杜嘉·班纳（Dolce&Gabbana）这样的奢侈品牌刊登杂志广告的周刊。

社论式广告/专题式广告/软广告

软广告是经设计的广告，看起来像是杂志本身时装拍摄的一部分。其优点与公共关系类似，例如可以增强信誉，获得第三方认可，这些将在下一章中讨论。这类由品牌商和零售商付费的传播方式，包括杂志时尚团队、客座博主和名人以第三方身份为品牌产

左图　2017年7月哈瓦那（Havaianas）的印刷广告活动，刊登在英国《时尚》（Vogue）杂志。

品系列代言。它们可能类似于时装拍摄或时尚指南，但通常会在杂志的右上角加上杂志的名称和"促销"或"广告"这类词。这些可能非常微妙，有时会被读者忽略，将内容误认为是杂志生成的报道。这种广告的费用可能比传统的整版或双页广告高20%～40%。

小型广告

预算较少的公司可以在时尚杂志的靠后部分购买较小的广告版面。这些按面板尺寸出售，单个面板尺寸约为75mm×60mm（3英寸×23/8英寸），给读者留下印象的空间也小。广告的后半部分通常以名录的形式出现，分为多个部分，例如精品店和藏品、健康与美丽。大概每版花费300英镑，广告客户也可以从该杂志的读者中获得同样的到达量，但由于处于杂志后面更有可能被忽略。

传单插页

传单插页是通过杂志的流通量获得关注的最便宜的方法，每千张的成本为50～200英镑，具体取决于杂志。杂志一翻开可以看到。之所以将它们包含在此处，是因为从分销角度来说杂志的付费是将其包含在内的。如果它们很松散，则很可能在初读时就被视而不见。广告客户可以支付更多费用与杂志绑定。值得一提的是，在这一领域已经取得了一些进展，使这种插页更加引人注目。2010年，意大利时装品牌杜嘉班纳（Dolce & Gabbana）与百加得（Bacardi）合作研发了一款新酒马天尼金（Martini Gold）。美国公司Americhip使用贺卡中音频芯片的类似技术，生产了一种嵌入式LCD视频屏幕，即所谓的打印视频（video in print，VIP）技术。12月版的俄罗斯《时尚》杂志放入了嵌入式视频插件，引起了媒体的极大兴趣。

报纸广告

报纸提供的广告版面比杂志便宜。如果某项传播活动适合采用报纸广告，则可以同时在全国和本地区内实现广告投放。在本地区，报纸可用于向购物者通知活动信息、商店开业或本地折扣。每天都有人阅读报纸，因此更有机会进入不同的市场，例如在上班路上的通勤者。与小型广告一样，报纸广告比时尚彩页更能在较小空间单位中使用，因此在特定预算下可以提供更多选择。在地方报纸上刊登一份四分之一页黑白广告的费用约为250英镑；一家全国性报纸上整版彩色广告的成本上升到1000～10000英镑。这种广告的缺点是，报纸的丢弃速度比杂志快，而且质量不高。但是，周末报纸增编已经在时尚报道方面赢得了声誉，其效果与时尚月刊或时尚周刊一样出色。特别是，《泰晤士报》的"风格"栏目、《纽约时报》杂志周日增刊和《金融时报》的"如何花钱"增刊对于品牌进行广告传播效果显著。

右图 2010年由Americhip为杜嘉班纳（Dolce & Gabbana）和百加得（Bacardi）制作的嵌入VIP视频屏幕的杂志插页。

路牌广告

路牌广告是最常见的户外广告，包括公交候车亭广告、售货亭广告、火车站广告和车身广告。路牌广告根据尺寸、位置的重要性及广告类型（标准的还是数字的）出售。大致来说，98页大型标准路牌广告的成本约为每周500英镑，数字或互动版本则高达每周2500英镑。与电视广告相比，路牌广告的优势在于可以每天24小时显示，也可以放置在需要提示观众购物的地方。然而，路牌广告的曝光时间可能很短。查尔斯·泰勒（Charles Taylor）、乔治·弗兰克（George Franke）和海敬·邦（Hae-Kyong Bang）在2006年进行的研究中强调了如何使用路牌广告来达到最佳效果。具体如下：

- 确保图像清晰，图像与背景反差明显，并与其他媒体渠道上的推广信息保持一致。
- 使用不超过七个或八个单词，确保字体在远处清晰可见，并突出一个特点，可以是产品、性能或价格。
- 巧妙地使用标语来体现幽默感，或使用其他创意工具（如颜色）来吸引眼球。
- 设置在高档或前卫的购物区附近，或放置在竞争较少的地区以提高知名度。
- 标语要显眼，从而引起人们的注意并占据重要地位。

路牌广告吸引的是能够外出走动、一般看电视较少的都市年轻人。在路牌还是在电视上做广告取决于客户的兴趣：他们是在观看专业电视频道的同时浏览网页吗？还是他们过着更加富有活力的城市生活？

英国线上零售商Boohoo.com是一家在电视和路牌广告上均取得成功的时装公司。在2014年接受《市场营销杂志》（*Marketing Magazine*）采访时，公司联合首席执行官卡洛尔·凯恩（Carol Kane）认可了传统渠道在迅速建立品牌知名度方面的速度和到达量：

> 人们可能期望我们从数字广告开始（Boohoo的目标客户是15～25岁的快时尚追求者），但我们采取了相反的方法。这给我们带来了快速的发展，因为我们的品牌知名度提升得非常快，即使我们没有在高街开店。我们从报纸广告和路牌广告开始，然后2011年9月在电视上做广告，从未回头。

下图 大卫·比顿（David Bitton）在洛杉矶的路牌广告上为布法罗牛仔裤（Buffalo Jeans, 2014）做的广告，出现在博客 Jason in Hollywood（jasoninhollywood.blogspot.co.uk）上。

底图 服装品牌 Sportsgirl 2012年墨尔本的互动"橱窗商店"广告（见第64页）。

中图 2015年，洛杉矶 Boohoo.com 路牌广告上的 Jason in Hollywood 照片。这个例子证明了泰勒、弗兰克和邦所讨论的许多观点。Boohoo.com 专注于价格低廉的时尚，这一点传达得很清楚。文字很大，衣服上的颜色也很醒目。在洛杉矶蓝色天空的完美映衬下，有效地提供了简洁的信息。

左图和上图　肯尼斯·科尔的"人类"香水活动（2015）：地铁广告和论坛广告。

交互式路牌广告

交互式路牌广告可以与其他促销信息更紧密地整合使用。在静态广告中放入二维码，人们使用智能手机对其进行扫描功能，就能直接进入销售页面，而无须登录公司网址。在路牌广告中使用二维码比在印刷广告中更有效，因为路牌更大，可以更好地容纳占据位置的二维码。2012年，澳大利亚零售商Sportsgirl的墨尔本商店闭店翻新时，在橱窗上放置了巨大的带有二维码的路牌广告，购物者可以通过扫描二维码点击屏幕按钮来购买商品，从而彻底改变了橱窗购物的观念。Sportsgirl在全国各地商店中推广了这种做法。Net-a-Porter是 trendwatching.com提出的"无界面"趋势的早期采用者（请参阅第17页），也在2011年伦敦和纽约举行的摩登不夜城（Fashion Night Out）庆祝活动中使用了这种方式。具体使用了增强现实（AR）应用程序（APP），在移动设备（手机或平板电脑）上使用该应用程序可以观看走秀视频、360°模特展示及购买信息。交互式路牌广告解决了"扫一眼没印象"的问题，外出的人们可以24小时购物，每时每刻都可以发生购物行为。

集成路牌广告

2015年，肯尼斯·科尔（Kenneth Cole）为推广男士香水"人类（Mankind）"，发起了"Be the Evolution"活动，同年被美国户外广告协会（Outdoor Advertising Association of America）评为当年最佳街道家具/交通/另类活动。这次活动证明了户外媒体在推动社交媒体互动方面的能力。该系列节目由美国广告公司Ready Set Rocket策划，邀请观众参与名为"体验当下"（Experience Now）的活动，在21天之内完成21项善举。观众在#manupformankind这一社交主题论坛上传他们参与活动的照片。然后活动方将这些照片编辑、拼接后发布在活动首页上，消费者可以在社交媒体上实时看到活动进展的全貌。品牌通过电子邮件引导原有消费者参与活动，在地铁上的路牌广告中推荐善举，例如，向当地庇护所捐赠旧衣服或帮助游客拍照留念。受益于整合技术、消费者互动以及传统和数字推广渠道，该活动也体现了使用不同渠道的协同作用。

游击式广告

　　游击式活动以公关噱头、事件营销或街头艺术的形式出现，更有可能在社交媒体上产生病毒式传播，或作为事件（而不是广告）获得新闻报道。由于游击式广告是由广告代理商委托制作并由品牌支付的，因此仍被归类为广告，但其实是偶然事件或营销事件吸引了人们的注意。下面介绍两个例子，分别是2003年TBWA广告公司和2004年日本阿迪达斯（Japan for Adidas）品牌商策划的两个活动。2003年，在被称作"垂直足球"的空中足球表演中，两名球员悬挂在弹力绳上，对着一个巨大的绿色背景幕墙来回踢球。这一活动让东京的交通中断，日本新闻和国际新闻都争相报道。紧追其后的是"不可能的冲刺"

左下图　2004年TBWA阿迪达斯举办日本大奖赛"不可能的冲刺"。

右下图　2003年TBWA日本阿迪达斯举办的"垂直足球"活动。

下图　保罗"驼鹿"柯蒂斯为彪马举行清除/反向涂鸦活动，2007年拍摄于曼彻斯特。

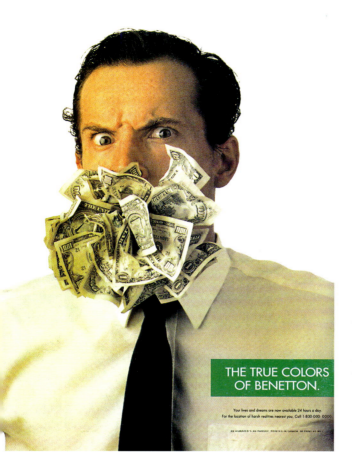

下图 广告克星（Adbusters）2011年的恶搞作品《贝纳通的真面目》。

（Impossible Sprint，2004）这一赛事，主办方在中国香港和日本大阪的摩天大楼两侧各竖立了一条100米的跑道。与正常赛事一样，每个赛道有一名参赛选手，最快到达的将获得1万美元奖金。该赛事的预赛、四分之一决赛、半决赛和总决赛都受到了大量关注，人们也更加期待在即将到来的奥运会上亚洲选手的表现（该届奥运会有28个体育项目，阿迪达斯为其中的26个体育项目提供装备箱），赛事盛况被反复重播。美国有线电视新闻网（CNN）的记者们甚至试图挂在赛事旁边的建筑上来报道，着实惊险刺激。

最近，街头艺术以一种更隐蔽的方式进行时尚广告传播。保罗·"驼鹿"·柯蒂斯（Paul "Moose" Curtis）首创的清理或反向涂鸦等技术具有合法性优势，彪马（Puma）和便宜星期一（Cheap Monday）等品牌已经采用了这种技术。并不是每个人都会理解甚至注意到这些信息，但它们能让那些收到这些信息的人产生一种很强的包容感。

广告并不总是被正面地看待。广告克星（Adbusters）是一个颠覆广告信息的组织，他们认为广告信息助长了不可持续的消费文化。他们提倡"文化干扰"或文化黑客行为，例如"不买东西日"。"干扰者"（也被称为"颠覆者"）会替换企业标志或者粘贴一些字词来改变其原始含义，也会抹掉品牌信息或者将信息政治化。

前述内容介绍了如何将一些传统的广告方法与线上工具整合使用来增加消费者互动，下面讨论品牌如何直接进行线上广告。

线上广告

线上广告的优点是可以立即发布，并且没有时间或地域限制。此外，与电视广告、户外广告或印刷广告相比，线上广告可以更有效地定位到特定区域或特定类型的受众。线上时尚杂志可以供读者方便时阅读，在台式电脑、平板电脑或移动设备上都能阅读，因而为时尚品牌提供了最佳的线上广告渠道。与传统的印刷媒体一样，广告版面是按单位大小和在网页上的位置出售的。

横幅广告

杂志网页顶部和下方的矩形空间（可以投放线上广告）将成为杂志媒体包的组成部分，称作横幅。它们带有指向品牌网站的超链接，浏览者单击横幅广告就会直接进入品牌主页。

横幅广告的成本以1000次浏览量为单位额外计算，1个浏览量代表网络用户浏览了一次网页；通常

MARGARET HOWELL

DAZED   Dazed 100 News Video **Fashion** Music Art+Culture Photography

Beth Ditto
The singer discusses her new collection

左图 令人眼花缭乱的数字时尚网页，玛格丽特·豪厄尔在头条板上的广告突出了歌手贝丝·迪托（Beth Ditto）的新系列。

称为每千次平均成本（Cost Per Mille, CPM）。横幅广告位于线上杂志的网站顶部（称为头条板或中间页单元MPU或较大的半页单位HPU）。有声望的杂志对一个HPU横幅1000次浏览量收取65英镑的费用。横幅广告吸引眼球至关重要。可以设计动画版本，但必须考虑条件，在诸如杂志、报纸、博客和新闻通信等图像较多的网站上，静态标语的视觉吸引程度不如具有Flash动画（闪存动画）的标语。大型线上零售商的网站以及社交媒体平台上也提供横幅广告。

谷歌关键词广告（搜索营销）

在时尚行业，在谷歌上投放广告仍然是推动销售的最有效的方法之一。雷切尔·斯特拉加茨（Rachel Strugatz，2014）的一篇文章援引eMarketer的数据称，全球数字广告支出超过1400亿美元，其中支付给谷歌的几乎占了三分之一。第七章将讨论品牌的搜索引擎优化策略，购买谷歌广告服务后，网站上会显示可视化购物清单（请参阅第131页），还可以购买谷歌关键词广告（Google AdWords），当消费者搜索相关内容后，品牌就会出现在结果页的顶部。搜索结果旁边会显示一个"广告"图标。只有观看者点击了推荐链接，谷歌才会收到广告费，但与所有形式的广告一样，观看者可能会意识到这些内容是付费的，因此倾向于向下滚动列表，查找他们认为更符合搜索要求的结果。

可以将广告关键词定位在某些特定位置或某些特定类型的消费者，点击率甚至由此产生的销售额都是可以衡量的。品牌或其他客户向谷歌提供公司名称和网站地址，并根据品牌希望与之关联的搜索词创建简短描述。谷歌网站（2015）建议，为了保持流量的持续增长，每天需安排10~20英镑的预算。

来自NetBooster的塞尔焦·博尔齐洛（Sergio Borzillo）

NetBooster基于搜索引擎优化（Search-engine Optimization，SEO）、点击付费广告（Pay-per-click，PPC）、联盟营销、展示广告和社交媒体营销的优化组合，为希望增加销售额、市场份额、消费者参与度和留存率的公司提供数字解决方案，确保以一种有效和可衡量的方式对用户行为和数据进行分析。该公司在全球设有25个办事处，拥有500多名专家，可以用30多种语言提供解决方案。它为阿联酋航空（Emirates）、雅高酒店集团（AccorHotels.com）、欧洲汽车租赁公司（Europcar）和赫兹（Hertz）等公司发起过数字营销活动。塞尔焦·博尔齐洛于2012年开始他的职业生涯，担任NetBooster UK的高级客户经理。他现在是付费媒体（Paid Media）和伦敦运营（London Operations）的主管，负责管理、开发和交付NetBooster为英国和国际客户制订的付费媒体战略。在这里，他讨论了数字广告在更广泛的数字营销领域中的作用，以及根据消费者行为在多个消费者接触点上投放广告的优势。

问：您能解释一下你们公司是如何使用数字工具来获取客户并促进销售的吗？

答：我们把决策过程放在工作的核心位置；在每一个阶段，消费者都更接近于实际购买。在数字营销中，我们创造了所有渠道的组合：涵盖内容营销的

性能策略解决方案

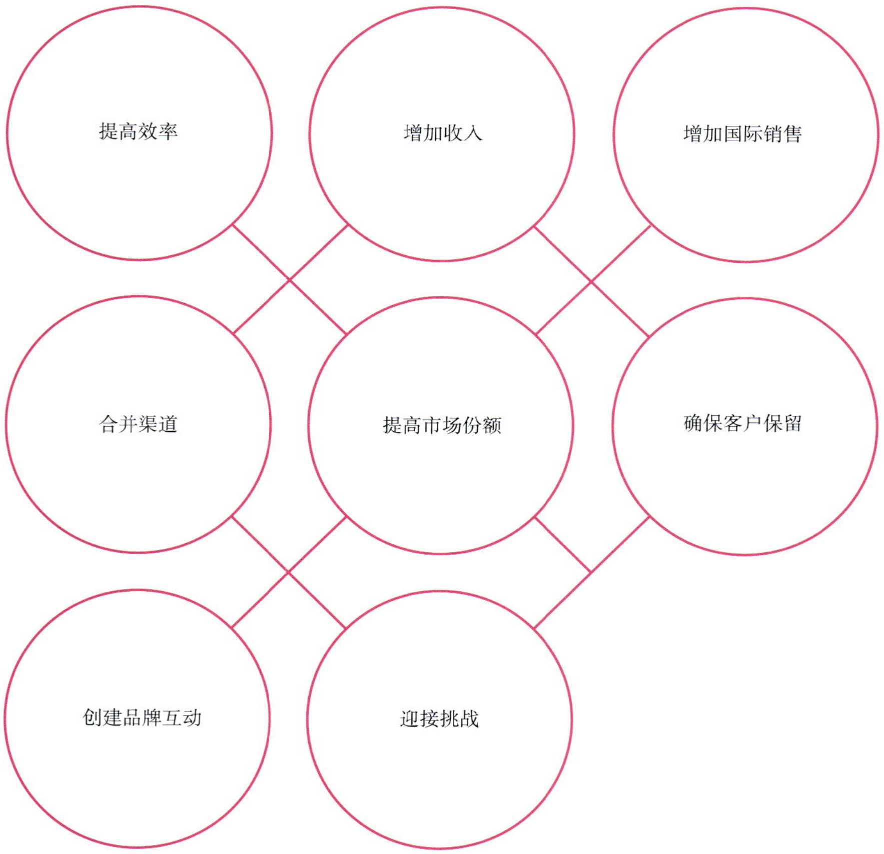

提高效率

增加收入

增加国际销售

合并渠道

提高市场份额

确保客户保留

创建品牌互动

迎接挑战

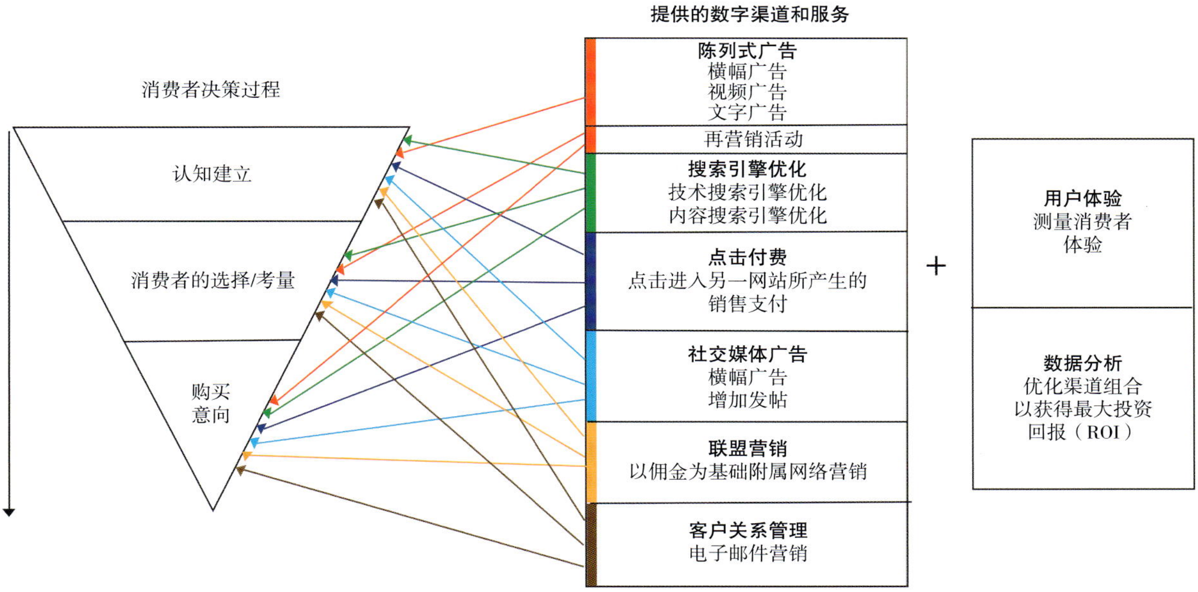

消费者决策过程

认知建立

消费者的选择/考量

购买意向

陈列式广告
横幅广告
视频广告
文字广告

再营销活动

搜索引擎优化
技术搜索引擎优化
内容搜索引擎优化

点击付费
点击进入另一网站所产生的
销售支付

社交媒体广告
横幅广告
增加发帖

联盟营销
以佣金为基础附属网络营销

客户关系管理
电子邮件营销

+

用户体验
测量消费者
体验

数据分析
优化渠道组合
以获得最大投资
回报（ROI）

上图 数字营销组合显示如何使所有元素可以用于目标消费者在不同阶段的决策过程。

SEO，可以使用文本和图像（见第七章，第131页）的PPC付费搜索活动、社交媒体、广告（包括做广告和重新定位目标，其中包括横幅、视频或文字广告），还有联盟营销和客户关系管理（CRM），涉及电子邮件营销（见第九章，第158页），然后我们将咨询服务用户体验（UX）和数据分析应用于这些渠道，以确保这些组合能够以最佳方式运行。我们可以分析数据和用户登录某个网页时的行为；例如，有了这些信息，我们可以修改图像的位置，使其在页面上更具吸引力。我们利用这一专长来满足数字组合和优化所有活动。

传统上，数字世界中的陈列广告与电视广告相比，你不是主动搜索，而是被动地获取信息，它可能会刺激你，引起一些兴趣和认知。据说搜索引擎优化（SEO）、点击付费（PPC）、联盟营销和客户关系管理（CRM）比陈列广告更有效，因为它们影响选择和购买。在现实中，这是不正确的；在过程中的每个阶段，你都可以以不同的方式使用几乎所有这些渠道。陈列也可以用于再营销，即重新定位以针对那些已经对某个品牌的网站表现出兴趣的人群。我们试图说服他们回来购买，由此试图影响他们的决策和购买意图。

付费搜索也是如此。如果一个购物者在找活动鞋，他们搜索的是某品牌运动鞋，他们很可能会买这个品牌，因为他们知道这个品牌，而且以前买过。然而，用"活动鞋"这个词搜索的人不一定只想要这个品牌，他们可能想要最好的交易。在这里，我们的工作是确保我们有引人注目的广告和登录页面，确保消费者在看完所有选项后找到一个特定的品牌。还有其他工具可以使用。如果一个消费者有谷歌邮箱（Gmail）账户，可以创建Gmail赞助广告，向特定竞争对手的消费者发送，这样广告就会在他们的收件箱中弹出。还有人在电子邮件中设定特定关键词，比如"活动设备"或"活动"，或者具有特定的人口统计学特征——同样，这些人并没有积极地搜索，但你正在创造他们的认知。因此，点击付费（PPC）和搜索引擎优化（SEO）可以作为提高知名度和提升绩效的手段，产生收入。

也可以从客户关系管理的角度来做同样的事情。你可以从一家公司购买一份电子邮件地址列表。你以前从未听说过这些人，但你可以通过促销信息联系他们来提高知名度。也可以使用内部的已消费客户列表，再次联系他们购买。通过精准定位和重新定位，社交媒体可以在这个过程中的每个

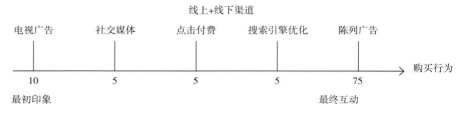

评估每个渠道由产生最初印象到引发最终互动过程中所起的作用

线上+线下渠道

电视广告　　社交媒体　　点击付费　　搜索引擎优化　　陈列广告

购买行为

　　10　　　　5　　　　5　　　　5　　　　75

最初印象　　　　　　　　　　　　　　　最终互动

每一要素都具备可估价值以优化渠道组合

阶段都发挥强大的作用。例如，可以使用一种自定义用户，把电子邮件数据库输入脸书（Facebook）上。脸书会将这些电子邮件地址与使用它们登录脸书的人相关联，当出现匹配时，可以通过脸书向这些人发送特定信息，最终可能会收获一个频繁购买的用户，或重新激活老用户。

问：您是否认为时尚品牌应该优先考虑某些渠道而不是其他渠道？

答：对于时尚公司来说，社交媒体是必不可少的。想想千禧一代，他们是成长在一个数字世界的人。他们对传统广告（电视、印刷品）的接受程度要低得多，而对数字广告的接受程度要高得多。年轻意味着花在网上的时间更多，你必须待在你的受众所在的地方。有些渠道比其他渠道贵。所以，如果你刚刚推出一个品牌，想要达到数百万美元，但预算有限，我建议你少用点击付费，增加陈列广告。点击付费比陈列广告贵得多，因为搜索者的购买意向比那些仅仅观看陈列广告的人要高得多。话虽如此，只使用一两个渠道是不明智的，因为客户是跨渠道、跨设备、活跃在线上和线下的。环境从未如此复杂过。如果你为客户着想，就会发现他们正在努力解决购买过程中的问题。他们不关心解决方案是通过社交媒体、陈列广告、搜索引擎优化、联盟营销、电视广告

还是路牌广告来实现的。品牌的目标是预测需求，在正确的地方传递正确的信息，锁定正确的人群，让他们愿意购买。广告商想要在他们认为能获得销售的地方花更多的钱。这就是代理机构的目标：让客户在准备购买时消费，这样投资回报率（ROI）就会更高。

要创造未来，你还必须不断投资，来创建知名度：之前获得成功的品牌信息可能在面对新一代的消费者时失去作用。由于利润率高，许多时尚品牌过于注重销售，而没有围绕品牌建立一种关于生活方式的文化；成功的品牌会对两者进行平衡。

问：与传统广告相比，您认为数字广告的主要优势是什么？

答：使用数字营销，一切都可以解释清楚。如果你在某件事上花费，你知道你得到了什么。这让你有理由去找你的管理层，说你想再花100万英镑。另外，它可能非常准确，给从事数字工作的人带来了很大压力，因为客户知道每一分钱是怎么花掉的。

花费在电视广告上的巨额资金是一种浪费，尤其是那些以年轻一代为目标的品牌。这就是为什么很多广告商将预算从传统渠道转向数字渠道。电视现在正转向实时竞价（RTB）。曾经，购买媒体服务的方式

是：根据位置和时段确定品牌要支付的价格。很快，就会根据对这个位置的需求运作，而这个位置的价格也会相应地上升或下降。这就是数字化的意义所在。实时竞价（RTB）的优势在于不需要按广播公司或出版商设定的价格购买。这就引出了一个问题：现在谁在看电视？受众在使用社交媒体或通过互联网看电视，所以界线已经模糊了。行为是跨渠道和跨设备的。这并不是说电视广告已死，而是建议将预算扩展到多个接触点：电视、博客、地铁路牌、车内收音机——所有客户所在的地方。

现在，从建立第一印象到实现购买的过程更加漫长和复杂。受众可能首先看到一个电视广告，其次是一个社交媒体广告，阅读一篇博客或一些评论，进行谷歌搜索，最后看到一个点击付费广告；然后一个朋友可能会向他们展示另一个搜索结果，他们看了看网站，又被陈列广告重新吸引了。现在，购买后也会通过产品评论反馈用户第一印象。很难说是什么起了作用。通过技术来了解每个接触点的作用并评价其对过程的贡献是很重要的（见第70页的图表）。

当品牌进行预算分配时，我会利用这些信息将适当的金额投入点击付费（PPC）等，从而选择正确的组合，以正确的方式进行融资。我们会优化品牌的预算。仍然有一些人不相信数字技术，他们认为跟电视广告和街上的广告是一样的，但品牌需要认识到消费者的行为。这不是某个渠道，而是组合。通过正确的技术，我可以衡量我看到的，而不是我想的。

最后一个值得一提的优势是，可以在产品线中针对特定类别对投资回报率（ROI）进行度量。多品牌的网络零售商（如Net-a-Porter）销售的一系列品牌将在一定程度上决定销售价格，否则他们的运营成本可能会因为其他原因而上升。相对于利润率为30%～40%的产品，你不能为利润率为10%的产品进行付费点击。付费2英镑点击售价为5英镑的产品是不明智的，但是你可以为能带来2000～3000英镑回报的产品支付高达50英镑的点击费用。保险和金融产品一次点击的费用为50英镑。时尚产品一次点击可能需要50便士，因为它们在价值和寿命方面是不同的。花费500～600英镑获取客户并不重要，只要钱能赚回来就行。对于低价值的产品，你应该小心不要让花费超过你的目标收入，否则收入是无利可图的。

未来几年，不同的组合元素可能会时起时伏，但这并不令人担忧，因为数字公司响应环境的能力非常强。

社交媒体广告

社交媒体（尤其是脸书）正在迅速转变为付费娱乐平台。第六章讨论品牌如何使用推广材料来创建商业化的社交媒体传播内容。在这里介绍广告是为了说明内容策略和社交媒体广告策略之间的区别。当然，在营销计划中，这些内容很可能综合在一起成为公司数字战略或线上策略的组成部分。

在脸书（Facebook）上投放广告（脸书广告）

脸书是目前最重要、最先进的广告平台之一，并取得了显著发展，特别是在制作移动终端广告方面。之前预计到2014年底，脸书将占全球数字广告收入的8%左右（斯特拉加茨，2014），而根据Adweek.com（2016）的数据，其月活跃用户（Monthly Active Users，MAU）已达到15.9亿人。

脸书提供的第一类广告是在脸书页面侧栏下方刊登横幅广告（任何个人或公司均可免费投放）。其吸引力在于，可以根据年龄、性别或地理位置等人口统计因素以及兴趣、行为或社交网络对庞大的受众群体进行市场细分，并更精确地确定目标市场。脸书擅长捕获用户数据，从而有效地让广告到达目标受众。由于可以检测到受众对于脸书广告的响应数据，品牌可以查看结果，合理预算，积极筹划。广告传统的缺点是不能传递私人信息，但是目标市场选择过程如此严谨，这一缺点便被克服了，能够确保受众只看到与他们相关的广告。脸书引入了一个功能，为目标粉丝创建一个相似的虚拟用户，而这些目标粉丝与品牌可能已经拥有的粉丝相似。脸书还整合了来自第三方提供商的数据，以便根据用户的线下兴趣进行定位。

脸书提供多种格式和类型的广告包括：

- 提升帖子排名，广告客户为单个帖子或一系列简短帖子支付固定费用，这些帖子将出现在目标受众的新闻推送前列。
- 视频广告、图像幻灯片广告和轮播广告，一次点击呈现多个内容。
- 动态广告，通过产品广告吸引目标受众，这些产品是他们先前在主页或APP上浏览过的。

脸书使用Atlas软件，该软件可以跨平台、跨设备跟踪用户的兴趣。Atlas可以将实体商店购买者的电子邮件地址与他们的脸书ID匹配。这提供了一个之前不为人知的链接，显示消费者何时可能在社交媒体上看到广告，何时他们会去实体店购买而非线上购买。

脸书改变了广告付款方式，广告客户可以每天设置广告预算，或在所需的广告有效期内设置广告预算。因此，公司可以每月花费数千美元，并将社交广告作为其唯一的广告工具，但较小的预算仍可以收获良好的效果。在脸书上投放广告实际上就像是招标过程，因为根据收费多少，脸书会决定将哪个品牌的广告放于最佳位置来覆盖目标受众。在设定预算时，也可以通过指定广告商支付费用总额来优化投标过程，确保目标受众看到广告。

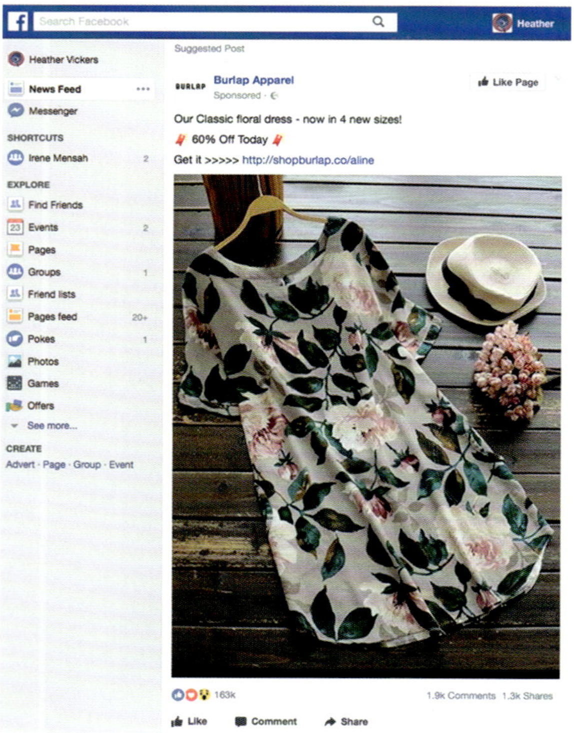

左图 脸书页面上的目标广告出现在新闻推送中。左上角的"受赞助（sponsored）"一词表明这是一个付费广告。

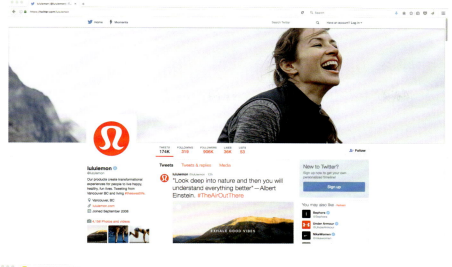

左图 2015年加拿大品牌露露柠檬（Lululemon）的推文。该品牌通过在推特上发布内容鼓励受众参与——这是广告产生效果的好方法。

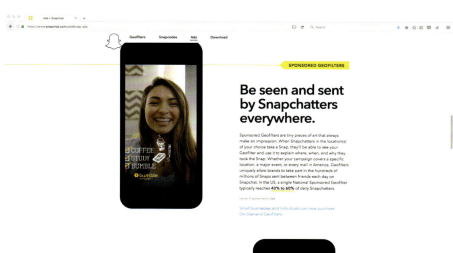

左图 色拉布（Snapchat）上基于地理位置的赞助商Geofilters可能会引起某些购物目的地时尚品牌的兴趣。

在推特（Twitter）上投放广告（推特广告）

推特上的广告投放不像脸书那样复杂，因为该平台的用户数量比脸书少，有3.2亿月活跃用户（MAU）。推特也引起广告主的极大兴趣，因为它可以引发用户评论，特别是可以将字词和短语加上话题符号，邀请所有用户参与热门话题和当前观点的讨论。

与在脸书上一样，可以通过人口统计变量、兴趣、设备来对推特用户进行细分，吸引不同类型的推特用户；或有针对性地识别并吸引与品牌消费者类似的推特用户。此外，推特可用于识别目标受众推文中的关键字。推特提供的服务有：

- 用于推广的推文，可到达更多用户的时间线、个人资料页面和推荐关注列表。
- 网站卡片，包含图片和指向主站点的号召性用语链接。

品牌可以制订自己的预算，并且仅在获得关注者、帖子被回复或转发时才付费。推特还为广告客户提供数据集，来显示浏览量（阅读次数或滚动次数）、参与率、转推以及置顶推文的用户。

在社交媒体上做广告

社交平台	月活量	广告类型	优点	受众所看到的
照片墙 （Instagram）	4亿	图片广告 60秒视频广告 滑动到其他图片并链接到网站的轮播广告	可以与脸书的自助服务广告管理界面一起使用，从而可以设置广告目标、目标受众和预算 广告在脸书和照片墙上都适用 可以使用脸书的广告报告软件跟踪浏览量和参与度	"赞助"一词表示广告
色拉布 （Snapchat）	每天超过1亿	链接到其他内容的快照广告、十秒钟的全屏广告 当色拉布使用者将过滤器添加到特定位置的图像时，可以添加基于位置的赞助地理过滤器 赞助商镜头，通过按住图像添加赞助商动画或图像层，可以实现有趣的用户交互	有趣、可共享的内容比其他平台的侵入性小 互动时间可立即测量	快照广告中的"广告"一词，地理位置过滤器和赞助商镜头的"赞助"一词
拼趣 （Pinterest）	1亿	推广图钉	内容与其他可收集的图像无缝融合 受众可以根据感兴趣的领域进行定位 推广（和整合）图钉可以直接将流量引导至品牌网站 品牌可以选择为参与度或主网站访问量付费 拼趣解析工具可以提供可跟踪的结果	图片下面标注"推广图钉"
汤博乐 （Tumblr）	每天博客账户上的帖子超过8000万	赞助帖子 连续不断赞助视频帖子 通过在Tumblr仪表板上放置徽标和标语来赞助一天的活动；链接到"浏览"页面的选项卡上创建的内容	可通过性别、地理位置和兴趣来定位用户 广告商分析衡量互动和参与度	"赞助职位"右上角的微妙美元符号 "赞助日"主仪表板上的选项卡
优兔 （YouTube）	10亿	可以在搜索结果之前、旁边或之中播放的视频广告	可以设置每日预算；如果在30秒内跳过广告，则无须付款 可以按年龄、兴趣、性别和位置定位观众 内置分析可衡量绩效	黑色小横幅，可以选择跳过广告

在其他平台上投放广告

左侧的表（见第74页）列出了在社交媒体平台上投放广告的其他选择。如前所述，所有的帖子都是赞助性质的，在推广时必须向受众标明。

线上广告解决了传统线下广告的许多弊端，为受众提供了直接互动的机会，所提供的信息应与其年龄、感兴趣的领域或网络行为相关。对于品牌而言，结果是可衡量的，这意味着广告可以更贴近用户，他们已自发形成群体，在内部分享观点。

但是对于品牌而言，保持信誉似乎是最具挑战的，因为广告信息总是被扩展使用。在不久的将来，受众会不会开始以对待平面广告的方式一样清除社交平台广告，快速滚动到更具吸引力和自然真实的内容？还是他们会继续喜欢那些承受着压力依然通过广告创造收入的网站？品牌必须努力保持创新，以激发实际的参与度。

参考文献

Adweek.com, 'Here's How Many People Are on Facebook, Instagram, Twitter and Other Big Social Networks', *Social Times*, 4 April 2016, www.adweek.com/socialtimes/heres-how-many-people-are-on-facebook-instagram-twitter-other-big-social-networks/637205

Barnard, Malcolm, *Fashion as Communication*, 2nd ed., Routledge 2002

Carroll, Angela, 'Brand Communications in Fashion Categories Using Celebrity Endorsement', *Brand Management*, 17/2 (October 2009), pp. 146–58

Dahlén, Micael, Fredrik Lange and Terry Smith, *Marketing Communications: A Brand Narrative Approach*, Wiley 2010

Emarketer.com, 'Worldwide Ad Spending Growth Revised Downward', 21 April 2016, www.emarketer.com/Article/Worldwide-Ad-Spending-Growth-Revised-Downward/1013858

Euromonitor International, 'Emerging Markets Now Taking a Bigger Piece of the Advertising Pie', 16 March 2014

Fill, Chris, *Marketing Communications: Brands, Experiences and Participation*, 6th ed., Pearson 2013

Google.com, 'AdWords', accessed 2 June 2016, www.google.com/adwords/costs

TheGuardian.com, 'John Lewis unveils Christmas ad starring Monty the Penguin', 6.11.2014, www.theguardian.com/business/2014/nov/06/john-lewis-unveils-christmas-ad-starring-monty-the-penguin

Hackley, Chris, *Advertising and Promotion: An Integrated Marketing Approach to Communications*, Sage 2010

Lea-Greenwood, Gaynor, *Fashion Marketing Communications*, Wiley 2012

Marketingtechnews.net, 'Global digital ad spend to hit $285 bn by 2020', 21 June 2016, www.marketingtechnews.net/news/2016/jun/21/global-digital-ad-spend-hit-285-billion-2020/

Neikova, Devora, 'The Fashion Advertising Campaign: Big Business and Brand Identity', 24 September 2014, www.notjustalabel.com/editorial/fashion-advertising-campaign-big-business-brand-identity

Strugatz, Rachel, 'Google's Lead Shrinks as Brands Go Social', *WWD: Women's Wear Daily*, 208/76 (October 2014), p. 1

Taylor, Charles, George Franke and Hae-Kyong Bang, 'Use and Effectiveness of Billboards: Perspectives from Selective-Perception Theory and Retail-Gravity Models', *Journal of Advertising*, 35/4 (December 2006), pp. 21–34

Tesseras, Lucy, 'Q+A: Boohoo.com's Joint Chief Executive Carol Kane', *Marketing Week*, 29 January 2014, www.marketing week.com/2014/01/29/qa-boohoo-coms-joint-chief-executive-carol-kane

延伸阅读

Ries, Al, and Laura Ries, *The Fall of Advertising and the Rise of PR*, HarperBusiness 2004

Springer, Paul, *Ads to Icons: How Advertising Succeeds in a Multimedia Age*, Kogan Page 2009

讨论

传统的广告理论（如AIDA、欧麦利和霍尔的四种框架）是否涵盖了社交媒体广告的所有可能性？你能想到新的形式吗？

选择一个由名人领导的活动，思考它是如何阐明麦克拉肯的意义传递模型的。

思考一下你最近看到的最原始的广告信息。你认为传统的平面广告和电视广告会终结吗？

第五章

公共关系、代言和赞助

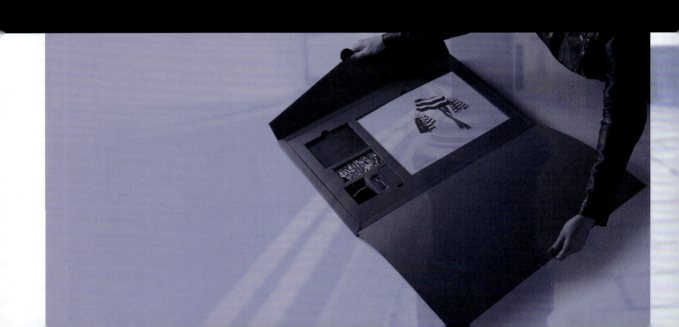

本章将从时尚营销而非企业的角度审视公共关系（Public Relations，PR）。阐述可使用的公共关系组合，尤其着重于探讨获得、维持和激发线上和线下编辑宣传的重要性，以提高新品牌和现有品牌在时尚编辑和其他关键影响者中的形象和可信度。然后考察时尚品牌如何使用其他第三方认可技术（如产品植入、名人和赞助）将自己置于自然、理想的场景中，这种场景比广告更微妙，因此更能取信于消费者。最后，讨论当品牌可能需要应对负面宣传时被动公关的作用。

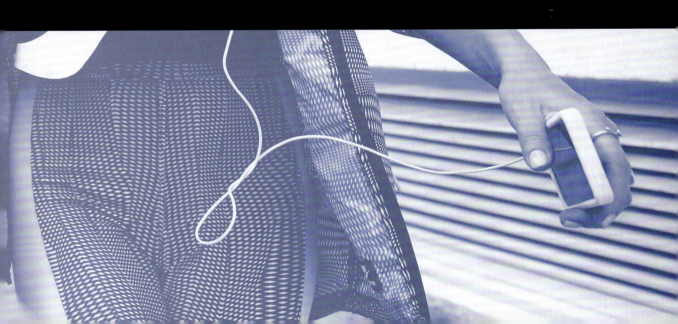

时尚公关概述

公共关系已成为推广组合的重要组成部分。对于新品牌和初创企业来说，获得外部认可应该是首要考虑的因素。

准零售商、感兴趣的投资者和潜在消费者会在第三方证实之后才对一个品牌产生忠诚。大多数公司从事公关活动不仅是因为它能有效提高消费者对品牌的认知度，增强品牌形象和品牌声誉，还因为公关活动是传播组合中最便宜的工具之一。公共关系不承担广告活动所要支付的媒体费用，并且一些形式的公共关系（如无偿的名人代言或时尚杂志拍摄）是免费的，但可带来高度可信的曝光。精心策划的公共关系也可以保持新闻价值（广告或促销等较昂贵工具一般较难保持）。

公共关系的定义

克里斯·菲尔（Chris Fill，2013）、盖诺·里阿·格林伍德（Gaynor Lea-Greenwood，2012）和约翰·伊根（John Egan，2015）等大多数作者都引用了英国特许公共关系学院对这一概念的全部或部分定义：

这一学科维护声誉，旨在获得理解、支持，影响意见和行为。有计划地、持续地建立和维护组织与公众之间的良好意愿和相互理解。

在时尚界，公共关系用于提升或维持公众对于设计师品牌、品牌商和零售商的知名度，使用具有新闻价值的事物（如新概念和新方向、新的产品序列、事件、合作或名人参与），通过报道来完成。报道的方式包括备受推崇的第三方在消费者杂志、贸易杂志、报纸、有影响力人士的社交媒体、博客和其他信息论坛供稿。

本章第一节聚焦于讨论提升和保持品牌知名度并最终创造需求的策略和效果，以及涉及的问题。

公共关系的工具

公共关系是传播工具中最多样化的，它所包含的策略数目使许多人感到惊讶。这些策略有时被称为公共关系组合。以下列出了这些策略，本章稍后将会进一步介绍和扩展。

- 线上和线下编辑报道。
- 产品植入。
- 通过馈赠名人来推介。
- 事件管理，包括新闻发布会。
- 作秀和口碑营销。
- 与第三方影响者和博主一起推广品牌。

公关人员可以是内部人员（由品牌直接雇用的小团队或个人），也可以是外包公司（设计师、零售商、企业客户和品牌的补充组合，按月收取固定费用）。公关公司收取的费用会根据客户和所需的服务进行协商，但预估每月约为1200英镑。公关团队将参与实现上述列出的各个策略，除此之外还将组织执行这些策略，追踪每个策略的效果。其辅助性工作包括：

- 与时尚和生活方式出版物的编辑建立密切的关系。

左图　2016年10月《嘉人》（*Marie Claire*）的"热门榜单"页面，其中包含推荐的品牌和产品。时尚编辑在时尚界是非常强大和受人尊敬的，他们的建议会在读者中引起强烈共鸣。

- 安排新闻发布和品牌宣传册，并建议需要哪些模特和摄影师。
- 写作和校对副本。
- 研究并建议送样品给哪些名人。
- 策划事件，包括确定场地、邀请函、饮品、食物和嘉宾名单。
- 组织展会和/或时装秀的嘉宾名单。

- 确定媒体新品预览日期。
- 跟踪样衣并将其交付给杂志或设计师以用于拍摄。
- 更新和监控新闻报道，编辑新闻剪报，跟踪线上流量结果。
- 研究哪些意见领袖和第三方博主可能适合与该品牌的博客配合，并对博客运营提供建议。

公关信誉：公关的优点和缺点

回顾下表列出的菲尔（2013）的传播有效性评级量表，关注公共关系的评级，并可以分析公共关系作为一种传播工具所具备的优缺点。

公关的优势

- 在受众中的信誉度很高。公关覆盖的本质是，认可来自受人尊敬的第三方，向受众宣传品牌。
- 成本可以很低。杂志和博客的编辑报道基本上是免费的。事件、礼物或作秀可以在品牌可控的或较低的成本下进行，但是由此产生的覆盖面可以大幅提高品牌的知名度。
- 尽管线上报道的个性化和互动性水平较差，但受众可以发表评论。

公关的劣势

- 品牌的控制度很低。公关材料（例如新闻稿、穿搭手册和样本）交由第三方来公布，或需要第三方认可。这可能是有针对性的，但是由外部媒体负责对报道进行解释。
- 名人等第三方时而受欢迎，时而不受欢迎。
- 浪费可能很多。诸如向名人赠送礼物之类的策略不一定会产生所需的新闻报道，并且可能很昂贵。众所周知，编辑确实对与他们一起做广告的品牌产生承诺，但编辑宣传很难实现这些承诺。

- 监控和追踪公共关系的效果需要很长时间。记者不建议所有品牌的编辑报道或风格聚焦于一个名人。对时尚杂志、博客、线上论坛和报纸的监管是耗费人力的。

公共关系作为传播工具的主要特征

传播效果	公共关系
传播私人信息的能力	低
到达广大受众的能力	中
大众互动水平	低
可信性	
目标受众对广告信息的信任	高
成本	
总成本	低
平均成本	低
浪费	高
投资规模	低
可控性	
针对特定受众的能力	低
依情况进行调整的能力	低

编辑报道

编辑报道是公开发表的出版物，记者使用指定空间来认可、推广或发掘品牌或设计师。有时也会使用"宣传"或"编辑宣传"等术语。

线下或平面编辑报道

在时尚杂志中，线下编辑报道可以通过两种方式实现：第一，在时尚评论或类似的页面上刊登新设计师（见第78页《嘉人》的"热门榜单"）、新产品或新系列以及新店。

第二，杂志可以在特定风格的照片拍摄中呈现品牌或设计师，以有名的摄影师和模特为特色，以时尚趋势为中心，为读者提供必不可少的购买物。

平面杂志的照片是在出版之前就拍摄好的。对于月刊杂志，服装、鞋履和配饰通常会提前4～6个月发送给编辑，而周刊杂志则要提前4～6周发送给编辑。公关公司必须不断与时尚编辑保持联系，确定他们为将来的出版物设计哪些主题，以便他们可以寄出与品牌相符的服装。一般来说，当产品在杂志上刊登时，杂志会说明产品的零售价和可用性；杂志要谨慎地添加标签，以使读者购买。

线上编辑报道

"编辑"一词也适用于线上杂志、第三方博客、意见领袖订阅、线上新闻论坛和时尚聚集网站的报道。

意见领袖

媒体信息将以意见领袖为目标，希望他们能提供重要的线上支持。对可信的第三方博客和关键影响者进行研究，以支持和发布他们对品牌的看法（这一过程称为"播种"）已经成为公共关系的关键部分。时装界见证了众多受人尊敬的影响者，他们纷纷报道时装秀、时尚品牌和产品，推荐它们，甚至与品牌合作——作为设计过程的一部分，或者成为品牌的新面孔或大使。

"意见领袖（Influencer）"一词用于形容社交媒体上顶级的博主、视频博主，他们受众群体覆盖范围广，在受众中建立的信誉度和参与度高。这种工作方式有自己的术语：网红营销。

视频博主

自诞生之日起，视频博客和在优兔上发布视频已成为一种有效的媒介，从最初的点对点传达化妆教程，发展到涵盖近期购物短片、时尚小贴士和美容建议。视频可以使观众更亲近地观看演讲者，感受到他们的生活，看到他们的房屋、宠物和朋友，并能够听到用真人声音讲出的观点。

左图 缪缪（Miu Miu）的上衣和短裤、巴黎罗莎（Rochas）的厚底鞋、Falke的短袜和Pierre Hardy的包都出现在 *Glamour* 杂志（2017）的"举起手来！"这篇文章中。摄影师是本·雷纳（Ben Rayner），造型师是杰米·凯·韦克斯曼（Jaime Kay Waxman），模特是萨沙·梅尔尼查克（Sasha Melnychuk）。

右图 英国版《时尚》(*Cosmopolitan*)提供了2016年秋冬关键趋势的建议。《时尚》网站作为《时尚》杂志的网络版，使用的调性和举办的比赛都引起了年轻观众的共鸣。

中图 爱美学博客 (Love–Aesthetics.nl，2015) 于2008年由伊凡娜·卡皮欧 (Ivania Carpio) 创立，她对色彩和纹理的鉴别力极高，与时尚摄影师尼克·奈特 (Nick Knight) 和荷兰*Vogue*杂志合作。她对品牌的报道和时尚编辑一样受到追随者的尊重。

右下图 据时尚网站Fashionista.com (2015) 报道，总部位于美国的基娅拉·法拉格尼 (Chiara Ferragni) 是博主中影响力最大的，她的博客账号是金发沙拉 (The Blonde Salad)，在照片墙上有300多万粉丝。她在照片墙上推荐的商品几乎立即销售一空。在她的网站上付费购买广告位的品牌已经实现了销售。

左下图 视频博主塔尼娅·伯尔 (Tanya Burr) 是伦敦时装周的常客，也是*Elle*杂志颁奖礼的评委之一。这张照片是她和另一位视频博主、品牌大使吉姆·查普曼 (Jim Chapman) 的合影。

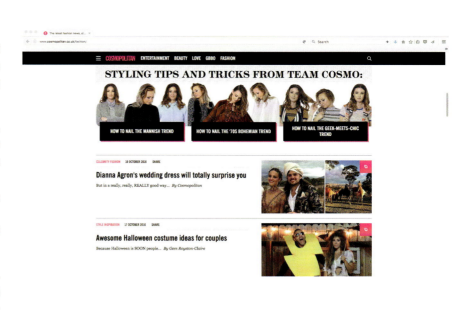

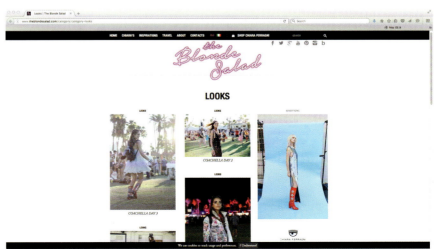

品牌和零售商如何实现编辑报道

由于编辑报道的曝光非常有价值，因此品牌需要投入大量精力来吸引注意力。他们通过汇编新闻资料来传达当季主要系列产品。

新闻资料包

典型的新闻资料包包含新闻稿和汇编成册的最新产品照片。新闻资料包要提供书面和视觉信息，以简明而吸引人的方式传达有关品牌的新闻。时尚编辑、记者和博主们会从中摘取所需的素材，撰写小社论、新闻、帖子，或在令人垂涎的位置上刊登时尚摄影照片。新闻资料包传统上是实体物品，通常还会包含给媒体的礼物奖励。为了满足日益增长的数字出版的需要，现在经常通过电子邮件发送新闻和穿搭手册，从而减少了对信息"持有者"的需要。然而，品牌可能会认为，一次性使用这些意想不到的东西可能会给编辑带来更直接的视觉冲击，并能考虑如何最好地表达他们的想法。

媒体清单

在发布新闻资料包之前，品牌商会制订一份包含杂志、报纸、线上渠道和社交媒体平台等目标媒体的综合清单。该清单主要包含公开出版的杂志和报纸（其读者人群与该品牌的消费者相似）以及博客和其他论坛（是形成线上意见的关键）。时尚杂志的员工流失率非常高（除了非常顶级的编辑人员），因而将新闻资料包发送给已经离职的人员成为一个常见问题。避免这种情况的最佳方法是从最新版本的员工和管理人员名录中去掉离职人员的名字。时尚助理、助理编辑和造型师可能不那么频繁地成为猎头目标，因此可能更容易接收新闻资料包。

新闻发布

新闻稿包含有关产品的关键描述和丰富细节。在这些信息中，品牌也希望向时尚编辑和记者们传达新系列的灵感、新的产品线、当季系列、新店开业、新创意总监的任命以及任何其他有新闻价值的信息，从

左图　丝芙兰新闻资料包（2013）。旧金山代理机构 Hub Strategy & Communication 与丝芙兰合作，为一个新的忠诚计划创建个性化的邀请函。编辑们收到了一支口红、一个iPhone手机壳、一套限量版签名印刷品，以及一封欢迎信。他们用一个黑色的钥匙形状的储存卡来代替传统的纸质新闻稿。

而加深品牌在读者和潜在消费者心目中的印象。新闻发布的目的在于引起时尚媒体的关注，用第三人称撰写，像是其他人写的关于品牌的内容。对于忙碌的记者来说，这是一个重要的礼节，他们可以直接从中提取新闻。

撰写新闻稿

在撰写新闻稿时，重要的是要避免使用术语，而要使用描述性的、简明的和事实性的语言。新闻稿是介绍产品线或产品系列的基础，这些单词和短语可以为品牌网站上的产品复制提供信息，并可以用作SEO策略的一部分（请参见第131页）。建议新闻稿的文字不超过A4纸或美国信纸大小的页面。使用的语言应能吸引读者立即查看产品系列，因此发行时通常会附带该系列的一些照片。新闻稿越来越多地通过电子邮件发送。因此，好的做法是将数字新闻稿设置为两页显示的PDF，在一页上显示文本，在另一页上显示图像，使记者立即获得深刻的印象。以下是新闻稿中应包含的内容。

- 品牌标志或设计师名字应该放在顶部和所有后续页面上，以强化受众对品牌名称的认知。如果某个页面丢失，品牌标志可以表明来源。
- 吸引人的或者刺激的标题可能会吸引读者。
- 第一段应该是系列或产品的摘要；通常就是所有将要阅读的内容。它必须引起读者注意并吸引其进一步阅读。在社交媒体或博客上发表社论的机会越来越多，其本质是短小精悍，吸引关注者点击以获取更多信息。他们可以使用新闻稿第一段中的内容。
- 第二段应着重关注面料、印花、质地和色彩。可以出现名人和其他媒体报道，以及一些实际信息，例如价格和供货店铺。
- 一些引用行之有效，包括设计师或其他创作者的设计灵感或有关创始人的故事，这些表明感兴趣的媒体已经对其进行了采访。
- 新闻稿的结尾应说明何时何地开始发售产品系列，并提供该品牌官方网站以供消费者了解其电子商务或其他信息。
- 应该提供新闻联系人以获取高分辨率照片（用于杂志出版）、更多图像和详细信息。没有公关部门的小品牌和初创企业可以使用"请联系……"来提供电子邮箱地址，会给人一种规模较大的印象。
- 在发布新闻稿之前，应彻底检查拼写、语法和通篇写作风格。时尚媒体是该领域的专家，对错误的容忍度较低。

LMTJ 013 Super Skinny jean　　LMTJ 001 Tailored Jean　　LMTJ 002 High Rise Skinny Jean

LMTJ 008 Slim Carrot Jean　　LMTJ 009 Peg Top Chino　　LMTJ 007 Wide Leg Jean

上图　一个典型的时尚新闻稿（洗衣女工牛仔裤）以视觉的方式概述了该系列。模特是瑞秋·鲁特（Rachel Rutt）。

穿搭手册

穿搭手册是照片的汇编，显示了新系列或产品线的主题。在时装界，每年根据主要销售季节进行2～4次的发布。为实现编辑报道而进行的品牌拍摄也应与品牌联系起来并传达其品牌形象。穿搭手册是品牌带给编辑人员以及终端消费者最直接的视觉印象。对于小品牌来说，一次拍摄可能必须包括品牌在网站上使用的穿搭图片和产品照片，以及该品牌自己的博客、社交媒体和更广泛的传播材料（如零售点，请参阅第192页）中使用的照片。对于新品牌，挑选模特、确定一系列拍照姿势来展现品牌形象是一个挑战，可能需要测试和建议。时尚媒体人员，特别是那些从事高端出版工作的人员，具有极为复杂的眼光，如果品牌邀请朋友或普通人作为模特，或者聘请不知名的摄影师，那么拍摄的照片必须极具前卫性或体现精加工，否则就会被忽略，或被认为品牌存在低成本问题。

左图　塔蒂亚娜（Tatiana Shamratova）的穿搭照片，由摄影师威廉·雅思佩特（Willem Jaspert）拍摄，由谢丽尔·梁（Cheryl Leung）设计的洗衣女工牛仔裤。模特处于一个很小的、简单的背景下，发型和妆容简单自然。造型是产品的补充，这些细节对品牌形象至关重要，但这并不能掩盖牛仔裤的合身性和轮廓感。

极简姿势摄影

模特的姿势是肩膀、臀部和背部保持笔直，两臂在两侧伸直，双脚指向前方。其效果直接，引人注目，让消费者着眼于服装外形。

平铺俯拍的照片

这些照片在白色或中性背景下拍摄，展示的服装就像是躺在平面上。通常要求提供此类照片用于编辑报道，例如*Marie Claire*的报道（请参阅第78页）。

看不见的人体模型

服装看起来是三维的，就像拥有胸部或臀部一样。这是通过将服装拍摄在人体模型上，然后使用数字编辑软件删除人体模型来实现的。

如今，穿搭手册和照片通常以数字方式提供给媒体，并且可能仅限线上使用。但是，品牌商仍然习惯以三种不同的分辨率和占用存储空间来拍摄的照片：占用空间小，分辨率低，可线上使用；中等尺寸和高分辨率，供撰写小型编辑报道使用；大尺寸和高分辨率，可实现大批复制。虽然穿搭手册可能需要存储在硬盘上或以电子邮件的形式提供，但品牌通常会提供一些纸质的印刷版，用于向零售商赠送或在展会上使用。

礼品作为新闻资料包的一部分

奖励、礼物和赠品是公共关系极为重要的组成部分。尽管数字形式减少了传递礼物的机会，但媒体仍然对礼物有所期待。品牌越有创意，就越可能引起媒体的兴趣并获得曝光。礼物可能是品牌试图推广的产品，也可以是任何其他有创意的、贴心的或有趣的礼物。

吸引时尚看门人的注意力是很重要的。积极的报道可以有效地产生消费需求，这一点与广告渠道所带来的效果不相上下，以至于供不应求（这在时尚公共关系中是一个好现象）。编辑报道可以持续不断地推送令人兴奋的新闻，以使品牌一直存在于消费者脑海中。编辑报道还可以迅速进入人员推销和其他传播途径，甚至是财务机会（诸如投资者利益）。

穿搭手册应该在服装或配饰的外观中表达出品牌形象。重要的是，样式不得影响服装，并能够使编辑在自己的照片和故事中使用服装。将产品放置在定向性高、风格化的故事中，这是时装编辑而非品牌要做的。摄影师有时将此称为商业摄影与时尚摄影之间的区别。

穿搭手册和网站摄影风格

近年来，随着电子商务的兴起，更加公式化的摄影风格开始流行起来。品牌经理的工作是让其符合品牌形象。

不可识别摄影

对于线上零售商来说，他们需要拍摄数百种物品，拍摄时不出现模特的头部可以节省妆发费用，换模特也不会影响拍摄效果；如果观看者看不到模特的面孔，就不知道使用了多少个不同的模特。

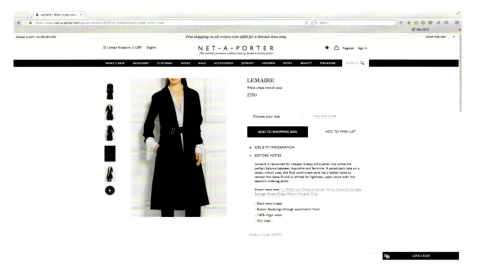

左图　Net-a-Porter的产品照片中，模特被剪裁。这意味着观众不会把面孔与品牌联系起来。

中图　Acne整齐排列的模特。

左下图　Net-a-Porter的另一项受欢迎的技术是使用隐形人体模特摄影实现3D效果。

右下图　迈宝瑞（Mulberry）在2014年春夏伦敦时装周上向媒体发布了这款优雅的意式浓缩咖啡杯，传达与英国陶瓷公司Wedgwood的合作。

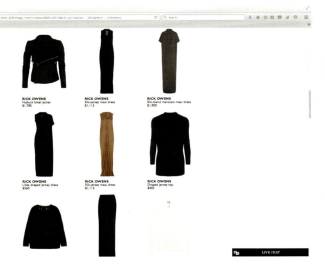

事件管理

事件营销（如由时尚品牌公司或赞助商举办活动）是一种公共关系策略，在时尚行业中的重要性日益提高。品牌可以邀请忠实的追随者或目标潜在新客户参加特定事件活动，例如，商店开业、产品系列发布或销售预览，客户可以与设计师、名人或其他感兴趣的发言人进行互动。公关人员会提供网络、餐饮和调音师的联系方式，甚至会提出合适人选的嘉宾名单，其中可能包括名人。具有新闻价值的事件本身可以吸引编辑报道。

媒体日

新闻发布会可以在品牌自己的展厅或公关公司的展厅举行。通常每年举行两次新闻发布会，在新季系列时装秀或展会之后，邀请时尚记者和关键意见领袖观看该系列，鼓励媒体支持报道，吸引买家下订单。公关人员或代理商需要这些活动所涉及的所有相关产品信息，例如即将推出的传播活动素材、穿搭手册、新闻稿、零售价和供货日期。

围绕时装秀和展会的活动

第十章将探讨时装秀和展会在推广时尚品牌中的作用。本节介绍公关人员会在哪里参与通常不向公众开放的时尚产业活动。

公关人员想要了解受邀参加时装秀的嘉宾都有谁，无论是T台秀还是静态展。这两场活动只向买家、媒体、影响力人物和时尚界其他相关人士发出邀请。可以内部邀请，也可以由公关部门进行创新（尤其是设计师秀）。

在时装秀上送给客人糖果袋作为特色礼品，小赠品适用于展会。公关人员需要寻求社会资源提供礼品。礼物的种类繁多，可以是实用物品（睡眠面膜、咖啡、牙齿美白剂）、能量补充剂（少量酒精、热饮、含糖食物）及护理物品（化妆品、皮肤增白剂、指甲油等）。

上图 伦敦Ham Yard酒店举行的极度干燥品牌（Superdry）新闻发布会。

下图 吉尔斯（Gilles）创作了这张大型泡沫爪状邀请函，作为其2015年春夏时装秀的介绍，该展以动物啼哭和热带色彩的灯光作为开始。

上图 作为纽约时装周的一部分，Noor于2014～2015年秋冬秀场上的时装秀礼包包括邦德街斯迈森（Smythson）的文具和Zoya的指甲油。

秀后派对是所有国际时装周的特色，会吸引新闻报道介绍有关模特、设计师和媒体代表。展会活动包括研讨会演讲、趋势介绍和时装表演（展示展会的品牌）。之后是聚会和晚间活动，设计师、销售人员和购买者可以利用宝贵的机会在非正式场合进行交流。

互动事件

如今，互动事件的重要性不断提升。品牌组织活动、演示或励志演讲，提高知名度，公众也可以参与。

通过这些事件，品牌向消费者推广所宣扬的生活方式，从而吸引潜在感兴趣的人。

2015年10月，英国高档百货商店哈罗德（Harrods）推广男装，举办了一系列名为"从头到尾（Cover to Cover）"的店内活动，并与品牌大使兼视频博主吉姆·查普曼（Jim Chapman）进行了一晚的对话，他就博柏利为哈罗德百货制作的独家系列提出了自己的看法。该商店的男装杂志和橱窗中还展示了与其他品牌的合作，其中包括与路易威登（Louis Vuitton）、杰尼亚（Zegna）、布里奥尼（Brioni）、古驰（Gucci）、保罗·史密斯（Paul Smith）和汤姆·福特（Tom Ford）的独家合作。

"时尚之夜（Fashion's Night Out）"是一项创造性计划，始于2009年的纽约，最初旨在帮助遭受经济衰退打击的时尚商店。参与活动的商店遍布第五大街、百老汇以及米特帕金区，在9月一直营业到晚上11点。所有来宾都可以享用VIP级别的饮料、糖果袋、DJ套装，并有机会与设计师、名人和时尚编辑会面。活动由*Vogue*和CFDA（美国时装设计师协会）赞助。这一想法传播到其他城市，包括最著名的伦敦和米兰，还有阿姆斯特丹、东京、墨西哥城、巴黎和美国其他城市（如洛杉矶和费城）。

上图　高田贤三（Kenzo）的晚间派对已经成为巴黎时装周最热门的活动。女演员斯嘉丽·约翰逊（Scarlett Johansson）参加了由创意总监卡罗尔·林（Carol Lim）和汉贝托·莱昂（Humberto Leon）在Louisiane Bele船上举办的2014年春夏时装秀。

下图　2015年10月，摄影师伊希（Ishi）为哈罗德男装杂志拍摄了博柏利和布里奥尼的封面。

底图　由村上隆（Takashi Murakami）与日本版*Vogue*合作为艺术家设计的T恤和手提袋，该作品于2010年在东京"时尚之夜"中展出。

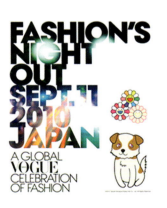

宣传噱头和口碑营销

噱头是一种公关活动,旨在以与事件相同的方式引起品牌有关的编辑报道。可以用来在品牌进入市场时建立口碑,也可以作为一种策略来维持知名品牌的新闻曝光度。这些与第四章讨论的游击广告策略不同(请参阅第65页),游击广告策略是向广告代理商付费以制造噱头,产生公共关系报道。品牌可以通过很少的预算制作宣传噱头来吸引顾客,激发思想,鼓励人们购买,也可以通过博客或社交媒体渠道进一步传播有关噱头的新闻。一个例子是2015年夏天在哥本哈根的马克·雅可布雏菊香水(Marc Jacobs Daisy)预售发布活动。当时哥本哈根主要购物街的喷泉上装饰着雏菊,年轻妇女向路过的购物者分发巨型雏菊花。这本身既是一种吸引人的举动,又可以刺激顾客光顾百货商店,产品会在那里上架。

接下来介绍与公共关系相关的名人代言和赞助这两种方式,二者通过第三方代言来寻求信誉,但是(由于涉及某些级别的费用)预计不会使用公共关系的预算。

上图 "洗衣女工牛仔裤"的宣传噱头。在阿斯特罗草皮上挖一些洞,洞里填满盆栽天竺葵,做成品牌名称的形状。在绿色空间中铺开,让人想起用植物拼出一个城镇名字的做法。这样的策略借鉴了街头艺术:有些人可能甚至没有注意到,有些人可能认为这很有趣,并将其传播开来。如果冒犯到别人,可以把整件东西卷起来移走。

下图 2015年,马克·雅可布品牌在哥本哈根分发雏菊,为其雏菊香水做宣传。

产品植入

产品植入是将品牌放置在自然环境中的一种精心设计的方法，使该品牌看起来像是由电视或电影明星扮演的角色所选择的。真人秀的兴起让"真人"在大众眼前使用产品，是产品植入的热门选择。产品植入与编辑报道的目标相似：该品牌似乎受到了钦佩角色的认可，因此在观众心目中赢得了信誉。

最初人们认为产品植入可以克服广告的杂乱和刻意。如果观众会快进电视广告，那么有效的策略就是在电视节目或电影本身中更隐蔽地植入产品、品牌和标签。

付费产品植入是品牌和电视频道、电视节目、节目主持人或演员之间进行的交易。一般而言，在欧洲、美国、加拿大和澳大利亚，只要不使用香烟和酒精等违禁物品，观众并非未成年人且已经意识到存在产品植入，这种付费产品植入是被允许的。在欧洲，广播公司必须放置标志，告知观众节目含有产品植入。某些形式的产品植入会与赞助、代言和其他工具（尤其是广告）交叉整合使用。

简单的产品植入可能是免费的，但强化的、整合性的产品植入是付费的，需要由专业产品植入代理机构提供服务，确保在适合品牌的节目中进行产品植入。

有以下几种类型的产品植入：

- **基础植入**。在电影或电视节目中看似不经意地使用一个品牌、产品或品牌的传播活动。
- **强化植入**。产品在电视节目或电影情节中得到了推荐或指名，或者某个品牌提出要提供奖品作为节目比赛的一部分。在这种情况下，节目制作人员将获得酬劳，该品牌可以说是该节目的赞助商。
- **整合植入**。产品在电视或电影情节中是不可或缺的。主演可能会摆姿势来进行品牌宣传拍摄，并出现在电视广告中。品牌可以采取进一步的措施，在节目中进行产品植入，同时赞助电视节目的广告。由于整合植入涉及电视网络收入，因此，这实际上是广告，在第四章中将其作为电视赞助进行讨论（请参阅第59页）。
- **节目植入**。品牌是电影电视情节的核心。

左下图 在美剧《时尚达人》中，参赛者们争相角逐 *Elle* 杂志的一份工作，该杂志主编是安妮·斯洛威。每周都会解雇一名参赛者，最终胜出者将获得这份工作、10万美元的奖金、曼哈顿一套公寓的租约以及一年的服装津贴。

右下图 《玛丽的底线》节目（Mary's Bottom Line, 2012）以曼彻斯特的海登·奎姆比（Headen & Quarmby）工厂为背景。经过多次试验，玛丽·波塔斯（Mary Portas）品牌的古怪短裤（Kinky Knickers）在英国各地上架，并在该品牌自己的电子商务网站上出售。

名人赠予和代言

根据格林伍德（2012）的说法，名人可以定义为"在公共领域广为人知的人"。这涵盖了越来越广泛的人群：运动员、模特、演员、音乐家、真人秀明星、博主以及那些自己赢得名声的人。名人通常以吸引公众的能力而闻名，但这可能稍纵即逝。大多数消费者对名人正在从事的工作、他们的绯闻对象、他们去过的地方以及在所有场合所穿的衣服感兴趣。对于品牌而言，利用名人效应有两种方式。

- 通过名人赠予。可以作为公共关系的一部分。
- 通过名人代言。由于需要签订合同和支付费用，因此需要更多的营销预算。

名人赠予或不付费代言

当一个名人穿着一件他们喜欢的衣服拍照时，就会发生不付费代言。这可以自然发生。在英国，"凯特·米德尔顿效应"使许多零售商受益。2013年，高端高街连锁店瑞斯（Reiss）的利润翻了一番，原因是剑桥公爵夫人（Duchess of Cambridge）穿着其衣服的照片在全球发行，该品牌的知名度随之激增。2016年，瑞斯启动了一项雄心勃勃的国际扩张计划，重点是北美、亚洲和澳大利亚。

这种"好运"也可以设计，向个人或目标名人提供礼物的策略可能会产生效果。这也许会增加品牌服装的成本，但相较于所创造的需求和信誉是值得的。至关重要的是，在新闻稿或声明中，品牌可以说名人佩戴或喜欢其产品，但不能暗示他们购买了该产品。

最左图 2011年，剑桥公爵夫人凯特与米歇尔·奥巴马见面时所穿的裸色绷带款连衣裙，引发了大众对该连衣裙的需求，导致瑞斯网站崩溃。

左图 总部位于洛杉矶的Rails品牌在消费者中获得了令人羡慕的知名度提升，这是许多洛杉矶品牌的典型表现。由于没有广告活动或名人代言协议，该品牌的标志性格子衬衫已成为明星非工作时间的极简风必备单品，如在2015年"超级碗"上吉赛尔·邦辰的穿搭。

右图 科索沃出生的英国歌手、电视节目主持人、演员丽塔·奥拉（Rita Ora）已签署了八份与时尚相关的代言协议，代言品牌包括卡尔文·克莱恩（Calvin Klein）、Superga、罗伯托·卡瓦利（Roberto Cavalli）、Rimmel、DKNY，以及麦当娜和她的女儿洛德斯·西科内·里昂（Lourdes Ciccone Leon）为梅西百货（Macy's）设计的物质女孩（Material girl）系列。

名人代言

　　名人代言是品牌与名人或其管理者之间的一项合同协议，要求他们公开露面并穿着该品牌。品牌会选择能够代表其品牌个性的名人，并签约该名人参加传统的时尚广告活动或穿着其产品公开露面。协议会对签约名人进行某些限制，最典型的就是他们不能穿戴竞争品牌的服饰。在广告中使用名人的形象转移效应也适用于代言，将在下一节讨论。代言还可以是一次性付款，让名人使用品牌产品，公开谈论该品牌或作为品牌代表出席活动。

　　一些名人获得了令人印象深刻的补充性代言，作为额外的吸引手段，通过签约协助设计品牌系列产品，消费者就可以购买名人风格的产品。这样的名人也被称为品牌大使。自2012年开始流行"意见领袖"一词以来，越来越多的时尚意见领袖为品牌担任起宣传角色。

The gentleman Blogger的博主马修·佐帕斯（Matthew Zorpas）

2012年，马修·佐帕斯（Matthew Zorpas）在伦敦马兰戈尼学院（Istituto Marangoni）教书时穿的定制西装引起了朋友们的兴趣，于是他创建了自己的博客The Gentleman Blogger。他很快就引起了时尚界的注意，在他发布第一篇博文后，阿玛尼对他产生了兴趣。不久之后，汤米·希尔费格（Tommy Hilfiger）找到了他，并让他担任该公司定制服装系列的网络代言人。从一开始他就具有商业头脑，如今他的公司由一个四人团队组成；他还是其他品牌的形象大使，担任蔻驰（Coach）、Mini汽车公司和万国表（IWC）豪华手表的英国形象大使。他还担任数字创意顾问，继续发表演讲，并著有《伦敦100：绅士指南》一书（2013）。在博客和其他媒体上，他的活跃粉丝总数令人羡慕，达到50万，其中包括该博客的6万名独立读者和照片墙上的11.5万名粉丝。

问：博客是如何出现的？你们是跟固定的摄影师、发型师一起工作吗？

答：刚开始的时候，我没有钱请摄影师。我投资购买了一台好相机，我的朋友们为我拍摄，我创造性地指导每个人，这真的很有效。然后在2014年，我开始全职和一位摄影师一起工作，他总是和我一起参加展览等。他对摄影很有热情，和我一起工作后获得了很好的曝光率。造型仍然来自我自己的创意。我投入了全部，加上运气和时机。我喜欢盛装打扮去马兰戈尼教书，穿上定制套装。那时候，绅士风格还没有成为一种商业主张，Topman品牌还没有西装系列，每个人都穿着斜纹棉布裤和T恤。一个年轻人每天穿着西装打领带会被大家津津乐道。我在正确的时间出现在正确的地方。

问：作为一个博主，您如何获得关注？

答：其实像我这样的人现在都是有影响力的人了。就博主而言，我们对女性时尚博主和男性时尚博主有明显的区分。不同级别博客也有明显的区别，例如，顶级博主奇亚拉Ferragni（theblondesalad.com）和克里斯蒂娜Bazan（kayture.com），她们是拥有最多关注者数、推介和预算规模的两位女性博主。顶尖的男性博主更少，所以更多的是质量问题。我们在数量上都有相似的用户，所以品牌会根据他们想要推广的活动、产品系列或项目规模寻找最合适的影响力人物。

问：为什么各大品牌开始与博主更紧密地合作？

答：博主了解特定的时期和场合，例如圣诞节或父亲节，这些可以与营销部门想要推广的特定产品联系起来。从我的角度来说，我将创建一篇博文，包括9张图片和两个段落。然后，这个故事与一个特定的产品联系起来，我负责整个内容生产。市场营销

下图　马修·佐帕斯正在为Gianfranco Ferré L'Vomo香水的全球线上和线下活动做准备。该品牌是第一个使用线上影响者进行全面宣传的奢侈品牌。

上图 马修·佐帕斯与雨果·波士（Hugo Boss）合作推荐秋季时尚单品。

部门给我预算和产品，我负责与受众进行互动。当与一个品牌进行数字化合作时，一切都可以在合同中指定——我在照片墙上发多少条帖子，发多少条推文，我要分享多少次——所有的一切要落实为项目重点，这决定了报价。如果我的博客链接了特定产品，那么我就可以衡量一下我对产品销售的投入是否成功，我认为我的地位因此变得更强了。例如，奇亚拉（Chiara）和克里斯蒂娜（Kristina）在他们的照片墙上展示一款产品，该产品就会销售一空。所以这一理念很适合作为市场营销预算回报。

问：再跟我们说说做品牌大使的事吧。

答：自2014年以来，我的目标一直是获得大使职位。我决定和个人客户敲定一个六个月的计划。以前，一切都很随意，人们带着简短的个人简介或项目来找我，没有长期的联系。这可能意味着我每周要为10个品牌工作，但我的工作方式看起来是灵活的。我们成功说服的第一个品牌是Coach，我做了一年该品牌的英国大使，然后是Mini。从2016年1月起我成为IWC的英国大使。我们通过这些独家合作关系进入所有这些不同的收入渠道。它帮助我成为一个更稳定的商业人士。

问：作为大使，您还需要做什么？

答：我需要参加活动和精品店开业典礼。它们可能在世界上任何地方。或者比如说，英国推出Mini的花花公子时，我要出现在线上推广素材中；比如公司网站和社交媒体也要在线下平面广告中出现。我在做模特和名人的工作，品牌方提及我可以增加他们的信誉。但关键是我是一个与消费者有联系的名人。

美国最大的博主代理机构DBA（Digital Brand Architects）已经开始让其代表的博主参与线下时尚活动。很快就会有两三个博主出现在奢侈品时尚广告中；第一个做到这一点的品牌将是创新者，其他品牌都会紧随其后，这将改变整个游戏（由Gianfranco Ferre于2016年完成）。在事件方面，我可以在线下做更多的事情。我希望各大品牌这样想"让马修来店里，看看他能吸引多少人""让马修做DJ，看看我们能联系到多少人""让马修为我们举办一场晚宴，邀请所有的高管和首席设计师等"。

问：这是不是像一个名人？

答：你和名人一样疯狂，和追随你的人一样充满激情和能量。见面打招呼对博主来说是一件新鲜事。你到另一个城市去，见到这些全球观众，对我来说，每一次都是一个惊喜；一旦宣布我在一个地方，我就会收到五六条消息。例如，会有500人等在奇亚拉的酒店外面，急切地想和她拍一张自拍。我相信我们会成为真正的名人。

问：您觉得您会继续赢得受众的信任吗？

答：我注意到我发布的一张最受欢迎的照片是我宣布担任Coach品牌大使的时候，所以有很多观众并不认为我这么说会变得商业化，或者是为了得到报酬；他们认为这是可信的——作为一个从零开始的人，我能够成为一名大使。最大的受众是谁？他们是更喜欢纯粹的活动信息（不会给你带来任何金钱、地位），还是更喜欢情感沟通的信息（将商业活动视为品牌、博主和受众之间的纽带）？我拿不定主意。我认为作为博主，我们永远如纽带一样展示商业关系——我很自豪可以与Mini共事，我很高兴做这样的工作，他们和我一起工作，但我们仍处于一种我认为非常微妙的关系。

问：您会通过广告渠道来创造收入吗？

答：我不会这么做。通常，广告商会按点击次数付钱给你。尽管品牌或广告每天都出现在我的博客页面上，但只有交易来自我的博客时，品牌才会向我支付。我也会看博客寻找灵感；我不太可能在某个特定时刻点击横幅广告，花费1000英镑购买一个钱包。相反，我将看到钱包，受到影响，也许五天后去其他地方购买。作为博主，我将会发布信息，但这条信息不会直接给我带来销售。如果有品牌提出要求，我可以为其提供按月支付的广告空间，但它看起来不太好。如果广告有效并转化为销售额，那很好，但过度使用广告会让人觉得过于激进。

问：您如何看待您的未来？保持与时俱进是否会是一个挑战？

答：这是一个挑战，因为平台正在发生变化，例如，色拉布的重要性正在上升，因为受众已经厌倦了。如果你是一个有远见的人，你就能看到每个人都在朝着某个瞬间发生的事情转变，但一旦这个提议被商业化，人们就会远离它。例如，照片墙正在推出赞助帖子，而人们已经对此感到厌倦。色拉布是一个新事物。

自2012年以来，我的受众在持续增长，也和我一样在变老。为什么现在做IWC的大使？因为我的受众已经接近30岁了，这个年龄段的他们可能会给自己投资买一块手表。为什么Mini现在跟我联系上了？因为我30多岁的受众想要的是Mini，不是劳斯莱斯（Rolls-Royce）。我可能会通过色拉布与年轻用户保持联系，但他们对我来说也是新用户。所有品牌都试图保持对年轻用户的吸引力，但我的受众在脸书和照片墙上，而且实际上，这种情况可能会一直保持下去。

右图 The Gentleman 博客网站。

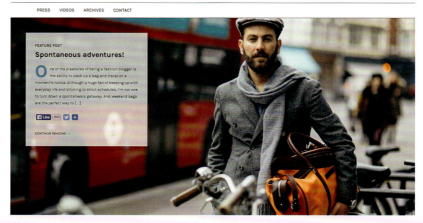

明星产品植入

就像识别重要的意见领袖一样，留心那些可能符合品牌身份的有前途的模特、音乐家和演员是很好的做法。这对双方都是有利的策略。正如格林伍德（2010）指出，品牌希望名人一直作为品牌的"面孔"出现，随着他们名气的增长，彼此的成就将互相促进，保持积极的联想。

现存问题是，利用名人是否能帮助新的和现有的时尚品牌发展前进。尽管许多人说这种方式可能正在衰落，但令人惊讶的新联想不断涌现。

在产品植入和名人的使用方面，仍有一种趋势，即使用更"真实"的人物，如电视真人秀明星或影响力人物，他们帮助将品牌融入观众或读者的日常生活。名人的概念和利用名人的方式可能推陈出新、与以往不同，甚至令人惊讶，但名人现象似乎没有减少。

下图 巴尔曼（Balmain）的创意总监奥利维尔·鲁斯汀（Olivier Rousteing）把金·卡戴珊（Kim Kardashian）视为缪斯。这种联想凸显了奥利维尔·鲁斯汀对名人文化的真正兴趣，也为金·卡戴珊提供了可信的时装魅力。

右图 设计师亨利·霍兰德（Henry Holland）将他的老朋友阿格妮丝·迪恩（Agyness Deyn）视为他的缪斯女神，两人几乎没有分开拍过照片。他们一起出现在各种活动和奖项上，增加了专栏的篇幅，巩固了彼此的信誉。

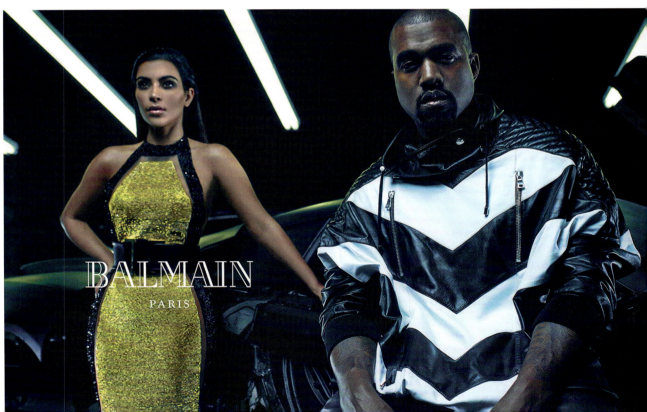

赞助

达伦等（2010）认为，赞助是为了建立长期的关系并创造共同的价值，同时赞助和举办活动之间有着重要的区别。签署赞助协议的品牌对活动本身概不负责；品牌签订一项或多项活动的投资协议，以期在一段时间内接触到更多的目标受众，从联合中获得更大的知名度。达伦等援引耐克公司2013年赞助曼彻斯特联队（Manchester United）的例子，耐克为球队提供运动服和服装（2014年结束），这项对俱乐部的投资交易金额达5亿美元。赞助活动与名人代言的工作方式相同：两个组织之间存在形象转移过程，并且期望它们在形象方面一致。耐克的口号"说做就做（Just Do It）"与曼联一贯的做法、对年轻球员的鼓励以及弗格森爵士的制胜法宝（尊重管理人员）有关。赞助协议总是在两个组织之间进行；品牌与个人签约确定代言。大型活动服公司同时签订赞助和代言协议。

尽管伊根（2015）指出赞助有助于品牌发展（根据Sponsorship.com的数据，2014年的全球支出为533亿美元，自2011年以来一直稳定增长4%），但赞助（且不说已经介绍了的产品植入和电视广告）并不是时尚品牌传播组合中的重要部分。LVMH（路易威登集团）是一个例外（第十一章讨论）。品牌方举办

了LVMH大奖，这是一个针对年轻设计师的竞赛（请参阅第189页）。LVMH还赞助了耶尔国际时装和摄影节，该年度奖项发掘了设计师维果罗夫（Viktor & Rolf）和费利彼·奥利维瑞·巴勃其斯塔（Felipe Oliveira Baptista），他们现在都有自营品牌。LVMH是评审团的成员，受益于与年轻人才的接触，以及支持年轻设计的慈善事业。

时装品牌（最常见的是美发产品、化妆品和高街连锁店，如Topshop）也赞助国际时装周或毕业时装秀等活动。签约是为了提供赞助，为秀展提供发型、彩妆或配饰，作为回报，可以获得穿搭和产品的报道，或指导年轻设计师。

左图　1992年巴塞罗那奥运会开幕之际，贝纳通（Benetton）在几家西班牙报纸上刊登了一则广告，广告中五种颜色的避孕套被排列成奥运五环。贝纳通暗示将赞助本届奥运会，但此举激怒了奥林匹克委员会。

左图　荷兰啤酒品牌巴伐利亚（Bavaria）是一个臭名昭著的伏击式营销者。2010年南非世界杯期间，36名身穿亮橙色服装的漂亮女球迷吸引了人们的注意。尽管这些衣服没有商标，但目光敏锐的国际足联发现了有人企图进行伏击式营销，并威胁要把这些被雇来的模特扔出去。由于伏击式营销在南非是非法的，一些妇女被警察审问，却因此得到了更多的报道。

隐形营销或伏击式营销

伏击式营销活动也许在较少的预算下更适合，并且能够围绕大事件大胆地引起公众的关注。伏击式营销是指公司试图不作为实际赞助商却获得与赞助同等的价值。例如，一家公司可能试图将自己与某个事件产生关联，通过混淆多个事件和赞助商从而受益，导致人们以为该公司是赞助商。

伏击营销广泛存在于大型活动的竞品之间。如果考虑赞助交易中涉及的资金，道德问题就有些存疑了，更不用说首先要花时间起草此类交易。对竞争品牌来说，将注意力转移到自己身上，这可能不太公平。

或许由于所涉及的费用高昂，或所需的组织过程冗长，赞助商往往仍是大公司、成熟公司。当品牌价值与体育赛事的积极方面一致时，面对最广泛受众的赞助机会就会出现。未来音乐节使用赞助和伏击营销的机会可能更少。在英国，夏季节日盛装已成为夏季服装销量高涨的主要推动力，但目前，节日服装赞助商仍主要是手机网络、金融、食品、饮料和媒体公司。

任何宣传都是好的宣传吗?

对于品牌而言，这些不同形式第三方背书的一个挑战就是缺乏控制。名人可能行为不端或失宠；电影和电视剧会失败；滥用公关材料可能导致负面宣传或意外解读。例如，在时尚界使用毛皮是有争议的：时尚行业中一方强烈赞同使用毛皮，另一方情绪高涨地在抗议活动中谴责这种行为，成为新闻。时尚记者在报道皮草服装时可以采取任何一种立场。

负面宣传可以促成良好的公共关系吗？在大多数情况下，任何宣传都可以视为很好的宣传，因为它可以确保媒体报道并引起消费者谈论该品牌。如果品牌受到负面影响，则可能需要进行被动公关，并制订清晰的危机管理策略。

危机管理：被动式公关

到目前为止，本书已经提出了所有获得第三方背书的方法，这些方法是品牌用来获得正面报道的技术，称为主动公关。但是，如果出现负面宣传，品牌必须进行被动公关，立即处理品牌无法控制的危机，因为可能损害品牌声誉。因此，进行危机管理对于那些参与品牌宣传的人来说也很重要。以下方式可能会

顶图 2011年，在时尚之都首尔，意大利奢侈品牌芬迪（Fendi）因在T台上使用皮草而面临争议和媒体报道。由于担心动物权利活动的抗议，组织者威胁要取消广受期待、精心策划的时装秀。芬迪最终没有在2011年秋季系列中展示皮草服装，尽管他声称皮草是"芬迪DNA"组成的一部分。

左上图 2007年巴黎时装周上，PETA（善待动物组织）组织了一次典型的反皮草抗议活动。

右上图 2013年4月孟加拉国拉纳广场（Rana Plaza）大楼倒塌后，Primark（使用该大楼服装厂的众多品牌之一）迅速向受影响的工人及其家人和工地提供了财政支持、紧急救援和加强建筑安全的措施。这篇文章出现在该公司的网站上，并被广泛报道。

在时尚行业造成典型负面宣传：

- 使用过瘦的模特。
- 使用有争议的生产资源，例如血汗工厂的劳动力或童工。
- 使用有争议的面料，例如毛皮、濒危动物的皮革或羽毛。
- 与该品牌相关联的名人或知名人士出现丑闻。

危机管理中最重要的一个方面是公司要正确对待和处理问题。与许多行业相同，有两种主要策略：

- 要重申品牌无可挑剔的传统，与事件保持一定距离，寻求以更积极的媒体报道来取代已发生的事情。
- 道歉，要完全诚实和透明，提及公司价值观，设法在公众眼中取得好的表现。

总体而言，意外负面事件发生后，消费者的评论（尤其是对名人的评论）数量增加，品牌得益于使用其他表达渠道。追随者可以超越传统媒体，进入博客、社交媒体和新闻论坛，就提出的正面和负面观点进行辩论。

毫无疑问，时尚品牌获得公共宣传依然很重要。根据预算的不同，植入式广告、名人代言和赞助等技巧在建立信誉和激发进一步的宣传方面非常有效，而这些宣传是让购买该品牌的公众记住该品牌的必要手段。但是，"品牌大使"一词的内涵范围近年来不断扩大。特别有趣的是马修·佐帕斯担任大使的角色，有可能获得比产品植入、代言和赞助更快捷、更高效的结果。面对这方面工作的增加，品牌可以考虑使用外部代理，即意见领袖。从理论上讲，意见领袖可以处理一切事情，包括制订预算和评估结果、确定电视模特和路牌广告、进行公共关系和代言活动、推动社交媒体。最重要的是，意见领袖已经与大量忠实受众直接建立联系。在接下来的几年中，这将是一个值得关注的现象。

参考文献

'Au Revoir Fashion's Night Out', *Business of Fashion*, 27 February 2013, www.businessoffashion.com/articles/bof-comment/au-revoir-fashions-night-out

Dahlén, Micael, Fredrik Lange and Terry Smith, *Marketing Communications: A Brand Narrative Approach*, Wiley 2010

Egan, John, *Marketing Communications*, 2nd ed., Sage 2015

Fill, Chris, *Marketing Communications: Brands, Experiences and Participation*, 6th ed., Pearson 2013

Lea-Greenwood, Gaynor, *Fashion Marketing Communications*, Wiley 2012

Sponsorship.com (2015) Sponsorship Spending Report, www.sponsorship.com/IEG/files/4e/4e525456-b2b1-4049-bd51-03d9c35ac507.pdf

延伸阅读

Adweek.com, '10 Reasons Why Influencer Marketing Is the Next Big Thing', *Social Times*, 14 July 2015, www.adweek.com/socialtimes/10-reasons-why-influencer-marketing-is-the-next-big-thing/623407

Considine, Austin, 'Invasion of the Head Snatchers', *New York Times*, 16 December 2011, www.nytimes.com/2011/12/18/fashion/hm-puts-real-heads-on-digital-bodies.html

Dostalova, Zuzana, and Sandra Merkel, 'Standard of Regulation for Product Placement Research Work for Advertising and Media', 5 April 2012, www.prezi.com/vvbbpnlisy0a/standards-of-regulations-for-product-placement

Goldfingle, Gemma, 'Bloggers vs "Influencers": Who Rules Fashion's Social Universe?', *Drapers*, 18 May 2016, www.drapersonline.com/retail/bloggers-vs-influencers-who-rules-fashions-social-universe/7007352.article

Mathews, Angie, *Placed! A Foundational Guide to Being a Fashion PR Badass*, CreateSpace Independent Publishing Platform 2016

Smith, Paul R., and Ze Zook, *Marketing Communications: Integrating Offline and Online with Social Media*, 5th ed., Kogan Page 2011

讨论

选择一个你喜欢的品牌。你会通过谁来获得这个品牌的编辑报道？

你选择的品牌使用了哪些公关工具？你选择的名人或时尚影响者会如何改善公关组合？

你认为公开赞助比伏击式营销更有效吗？为什么？

第六章

社交媒体

I NEVER GO OUT
WITHOUT MY
NOTORIOUS DARK
SUNGLASSES. I LIKE
TO SEE, NOT TO
BE OBSERVED

KARLISM

MY
AUTOBIO
I DON'T H
WRITE IT.
IT.

KARLISM

KARLISM

本章探讨社交媒体。社交媒体迅速被广泛使用，已成为品牌传播策略的有效组成部分。本章将讨论时尚品牌如何使用社交媒体传播活动的材料来鼓舞目标市场群体、传递有益的宣传内容，如何使用社交媒体来建立一致的品牌形象并进行整合传播（涵盖电子商务）。对社交媒体用户本质的考察表明，品牌必须考虑在透明民主的环境下建立一种互惠关系，与追随者进行坦诚、有意义的交流。本章介绍了社交媒体的主要渠道和使用这些渠道的时尚品牌案例，讨论如何发挥每种渠道的最大优势。

社交媒体概述

社交媒体指的是专门用于社群输入、交互、内容共享和协作的各种线上交流渠道。品牌旨在向消费者传递信息，吸引追随者，在消费者与品牌之间建立更好的互动。根据保罗·R.史密斯（Paul R. Smith）和泽·祖克（Ze Zook）的研究（2011），社交媒体将消费者视为企业的核心，并为营销人员提供了一种新的媒介，用以聆听消费者、与消费者交流并在消费者中创建品牌吸引力。

本章将介绍时尚品牌经常使用的一些网站。就本书而言，我们将脸书（Facebook）定义为社交策展网站，将推特（Twitter）定义为微博网站，将拼趣（Pinterest）定义为社交策展网站，将照片墙（Instagram）定义为基于图像的社交网络应用程序，色拉布（Snapchat）作为照片和视频消息传递应用程序，Tinder作为约会网站。这些社交网络或平台都是广义的社交媒体。

品牌商和设计师以公司或品牌名义在社交平台（如Facebook、Twitter和Instagram）上发布资料（经常是同时发布），并充分利用每个平台的特色。他们将品牌置于以消费者为中心的场景中，追随者可以对其感兴趣的品牌进行评论、发表观点并创建内容。

在推动即时获取最新时尚需求方面，社交媒体的作用比其他任何工具都大。粉丝们可以访问时装秀的直播内容，以及网红和名人的新品推介。从举办时装秀到时装上架（线下或线上）需要六个月，消费者不再愿意等待；他们现在要从T台上直接购买。对于那些依靠T台秀照片来丰富社交媒体资料的品牌来说，压力是巨大的。这只会加深时尚界一直以来面临的及时性问题。天气模式不可预测，淘汰了传统的秋冬季和春夏季。新品牌和现有品牌面临新品系列预生产的压力（在及时性方面会更好，但会增加工作量），探索如何在详尽的周期中生产和销售时装。

此外，时尚界目前使用更多的脸书和照片墙网络也在发生变化。以往的时尚世界是较难进入的、优雅精致的，色拉布和潜望镜等新工具和新媒介的使用展示了时尚世界的现实状态。趋势观察网（trendwatching.com）的维多利亚·卢姆斯（见第14页）预测未来的时尚世界会更加开放和包容。这些新平台的出现和使用使这一预测成为现实。

右图 拉夫·劳伦（Ralph Lauren）的脸书主页。品牌有效地利用了脸书的各种标题，通过照片和视频提供了简短历史、事件时间轴及纯粹视觉记录。

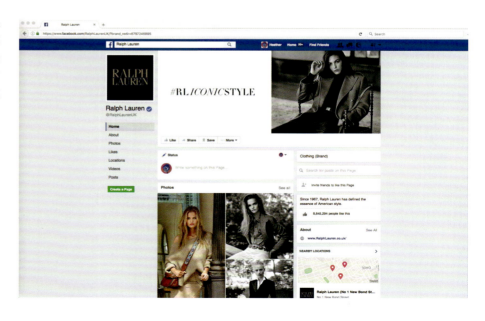

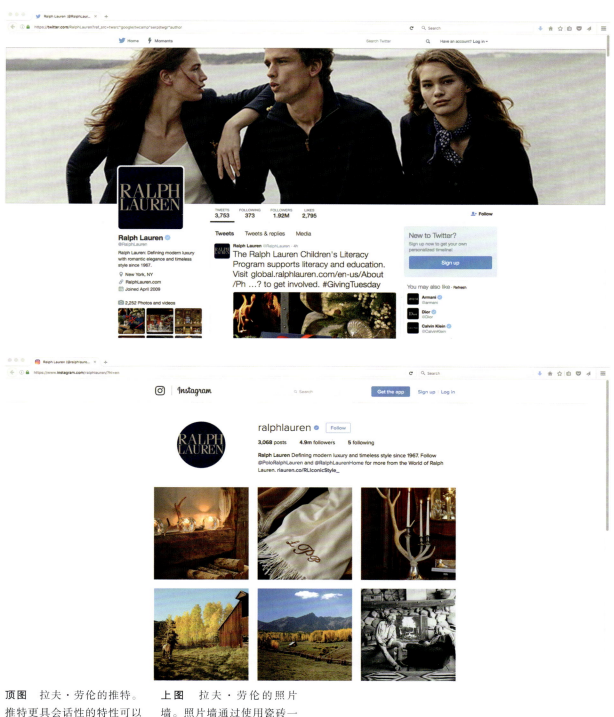

顶图　拉夫·劳伦的推特。
推特更具会话性的特性可以
让用户更专注于新闻事件、
名人见闻、社区项目以及新
产品线。

上图　拉夫·劳伦的照片
墙。照片墙通过使用瓷砖一
样排列的图片提供了一系列
的视觉信息，点击图片可以
获得相应信息。

社交媒体在传播中的应用

在菲尔（2013）原始的4C框架中添加社交媒体（见左下表）这一传播工具，评估其优缺点。

社交媒体的优点

- 社交媒体在大众中被广泛使用，可以进行高度私密的交流、频繁的互动，建立可靠的信任。
- 为了在社交媒体上建立良好的品牌形象，越来越有必要支付广告费用或提升形象。但是，这仍然比线下广告便宜。
- 由于大多数社交媒体平台（尤其是脸书）可以有效地定位受众，因此可以通过人们在社交媒体上的现有兴趣和行为识别出与品牌相匹配的受众。
- 通过自运营或外包给专业机构，社交媒体可以与传播活动的其他方面形成整合，甚至可以成为品牌推广活动的核心。
- 可以通过分析（尤其是脸书和推特上的分析）评估到达率、参与度以及点赞、分享次数等数据。

社交媒体的缺点

- 管理控制的等级很低；追随者可能会喜欢某个帖子，也可能对某个帖子存在异议，甚至被激起而发表负面评论。
- 在社交媒体上设置资料是容易的，但很难保持品牌调性和内容一致性，也很难确定更新帖子的频率。
- 为社交媒体创作内容可能很便宜，甚至免费，但是非常耗时。

时尚推广中越来越多地使用社交媒体，关键在于其优势远大于劣势，而且大多数劣势可以通过外包或团队完成来克服。社交媒体已被许多品牌整合进传播组合中，成为不可或缺的一部分。

传播工具的4C对社交媒体的分析

传播效果	社交媒体
传播私人信息的能力	高
到达广大受众的能力	中
大众互动水平	高
可信性	
目标受众对广告信息的信任	高
成本	
总成本	低
平均成本	低
浪费	低
投资规模	低
可控性	
针对特定受众的能力	高
依情况进行调整的能力	低

使用社交媒体时主要考虑的事项

本书介绍了一些通过创新和整合社交媒体使用的传播活动示例，尤其是2015年Barbour的"冒险传承（Heritage of Adventure）"传播活动（请参阅第41页），该活动发展成一种社会元素，与更广泛的传播活动相辅相成。受冒险家肖恩·康威（Sean Conway）的启发，追随者应邀提交自己的户外体验照片和视频片段。同样，当年肯尼斯·科尔（Kenneth Cole）的"Be the Evolution"传播活动（请参阅第64页）使用了路牌广告，鼓励受众在社交媒体上讨论善举。

这些活动通过使追随者积极参与制作和提供活动材料，打破了常规的受众被动观看活动的方式，这是很重要的。还有两个要点：

- 线上和线下融合。两项推广活动都针对追随者进行，无论他们在哪里。品牌正转向更加身临其境的交流方式，消费者不再区分线上和线下，而是建立持续一致的对话。
- 刺激参与。Barbour为使用互动标签（@Barbour）或话题标签（#Heritage Of Adventure）的参与者提供获奖机会，可获得价值500英镑的产品奖品。科尔使用了一种更巧妙的方式，为参与的追随者树立有益于社会的良好形象。

社交媒体与电子商务

为了充分吸引年轻的跨世代受众，满足受众即刻购买的需求，预计在未来几年中社交媒体可用于更直接的购物。在脸书上直接建立店面（最初称为脸书电商"f-commerce"）的尝试并不奏效，Gap、J.C. Penney和Nordstrom关闭了他们的脸书店面。然而，博柏利（Burberry）是第一个尝试在时装秀"推特秀（Tweetwalk）"上使用推特"购买"链接的时尚品牌。从吸引受众到实现销售至关重要，吸引了更多品牌参与，以提升投资回报率。

丹尼尔·德·奥拉兹（Daniele D'Orazi）的访谈（见第114页）强调了整合内容策略与社交媒体的重要性。照片墙发现在赞助商页面上显示"立即购买"按钮也会增加销售。第四章更深入地讨论了社交媒体上的广告，接下来的内容将重点介绍传播活动如何组织内容达到最佳效果，并阐述每个社交媒体平台的购物功能。

直接通过时装秀进行销售涉及管理和库存风险，品牌可能需要一段时间才能解决这些风险（博柏利在2016年9月伦敦时装周尝试了时装秀销售，有关博柏利的更多信息请参见第171页）。在此之前，社交媒体更需要解决即时购买需求。品牌可以发布广告和公共关系材料（如新闻报道、穿搭手册、视频短片等），并建立用户数据库。如果能增加更多的购物功能，社交媒体就可以作为时尚品牌的枢纽，与受众进行快速直接的交流。

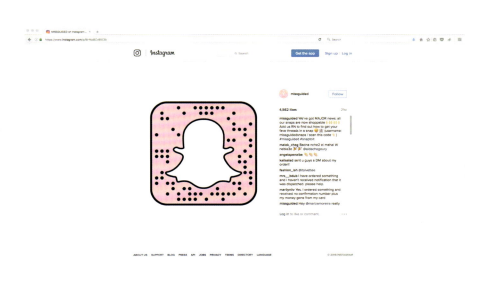

左图 Missguided宣布其所有照片都可以在色拉布上购买。

社交媒体的追随者

社交媒体源于人们渴望相互之间建立社交联系，在这种非商业环境中，任何品牌要想取得成功就需要与追随者之间建立互惠关系。执业医师蒂姆·卡梅隆和伊冯娜·伊万内斯库（2016）强调，恰当的品牌调性至关重要。他们还指出，建立具有人格特质的品牌（请参阅第二章）有助于其打造线上品牌个性，可以吸引客户朋友和追随者。

要意识到，受众不再是被动的，他们在强烈的自我意识下行事。与时尚品牌产生关联让志趣相投的追随者产生强烈的网络社会身份认同感。照片墙的英国电视节目《富孩子》（Rich Kids）展示了超级富豪们叹为观止的物质世界，他们完全通过消费奢侈品来尽力展示自己在社交媒体上的品牌或形象。

肯尼斯·科尔香水活动的成功还得益于体现出一种利他思想，即表现慷慨、分享知识、影响环境（见第64页）。追随者希望品牌帮助他们以喜欢的方式成为最好的自己。追随者需要引人入胜且一致的内容，

并开展活动来提升他们的形象。时尚指南、有趣的活动以及参与激励等内容比销售和自我推广更重要。明确参与活动的激励和好处可以吸引追随者，围绕所钟爱的品牌形成志趣相投的群体。但是，社交媒体的主要缺点是缺乏控制。参与者或许会与品牌对立，或许会比较野蛮，也或许富于机智或充满崇拜，这是品牌无法控制的。

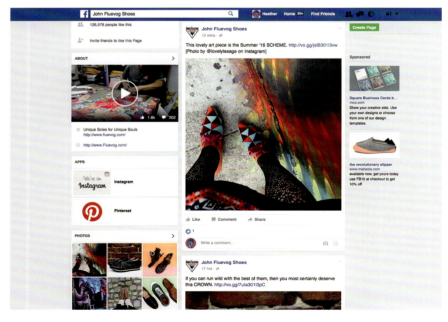

上图 《照片墙上的富孩子》（The Rich Kids Instagram）诞生于一群富裕的年轻精英，他们发布照片展示迷人的假期、超级跑车，花巨资购买设计师品牌，乘坐私人飞机，制作成真人秀电视节目，2014年还出版了小说。上图中的巴斯蒂安·约塔（Bastian Yotta）和玛丽亚·约塔（Maria Yotta）在照片墙上分享他们每月花费10万美元，这种颓靡的生活方式引起了轰动。事实证明，他们在网上的形象并不夸张。

左图 John Fluevog品牌的脸书页面展示了该公司独特的调性。本书第七章介绍该品牌通过其电子商务网站与访客保持了良好的关系。

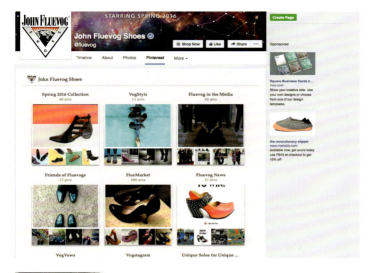

左图　John Fluevog的品牌资料。内容提要在"时间轴"标题下，"关于"标题下是公司历史简介，"照片"标题下是一个照片墙风格的照片提要，"喜欢"标题下是一个透明的分析页面（这通常不会被分享）。可以快速链接到其他社交网络的应用程序显示在另一页图片中。登录页面充满了视频、图片和观众互动。

左图　通过线上广告针对一个问题而不是女性，多芬（Dove）让用户能够充满自尊地解决问题，并使自己被积极的信息包围。

脸书（FACEBOOK）

自2004年2月第一批大学生加入脸书以来，脸书迅速发展成为世界上最大的社交网络。2015年8月，创始人马克·扎克伯格（Mark Zuckerberg）宣布，地球上每7个人中就有1个人在一天之内登录脸书（BBC新闻，2015）。有关所有网络上的用户数据，请参见第72~74页。

脸书提供了结构完善的商务主页模板，品牌商可以添加标题照片、简短描述、公司历史、公司事件以及内容摘要。时装品牌已经充分利用了这一点：大多数品牌都创建了脸书账户，与消费者交流有关产品发布、推广活动、新店开业等内容及其他需要告知消费者的信息。

还可以将应用程序嵌入脸书主页中，让脸书成为中心枢纽。根据卡梅隆和伊万内斯库（2016）的说法，脸书提供的功能包括快速链接到其他社交媒体平台或品牌的电子商务网站，生成潜在客户捕获表格以帮助建立用户数据库的功能。

护肤品牌多芬（Dove）的澳大利亚分支机构（是该品牌全球长期开展"真美"活动的一部分）充分利用受众参与，开发了定制的脸书应用程序，作为其"广告改头换面"活动的一部分。这个应用程序可让使用者把琐碎的横幅广告替换为积极的讯息。例如，将关于身体脂肪和腰部赘肉的广告换成"你正坐在完美的臀部上"。该品牌在媒体上购买了横幅广告来实现这一过程。

推特（TWITTER）

推特于2006年推出，是一项免费的微博客服务，每条消息或推文仅允许使用140个字符。这些内容可以是对新闻或热门话题的见解、库存新品、当天的想法或仅仅是推广信息。

注册成员可以发布推文，也可以通过"@"功能关注其他推文。互动是推特的重要组成部分。根据卡梅隆和伊万内斯库（2016）的说法，所有推文中约有68%是对其他推文的回复。这为品牌用户带来一个优势，即可以直接回复其他关注者的评论，转发对品牌有益的推文。在推文中使用"#"可以与对同一主题感兴趣的更多用户进行交流。由于可以将图像和视频嵌入推文中，推特在时尚界非常流行。平台的快速移动特性很适合时尚行业：旧推文很快就被新推文覆盖，时尚品牌持续不断地推送新闻。马克·雅可布（Marc Jacobs）和奥利维尔·鲁斯汀（Olivier Rousteing）等创意总监在新闻采访中发声的片断，在很大程度上影响了从前的设计师精英世界开始向大众开放、平易近人且易于了解。

博柏利在使用推特方面一直处于领先地位，尝试增加了"立即购买"功能。另外值得一提的是该品牌2015年2月23日举办了时装秀，当时有大批观众，品牌鼓励他们使用主题标签（#tweetcam）发布推文并

下图 博柏利（Burberry）向粉丝发布的2015~2016年秋冬个性化推文。 **底图** 2015年Topshop在伦敦时装周的数字路牌广告。

与博柏利官网推特互动（@BurberryTwitter）。每张生成的图片均带有关注者的推特账号和时间戳，使时装秀的快照极具个性。

　　卡尔文·克莱因（Calvin Klein）和Topshop都尝试在平面广告甚至是路牌广告中整合推特账号和标签。在2015年的伦敦时装周上，Topshop使用了一个数字路牌来播报下一季的流行趋势，还使用了在时装秀前排拍摄的照片，并播放了业内名人在推特上讨论的内容。路牌上也以标签的形式传达一些新兴潮流趋势，如色块、褶皱和实用性。

　　随后，Topshop邀请关注者发布推文，表达他们选择的趋势，并点名@Topshop，就会收到精选的购物清单。这一活动很好地表明了Topshop旨在使时装秀大众化的意图，为参与者提供独有的互惠利益，并嵌入了线上媒体，丰富了线下活动。当然，它更巧妙地表明了Topshop在引领潮流时尚方面的领先地位，在T台上直接销售。

上图 卡尔文·克莱因（Calvin Klein）2016年春夏推广活动，由贾斯汀·比伯和其他名人担任模特。该活动激发粉丝们发布话题推文，讲述与品牌相关的想法和经历。

照片墙（INSTAGRAM）

照片墙于2010年推出，是一款基于图像的社交网络应用程序，用于共享照片和视频。它与脸书或推特类似，每个创建的账户都能显示主页资料和可视的新闻摘要。但是，照片墙主要在智能手机上使用。卡梅隆和伊万内斯库（2016）引用了Iconosquare（帮助管理照片墙账户的辅助应用程序）于2015年进行的研究，该研究表明，75％的照片墙用户年龄在15～35岁，其中43％是学生，48％是年轻专业人员。对这个目标市场感兴趣的时尚品牌使用照片墙进行传播非常有效，可以制作视觉传播材料、穿搭照片和街头风格的评论。对于用户而言，照片滤镜和编辑选项等其他创意功能产生了另一维度的交互。品牌可以建立多个账户，推送具有趣味性和娱乐性的信息，例如账号@choupettesdiary，由卡尔·拉格斐尔德（Karl Lagerfeld）宠爱的猫经营，它的猫形象简直就是香奈儿（Chanel）的完美化身。

照片墙在广告帖中添加了"立即购买"按钮，但是第三方应用程序LIKEtoKNOW.it（在*Vogue*的Instagramfeed上运行）也可以供关注者购买他们在照片墙上看到的产品。如果关注者在*Vogue*订阅源上点击具有"liketk.it"链接的商品，则会收到商品链接的电子邮件，告知他们在哪里可以购买产品。

照片墙上也可以加标签，品牌商可以使用标签来调动网络上关注者的情绪，或者创建推广活动专用标签。例如，迈克尔·科尔斯（Michael Kors）将照片墙作为其#JetSetSelma活动的一部分。该活动要求关注者上传Selma系列包袋的照片，这些照片可以是在国际地标或日常环境中拍摄的，来表现包袋的多功能性和购买者的不同风格。该品牌在2013年10～11月每周免费提供一个包袋作为奖励。在日本东京国家博物馆举行的一场活动中，放映了超过5000张图片，包括以#MKTokyo为标签上传的用户生成内容（UGC）。这些照片被打印出来，用于在博物馆中形成一面活墙，目的是在高端线下环境中引发进一步的对话和参与。

顶图 《时尚》杂志在其照片墙推文中运营应用程序"LIKEtoKNOW.it"，提供可以购买特色产品的链接，带有liketk.it标签。

上图 Michael Kors主题为"JetSetSelma"的活动描述了该品牌在美国、欧洲和远东地区的Selma包袋。

拼趣（Pinterest）

拼趣（Pinterest）是一个收集和管理线上图片的网页和移动应用程序。用户可以根据主题、喜好和兴趣来收藏和保存那些吸引他们的图片，并将它们排列在公告板上，关注者可以分享、点赞。发布图片会保留原始的来源链接。时尚品牌可以通过提供鼓舞人心的图片，或向粉丝提供比照片墙更有帮助的信息，来讲述更多产品视觉故事。拼趣以前只是一个浏览平台，后来推出了可购买的商品，粉丝可以在上架商品中看到蓝色价格标签。点击标签可以获得更多产品信息，还可以选择用信用卡或Apple Pay购买。零售商随后直接接收订单并发货，无须向拼趣支付任何费用。

很多新娘会在拼趣上发布故事板，与感兴趣的朋友分享。奥斯卡·德拉伦塔（Oscar de la Renta）在2012年4月的婚纱秀之前，用这种方法进行了一个有趣而实验性的"现场直播"。粉丝们可以观看时装秀准备工作，模特们梳理发型、化妆、拍摄服装，为T台秀做准备。这种做法吸引了更多受众，可以将这种独家技术添加到新娘自己的故事板中。

拼趣的用户还可以在固定的位置（比如在页眉或产品描述）上添加标签。这可以作为一个有用的工具，关注者可以通过标签搜索正在策划的小众主题；通过这种方式，品牌可以接触到新的受众。

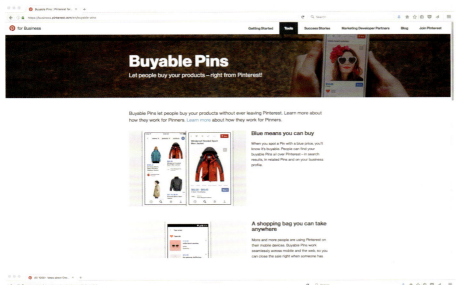

左图　在拼趣"大头针"旁边用蓝色文字标注的价格表明该特色产品可以通过该平台购买。

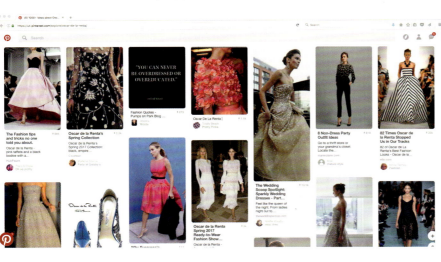

左图　奥斯卡·德拉伦塔（Oscar de la Renta）对2012年婚纱时装秀的现场直播，描述了一个关于时装秀准备、模特发型和化妆以及产品照片的故事板。

色拉布（Snapchat）

　　色拉布（Snapchat）是一款集照片和视频的通信应用程序，于2011年推出，用户可以拍摄照片或短视频并添加标题。用户可以设置色拉布上的图像消失时间（1～10s）；这正是该应用的魅力所在，并由"幽灵"标识表示。用户和品牌也可以选择创建一个"故事"，可以在一天内逐步添加，关注者可以在24小时内看到。有趣的编辑工具（比如可以在图像上绘制或添加动画）让色拉布的内容变得可定制、有创意，而且对用户来说不那么严肃。色拉布的受众主要在13～24岁，对相关时尚品牌感兴趣。该应用程序旨在捕捉并展示瞬间的、原始的、未经编辑和打磨的镜头。

　　博柏利（Burberry）是时装业中第一个接受这种转变、转向更坦诚环境的公司。博柏利曾利用色拉布发布一家洛杉矶新店开业的消息，并配以巧妙定制

的"幽灵"标志。2016年，博柏利在色拉布上预先展示了自己的T台系列，然后又更进一步，向粉丝们提供了2016年春夏时装秀的实时现场照片。摄影师马里奥·特斯蒂诺（Mario Testino）在拍摄期间在色拉布上发布了直播内容，这让以前无法访问的内容变得更加透明和可获得。色拉布上可以通过第三方应用去购物，该应用可以根据用户保存的截图操作。一旦截图被保存，用户就可以直接链接到色拉布上红人们推荐的产品。

上图　在博柏利2016年春夏的色拉布活动中，顶级时尚摄影师马里奥·特斯蒂诺（Mario Testino）在整个拍摄过程中都在色拉布上实时直播内容，随后展示了圆满完成的活动。

Tinder上的时尚

迪塞尔（Diesel）是第一个在相亲网站Tinder上发布2015～2016年秋冬广告的时尚品牌，在交友网站广告中引发了一场轩然大波。Tinder于2012年推出，容易、简单、有趣，用户可以通过图片来决定自己是否喜欢某个用户，然后点击其个人资料。Tinder整合了脸书的详细信息，使用GPS来识别用户所在的位置，允许用户根据位置去选择。用户可以根据自己对照片和/或个人资料的看法左右滑动。如果两个用户都喜欢彼此，网站会匹配他们，他们可以联系对方。迪塞尔及其经纪公司Spring Studios制作了一段15s的搞笑视频，展示了他们的创意思维，视频里的模特有可能彼此配对。这一广告符合迪塞尔的形象，并在传统媒体和网络媒体上广泛传播，包括这个意料之外的渠道。

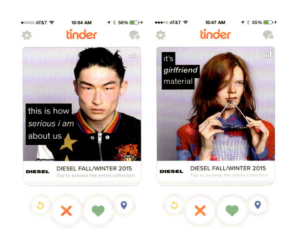

上图　迪赛尔在2015～2016年秋冬档的"Decoded by Diesel"活动中试图让模特们在约会网站Tinder上配对。

时尚电影（Fashion Film）和潜望镜（Periscope）

近年来，电影已成为时尚活动的一个主要元素，其用途在第60页概述过。它有助于将产品带入生活，是体现社交媒体即时性和包容性的完美媒介；它也可以用来为电子商务的登录页面添加动态图像。卡梅隆和伊万内斯库（2016）所介绍的英国品牌Missguided就是一个很好的例子，品牌鼓励追随者提交自己的YouTube视频，微视频博主和粉丝讨论并评论Missguided推送的内容，以此发现他们从该网站获得的价值和对时尚的兴趣。Missguided也成功塑造了其在社交媒体上的调性。

高端设计师品牌也在尝试直播，内容包括时装秀、幕后报道以及对设计师和代言人的采访，而潜望镜（Periscope）等新技术使这种直播更有效。

下接117页。

左图　Missguided的大量冬日阳光假日物品。优兔（YouTube）上有很多类似的视频。

来自Appnova的丹尼尔·德·奥拉兹（Daniele D'Orazi）

Appnova成立于2006年，是一家独立的数字代理商，是16人的灵活团队，总部设立在罗马和伦敦，为时尚、美容、会计、金融和医疗保健等行业的奢侈品和生活方式品牌创建电子商务解决方案、网页设计、社交媒体和数字策略。Appnova曾为时尚品牌（Joseph、Cambridge Satchel Company和Woolmark Company）开展过多个项目。丹尼尔·德·奥拉兹拥有社会学和媒体、传播与批判实践专业的硕士学位，于2006年成为社交媒体策略师，后来从事创意摄影和电影制作工作。自2010年以来，他一直担任Appnova的数字营销主管，也是该公司的高级创意战略家之一。他还在伦敦的马兰戈尼学院（Istituto Marangoni）讲授数字营销和品牌推广课程。

问：您如何与客户开展合作？

答：我们跟各种品牌都有合作。我们和客户坐下来，讨论品牌客户画像，举办研讨会，讨论竞争对手，制订期望的KPI（关键绩效指标）。然后我们制订策略，有时也会考虑内容。这些策略必须付诸实施。有时候这并不像计划的那样，诸如优先级或公司管理等事情都可能发生变化。如果你是白手起家，或者你想通过社交媒体渠道在网上重新定位一个品牌，至少需要6个月的时间才能看到成效。各大品牌可能会认为，如果他们有一些积淀，如果他们很酷，或者如果几个有影响力的人炫耀他们的包，他们明天就会获得100万粉丝，但事实并非如此。第二件事是投资回报（ROI）：如何能根据网上的一个视频去衡量在日本销售的品牌包数量？这是不可能的。

问：您认为每种社交媒体平台的优点是什么？

答：成功的关键是在这些平台上做广告的能力。我们目前没有在色拉布上做任何事情——最好的方式是让品牌利用色拉布上的影响力。他们在迪士尼的工作做得很好。接管是指品牌让有影响力的人接管账户并创造内容。如果品牌有足够的预算，可以把内容委托给色拉布上的关键影响者。实际上，只有12岁的孩子才热衷于共同创造并且不希望直接看到你的品牌（除非你专注于创造年轻人的内容，如Vice Media公司）。经典的时尚视频中，模特们身着黑白服装，在巴黎抽烟，但这在色拉布上并不适用。推特也有其局限性，但如果你很机智的话，它对客户

下图　劳瑞尔·潘坦（Laurel Pantin）是色拉布上的网红。她是*Sweet*的高级时尚编辑，*Sweet*是首家在Hearst's Snapchat Discover平台上发布的时尚杂志。后来她进入Coveteur公司。

服务和线上公关都有好处。马克·雅可布做得很好，因为这个品牌的本质就是诙谐，但如果你不懂诙谐，或者抄袭很糟糕，或者与品牌无关，或者在品牌建设上存在混淆，那么它就行不通。

品牌使用社交媒体最现实的方式是使用照片墙和脸书。照片墙最热门，而脸书可用于做广告。可以购买曝光率，付费就能接触到用户。如果利用好脸书，它就会成为一个枢纽，借此推广照片墙账户、推特账户和电子商务。照片墙上的广告比以前复杂多了；现在，孩子们把街头服饰与高级时装、甚至是Tumblr等网站上的内容混在一起，很难以一种外科手术式的方式锁定目标人群。没有多少有影响力的人在照片墙上关注多个品牌。他们很积极地浏览，但并不真正关注或留下评论，所以更难以收集数据。品牌现在所做的是在照片墙上收集用户信息，然后在脸书上针对目标客群投放广告。在照片墙上喜欢的东西会在脸书上成为目标，所以这确实有效。

迪塞尔还出现在了Grindr和Tinder网站上。这些想法的背后是尼古拉·弗米切提（Nicola Formichetti），她是这个游戏的领头人，也是一个传播天才。他改变了我们在网上对迪塞尔的看法：每个人都在关注千禧一代；他在思考如何激励下一代，他建立了社区意识，始终以数字（媒体）为先。最新的活动使用表情符号，这是聪明的举动。唯一的问题是，在Tinder上出现一次，它只能起一次作用。把品牌伪装成噱头，每个人都在谈论，但人们只看到这一次，仅此而已。

问：要决定一个品牌在社交媒体上的调性，是不是很难？

答：马克·雅可布就是最好的例子。他们经常使用照片墙。他们有三个主要账号。一个是公司账号，用于宣传品牌和产品，推文程式化且很酷；另一个账号是马克·贾博斯（Marc Jabobs），非常诙谐、非常酷，他和朋友们一起出去玩（比如，他们复制了电影《超级名模》中的场景）；第三个是账号是内维尔·雅可布（Neville Jacobs），这是马克·雅可布的狗的视角。

照片墙上先是企业品牌、价值观和DNA，然后是幕后诙谐、更朋克的一面，最后是狗的一面。使用三个账号形成了一个很好的品牌概念，然后所有东西结合在一起。例如，苹果并没有在推特上建立品牌账号，而是创建了CEO账号；他活跃在推特上，不仅代表品牌，也代表个人。

品牌必须始终如一。我们为一些品牌管理内容，但不是所有品牌。我宁愿不再做这件事了。所有的东西都应该由自己制作或者至少由自己策划，特别是那些方向不那么明确的品牌。品牌可以是严肃和低调的；如果你不了解品牌，就不能理解品牌调性，那么就需要不断发送接收电子邮件，也会质疑"了不起（awesome）"这个词是否正确或符合品牌调性。

问：对于时尚品牌来说，您认为某些内容会比其他内容获得更多的观众反馈吗？

答：根据追随者的反馈过多地调整推广活动、社交媒体或数字策略是很危险的。得到点赞和正负面评论可能不是来自现有的客户，他们可能来自那些希望买得起品牌产品的人，也可能来自那些回复无关紧要帖子的人。使用更私人的声音可能意味着淡化。谈论我们失去狗有多难过，可能会冲淡一个奢侈品牌。赛琳（Celine）没有社交媒体账户，但它会让影响力人物在自己的社交媒体上发布帖子，所以它是间接地使用社交媒体。卡尔·拉格菲尔德（Karl Lagerfeld）的Karl.com在内容、电子商务和品牌推广方面做得很好的例子，它包括一个叫作"卡尔主义"（Karlism）的部分，阐述了他如何看待生活。

问：您建议时尚品牌多久更新一次社交帖子？

答：这要看是在哪个平台更新。如果你每天在脸书上发布25次帖子，你就会遇到关注者过多的问题。如果你在照片墙上发帖，目标受众会更灵活，因为年轻的孩子会消费更多内容。这要视情况而定，但你必须在方法上保持一致。最重要的是，如果创建了一个推特账户，你就需要使用它。

右图 迪赛尔的2016年春夏新品"Decoded"也由Spring Studios开发，其中包括该品牌开发的表情符号（这里是"holy denim"），以及中性化模特斯塔夫·斯特拉什科（Stav Strashko）。

holy denim

DIESEL

右图 卡尔·拉格菲尔德（Karl Lagerfeld）的"卡尔主义"（Karlism），网址为Karl.com。

问：您认为在未来五年内，社交媒体还会继续成为帮助品牌接触粉丝的驱动力吗？您有没有注意到其他正在出现的趋势？

答：我不认为我们现在可以让每天联网14个小时的人断开网络。我们必须变得更聪明。未来是细分市场，从约会网站就能看出来。市场会变得更加利基化；曾经的市场很大，但现在有了针对自行车手或攀岩者的专门市场。未来的品牌是Supreme或Palace，他们利用社交媒体来制造人气、期望和吸引力，但产品的实际数量相当低。我们仍在探索。我认为必须关注细分市场的街头服饰品牌，包括高端和低端时装。在Tumblr上，孩子们把滑板、纪梵希（Givenchy）和情感作品混为一谈——年轻的目标受众有着复杂的心理。未来是各种事物的混合体。我们必须理解科学，但内容是最重要的。发布很酷的内容，人们就会喜欢你的品牌；发布无关的内容，人们就不会想要关注你。内容就是未来。

潜望镜

潜望镜是一款适用于iOS和安卓系统的视频直播应用，在上市前于2015年1月被推特收购，并于2015年3月26日发布。与色拉布一样，潜望镜的设计初衷是播放冲动的、原始的、没有脚本的视频，可以访问和观看更真实、未经编辑的内容。由于链接到推特，通过推特分享观看视频，并可以向追随者发起实时对话。马克·雅可布（Marc Jacobs）、博柏利（Burberry）和Topshop等品牌已经在时装周期间采用了潜望镜。Topshop在活动相机（GoPro）上播放了摄影师尼克·奈特（Nick Knight）为该品牌2016年秋季"独一无二"时装秀拍摄的镜头，这可能最接近潜望镜的真正理念。

社交媒体可以用来做广告和宣传、进行促销或举办比赛、分析用户行为，甚至可用于直接购物。它可以作为推广渠道的核心，也可以作为推广渠道特定领域的关键驱动因素，是衡量用户对品牌反应的重要方式。要谨记的重点是：

- 准备好为曝光付费，但要创新，以符合平台要求。
- 提供利益或激励，实现互惠互利。
- 融合线上与线下体验。
- 大众化地使用以前独家的材料。

社交媒体是否可以作为销售的直接途径仍存在争议。脸书的应用程序嵌入了通往品牌电子商务网站的快速路线，拼趣使用了可购买"大头钉"，这些创新目前看来似乎更受欢迎，对社交媒体真实环境的直接入侵也更少。然而，考虑到观众对立即购买时装的需求增加，这几乎是必然发生的。经过社交媒体平台展示，博柏利在T台上出售的开创性系列肯定会被模仿。这必然会确保品牌及其买家都能从交易中获得最大的享受、额外的见解和利益。

参考文献

BBC News, 'Facebook has a Billion Users in a Single Day, Says Mark Zuckerberg', 28 August 2015, www.bbc.co.uk/news/world-us-canada-34082393

Cameron-Kitchen, Tim, and Yvonne Ivanescu, *Profitable Social Media Marketing: How to Grow your Business Using Facebook, Twitter, Instagram, LinkedIn and More*, Exposure Ninja 2016

Smith, Paul R., and Ze Zook, *Marketing Communications: Integrating Offline and Online with Social Media*, 5th ed., Kogan Page 2011

延伸阅读

Chaffey, David, and David Mill, *Content Is King*, Routledge 2012

Fill, Chris, *Marketing Communications: Brands, Experiences and Participation*, 6th ed., Pearson 2013

i-D magazine, Fashion issue, no. 341 (Spring 2016)

Spybey, Kat, 'Socialising with Generation Z', *Drapers*, 17 March 2016, www.drapersonline.com/business-operations/socialising-with-generation-z/7005108.article

Sutherland, Emily, 'The Sharing Economy', *Drapers*, 11 July 2016, www.drapersonline.com/business-operations/the-sharing-economy-turning-social-media-posts-into-sales/7008832.article

讨论

使用色拉布、潜望镜和Tinder等非正式平台的品牌面临哪些挑战？有什么风险？

丹尼尔认为，社交媒体的未来是利基市场—你必须非常了解你的受众才能保持吸引力。这意味着粉丝可能更少但更忠实。你同意吗？

思考社交媒体上出现的自恋主义倾向。作为社交媒体的一代，你感受到什么样的压力？你认为时尚品牌如何利用或鼓励自恋主义这种文化？

第七章

数字领域：电子商务和线上时尚推广

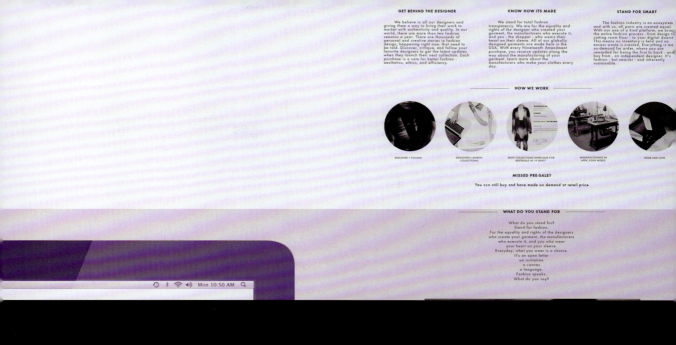

　　本章阐述电子商务的重要意义，涉及设计、功能和线上时尚购买者的购物便利性；介绍内容营销以及成功的电商网站如何发布优质的、有趣的内容吸引人们参与评论；探讨移动电商的兴起增加了对所有终端均可使用的响应式网站设计的需求；考察了可以吸引保留消费者、使其产生品牌忠诚（偏向购买）的技术；最后，探讨了品牌使用追踪技术来记录、分析、评估线上的消费者行为并对此做出反应。

全球时尚电商规模

尽管对发货、试穿、退货和支付安全的担忧依然存在，全球线上零售市场仍然蓬勃发展，预计到2019年规模[1]将达到4140亿美元（industryreportstore.com，2015）。市调公司欧睿（Euromonitor）2016年关于时尚购物的一项报告表明，服装和鞋履是互联网销售最多的品类，占全球互联网销售额的近五分之一。

Mintel的报告《服装零售》（英国，2015）中估计，有73%的时尚线上商店是多渠道零售商，也设有实体店；27%为纯线上零售。在2015年以Suki Waterhouse为主题的服装模特推广活动之后，亚马逊（Amazon.com）成功占据了纯线上零售市场的最大份额，实现了服装和鞋履9.1%的在线销售额。

网站设计和浏览便利性

品牌的网上视觉呈现至关重要，成功的网站设计代表了品牌形象，应使用交互式界面，便于消费者进行购物操作。作为整合传播的一部分，网站应通过网页布局、标志、产品图片、颜色以及传达的情感来展现品牌精神。对于线上时尚推动者来说，需要保持品牌故事、产品描述以及博客等社交媒体的创新性和互动性的压力日增。

登录页面的外观和首屏内容（观看者在界面滚动之前可以看到的直接视觉空间）对于吸引受众至关重要。一旦消费者登录进去，网站就要设法引导消费者进入一个可以安全购买的环境，并能通过简单操作（如尽可能少的点击）进行点赞、评论或分享。同样重要的是，要在网站上提供清晰的博客和社交媒体链接，引导消费者与品牌互动交流。

令人惊讶的是，网页平均弹出时间仅约3.8s，在此期间消费者会感到无聊、沮丧，或离开网站，而75%的观看者在等待5s后关闭了页面。因此，网站在视觉上引人入胜且易于浏览变得日益重要。事实证明，使用一些技术可以让消费者感觉与网站更加契合，使其能够发表评论或参与其他创造性的互动，可以成功地将浏览者转换为购买者。

登录页面布局

创意代理机构Diligent Commerce的总经理西蒙·贝尔（Simon Bell）基于全响应式布局的发展趋势提出了用全角图像填充网站登录页面（请参见第122页）。另一种成功布局是让图像或宣传特价商品的销售标语体现流行新趋势和新款商品，直接引导消费者购买。Net-a-Porter网站的线上杂志风格带来了杂志样式的网站布局新趋势，其他时尚网站和线上零售商争相效仿。Net-a-Porter的这种杂志风格网站取得了成功，2013年促成了月刊Porter的发行，该杂志以印刷版和线上版同步发行。

然而，网站设计师建议，无论网站采用哪种格式，都应将某些元素（如"添加到购物篮"按钮、付款详细信息、博客及社交媒体链接）放在其他成功时尚网站相似的位置，以免造成混淆。为了增强消费者的体验和回忆，可以对问候语或购物篮图标等内容进行个性化设置。

在竞争激烈的行业中，产品图片可能最能体现品牌的线上形象。这些高清镜头的作用不容小觑，如有必要，应通过修图以呈现产品最好的效果。相应的产品说明等内容应是原创的、准确的和充满创意的，最好含有购物者在按产品（而不是零售商）进行搜索时可能输入的关键词。

大多数品牌在顶部菜单中都设置"关于我们"或"关于公司"链接。通常包含品牌故事和创始人创业历程，可以增强消费者对品牌和创始人的信任。较大的线上零售商通常并不会采取这样明显的做法。

---

[1] 原书出版于2018年。

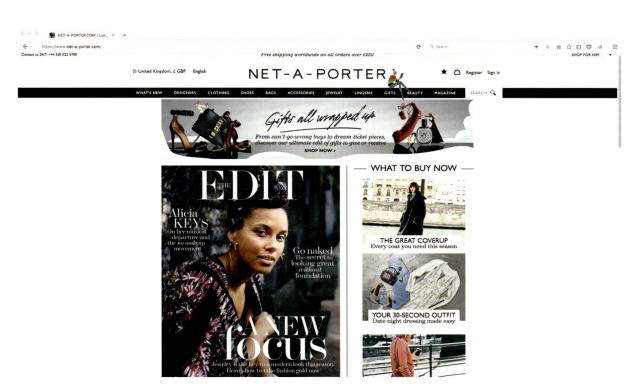

上图 Net-a-Porter登录页面。

左下图 2010年"洗衣女工牛仔裤"原照片。

右下图 同样的照片经修饰后，双腿上部多余的折痕消除了，膝盖处也更平整了。

西蒙·贝尔（Simon Bell）是Diligent Commerce的总经理和联合创始人，该公司专门为奢侈品和高级时尚品牌提供创意电子商务解决方案。Diligent成立于2011年，现在是一支由20人组成的强大队伍，包括客户和项目经理、专业的网页设计师和开发人员以及电子商务营销专家，还使用外包的专业人员。

Diligent的目标是为那些热衷于在网站上体现其创新精神、希望将高度互动的内容转化为销售的品牌创建极具吸引力且具有身临其境体验的电子商务网站。Diligent的基础工作是创造一个与店内奢侈品购物体验相符的优质线上环境。在时尚领域其他享誉盛名的公司中，Diligent为高档泳装品牌Melissa Odabash、纯线上销售的海滩装品牌Maison du Maillot、总部位于柏林的牛仔布专家1408、传统裁缝Crombie和获得皇室认可的奢侈品牌Amanda Wakeley创建了网站。在撰写本书时，它刚刚赢得了彩色钻石专家、高档巧克力品牌和婚礼装扮商的青睐。

问：您认为用全屏图像将很多内容呈现在首屏上，是Diligent外观的特征吗？

答：全屏是一个特征。现在固定宽度看起来过时了。使用全屏宽度，可以在不同设备之间实现完全响应，并具有高清效果，从而提供更加现代的沉浸式体验。折叠起来没有太大的意义，现在消费者有了更多经验，更习惯于滑动、按压、轻弹屏幕等。

问：根据您的经验，在时尚网站中使用视频是不是一件好事？

答：博柏利等公司所使用的那种将鼠标悬停时可以播放的视频，当与固定图像拼接在一起时就可以很好地播放移动图像。但是那种必须由观众来操作启动和停止播放的视频，或者不受限制播放的视频效果不好。

时尚网站会使用越来越多的视频，可能采用较短的形式。由于可以观看服装如何移动以及服装在模特身上的样子，因此会提高产品详细信息页面上的销售转化率。视频使服装栩栩如生。

问：以您的经验，时尚网站首页上是否还可以使用其他类型的图像或技术？

答：除了面向所有设备优化的网站的发展外，更多的个性化以及使用能够识别购买者的先前行为和商品的技术，这些都取得了很好的效果。大多数客户都强调转化率，而高级时装的转化率仅为1%。尝试改善这一点确实会陷入对转换率的痴迷。需要注意的是，即使在高端市场也会使用相同的结构：标准。例如始终在右上角设置一个购物篮，以及一个醒目的"添加到购物篮"按钮。因此，品牌很难真正发挥创造力。在大多数（如果不是全部）网站上用户购物流程都类似。受众会期待一个特定的流程，品牌表现前卫就要自己承担风险。例如，谷歌支配了搜索的重要性，因为它识别了登录页面和列表页面上的某些内容组件。随着时间的推移，客户会变得越来越自信。当我们追求销售量最大化时，就建立了规范。实际上，我们已经接受了对标准的改变；目前线上销售需要一定数量的支持。

问：品牌故事在网站开发中的作用有多重要？

答：它将变得更加重要。有以下几个影响。例如，谷歌获取内容，剔除虚假信息，反映出真正的对话。如果有人围绕某个原始内容（如博客和品牌故事）展开并促进对话，谷歌就会通过提高搜索排名来进行奖励。单一品牌零售商必须努力打败那些线上百货商店的多品牌公司。单一品牌必须使线上体验有价值；一定要比去百货商店更吸引

下图　Diligent公司制作的梅莉莎·奥达巴什（Melissa Odabash）网站上的电子商务简报。

底图　Diligent公司为梅莉莎·奥达巴什提供的完全响应式解决方案。

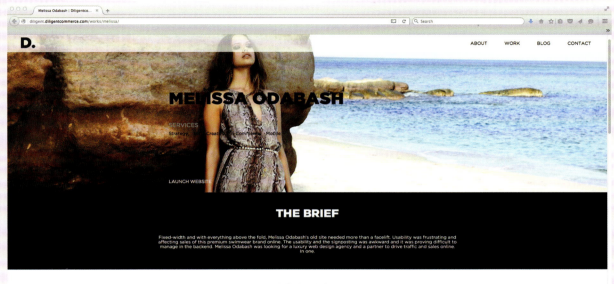

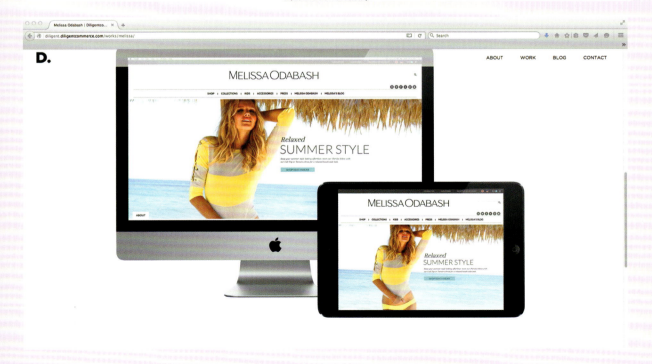

人、更有意义、更有趣。这是一个挑战，但零售商应花更多的时间和精力为其电子商务网站建立品牌声誉，用品牌故事来愉悦和吸引消费者。橱窗购物者可能要过几年才能实际购买商品，因此，品牌故事必须足够强大才能留在他们的脑海中。

问：对时尚网站来说，社交媒体的明显链接仍然重要吗？

答：就像博客对提高信誉很重要一样，社交媒体链接也必须在网站上明显显示。品牌和零售商需要考虑的流程更多，而不仅是从浏览到付款。在体验方面，客户通过浏览来了解品牌，然后（有时甚至很久）才再次去橱窗购物。社交媒体通过提供信息和建议（如在即将到来的活动上穿着什么服装），帮助建立品牌与消费者沟通的方式，并可视化地呈现消费者在不同情况下如何使用产品。社交媒体也可以帮助提升谷歌排名，因为它被认为是真正的线上对话。社交媒体主页为品牌增加了逻辑性和不同的维度：推特有助于提升品牌的新闻价值；脸书为品牌添加了友好的社交元素。

问：轻松浏览网站有多重要？

答：通过移动网站进行的销售开始占主导地位。响应式网站必须能在所有机器上运行，但是移动电商是线上购物的主要驱动力。产品必须易于查找、易于搜索和易于购买。如果付款页面或结账过程看起来太可怕或令人恐惧，或者购物者跳转到另一个页面，则他/她可能会放弃购买。付款问题是时尚网站未达成销售的最大原因。

问：时尚领域还有什么内容可以鼓励消费者浏览和购买？

答：重要的是要考虑电子商务网站附带的营销内容。

人们不仅是来买东西。编辑内容（如杂志风格）也会产生很好的效果。这些资料说明了品牌是谁，代表什么，提供了背景故事和要传达的品牌形象。来源、真实性和可靠性（这些以前可以从广告中获得）对读者来说很重要。人们需要购买品牌来证明购买的合理性。

朋友们可以通过社交媒体提供建议，但是专家的时尚建议会更加有用。品牌将富于探索发现的杂志内容与社交元素和实际购买结合起来，就是真正充分利用了线上机会。

问：您如何看待电子商务的未来？

答：20年后，我们会觉得以前使用键盘很有趣。在整个过程中，包括最终的销售过程，都可以直接用语音命令进行互动。这种情况将推动更多的创造力。更多视频将发挥作用。小品牌的竞争将更加艰难，但人们将开始倾向于更具创意的产品。电子商务将日趋饱和，但背后蕴藏着巨大的动力——这将是有趣而令人兴奋的！

移动电商、响应式设计和时尚APP

西蒙·贝尔的采访提出了移动电商的重要性和他所说的"完全响应式设计"的问题。这些要点将在本节中进一步讨论。

移动电商和响应式设计

根据欧睿公司（Euromonitor）的报告《2016年快速时尚：数字机会和灵活挑战》第二部分，预计2019年❶全球手机购物将超越计算机购物。移动电子商务的成功源于连通了消费者的日常生活，能够提供即时位置数据。根据凯特·斯比比（Kat Spybey）在 *Drapers* 中的文章（2014），仅2014年第一季度，英国零售网站的线上流量中就有34%来自手机。2013年，时尚消费类目占英国移动流量的42%，在网站访问量方面仅次于图书类目。

浏览具有移动电商功能的网站所花的时间比访问没有移动电商功能的网站所花的时间长三分钟，并且此类网站的退出率可以降低20%。强烈建议线上时尚零售商不要忽略响应式设计，即网站通过自动调整在台式计算机、平板电脑或智能手机上都能运行良好。具有此功能的网站被称为"完全响应"。

下图 米兰风格（Milan Style）是汤姆·沃尔什设计（Tom Walsh Design）创作的时尚内容策划。它实现了"完全响应"，无论在台式计算机、平板电脑还是移动手机上观看都具有同等质量的体验。

时尚APP

时尚APP更接近消费者、更有针对性，将浏览转化为销售的速度是普通网站的两倍，可以使销售量增长10%，退出率也可以减少50%。APP可以是"本机开发"（可以在支持零售品牌定制的特定平台上运行），更常见的是由第三方开发人员定制以适应品牌需求。APP功能可以与GPS配合使用，提供基于位置的信息和奖励，通过社交媒体保存、共享或获取专有内容。APP生成的推送通知（针对性消息）通过有趣的内容、新闻或优惠活动直接吸引用户。

软件（如Cortexica）的"查找相似"功能正在彻底改变应用程序提供创新和吸引用户的服务理念的方式。使用Snap Fashion这类软件时，用户可以拍摄意向商品照片，之后软件会深度搜索零售商的库存数据库，查找到相似的产品。该软件的工作机理在于模仿大脑发现物体之间相似性所遵循的过程。零售商获得了更多网站访问流量，并向APP的开发者支付佣金。

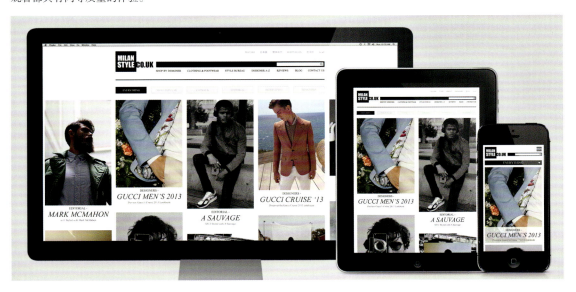

❶　原书出版于2018年。

网站和内容营销

　　大多数品牌和零售商都以其网站为核心，向购物者发布线上内容，内容包括博客、社交媒体供稿以及网站上的沉浸式文本。

　　品牌使用博客来优化文本，通过发布有趣和易产生话题的帖子，促进与消费者直接进行有价值的双向对话。博客有助于培养与目标受众的关系，采取共享内部知识、风格建议和出色创意摄影（消费者想要进一步分享）的内容策略效果很好。

　　时装品牌和零售商是否需要提高编辑内容的质量和数量，目前存在很大争议。根据詹姆斯·卡森（James Carson）发表在*Econsultancy*博客上的《2014年最佳实践指南》（*Best Practice Guide*），许多时尚品牌除了发布产品和竞争新闻外，并没有更多地使用编辑推送。他对20个时尚网站进行了研究，结果显示：

- 社论与网站的整合不善，缺少品牌博客的清晰链接。
- 发布频率低：许多网站每天发布的故事少于一个。
- 建议内容很少：仅给出了一些风格建议的示例或风格提示。

右图　美国品牌J.Crew使用其博客hello.jcrew.com向追随者发布包罗万象的内容，例如设计师如何创作主要作品和成品，设计师的草图是如何更新的，如何在T台秀上以及品牌首席设计师的时尚建议中呈现美感。

下图　零售品牌Anthropologie使用博客为读者提供有关室内设计、食谱、城市指南、简短采访以及生活方式等方面的建议。

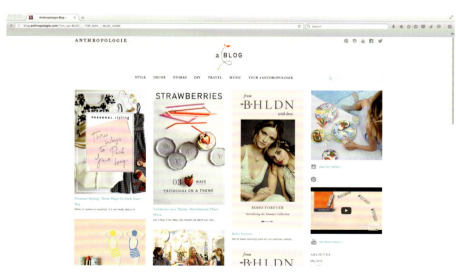

- 标题不佳：标题不能说明内容，也没能进行优化，读者无法通过搜索相似术语找到文本。

线上时尚零售商的文本发布必须与传统的时尚发行来源一样有效，这是一个巨大的挑战，但Diligent Commerce的西蒙·贝尔（见第122页）认为这是取得成功的关键。贝尔认为，较大的厂商（如ASOS和Net-a-Porter）目前正在取得最佳结果。

消费者贡献

品牌努力创造有吸引力且具有"黏性"的内容，为消费者创造愉快的网购体验，从而产生销售。

约翰·弗鲁沃格（JOHN FLUEVOG）

加拿大的古怪高端鞋履品牌John Fluevog很好地说明了如何在网站上呈现品牌信息和消费者心声，实现二者有机平衡。通过评论和奖励创新来鼓励消费者参与，需要注意以下几点。

- 使用大幅面、清晰、可滚动的产品图片，消费者可以评价。
- 生动热情的描述可以设定品牌的调性。John Fluevog的鞋或"Vogs"是以产品"家族"的形式设计的，其独特卖点（USP）是舒适和时尚。大多数描述都解释了这款鞋如何适合现有的系列，或提供了设计师关于其发展的见解。专家认为，对产品舒适性、合脚性的评论（可能是负面的）能为销售提供有用的建议。
- 消费者评论往往遵循相同的精神和语言，提出的问题也对将来的购买者有用。
- 邀请消费者上传买家秀。在照片墙中使用适当的标签抓取网站上的照片。这些可以有效地可视化展示鞋品与服装搭配，营造不同风格的感觉。
- 网站运营的品牌博客有Flueblog（以强烈的视觉效果、Instagram风格显示）和Fluemarket（线上二手交易市场）。品牌还举办了Open Source Footwear论坛，公众可以提交产品设计，入选后获得赞誉。
- 在网站另一板块Fluevog Creative中，消费者可以参与设计品牌营销活动。

左图　John Fluevog网站上的一个产品页面。

上图 附带产品评论的买家照片。

中图 在Open Source Footwear论坛中受众可以上传自己的鞋子设计。

下图 在Fluevog Creative板块中粉丝可以为品牌广告提供想法。

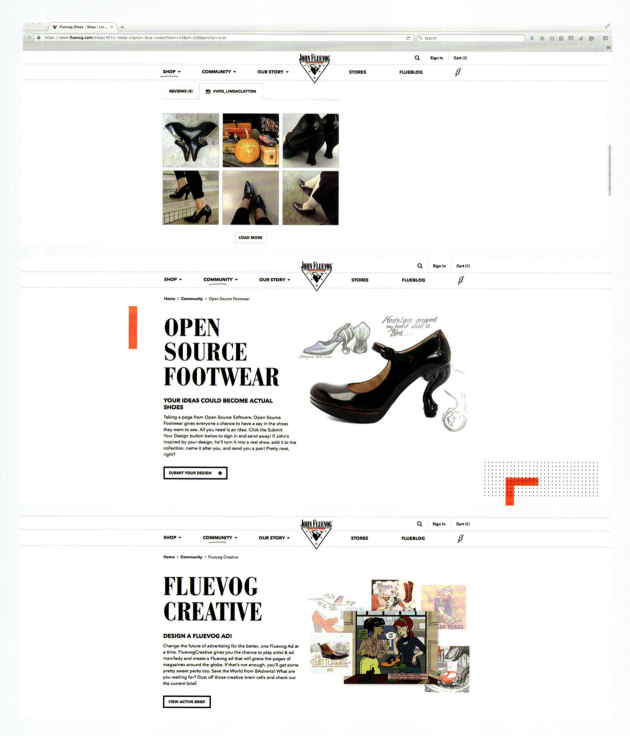

将浏览转化为销售的其他技术

以下因素是电子商务开发者要进一步考虑的，确保线上购物的合理性，并通过改进线上客户服务使受众产生价值感。

独特的交易模式

电子零售商正在寻找创新的方式，为访客提供独特或不同的体验，超越他们在商店中的购物体验。

例如，在美国网站cutonyourbias.com上，消费者可以与选定的设计师合作，并依据模板自己创建样式。之后，受众对共同创作的设计进行投票，最受欢迎的设计将投入生产。类似地，Trunk Club（trunkclub.com）通过预定设计师来选择大量服装，打破了传统的线上零售模式。购物者只为自己喜欢的样式付费，设计师利用这一点来定制未来的设计。

敏捷销售

高端电子零售商Net-a-Porter和年轻时尚线上零售商ASOS非常成功地使用了零售商控制的产品提示，如"我们推荐"或"完美外观"。这些信息有助于打造个性化的购物体验，并帮助访客在众多品类中进行选择。

2011年，ASOS与线上购物体验专家SDL Fredhopper一起，根据浏览器的购买历史和类似产品的购买情况，推出了个性化推荐。根据Fredhopper首席执行官乔里斯·贝克斯（Joris Beckers）所述（2011年艾莉森·克莱门茨在*Drapers*中引用过），这种体验尽可能接近店内购物体验：

> *就像在商店中一样，手边会有一名职员为您推荐产品，完成服装搭配，并展示符合个人尺寸、风格和兴趣的商品。推荐引擎会推动智能商品推销。这是至关重要的工具，给消费者更多他们想要的东西，对零售商来说意味着更高的销售额。*

市场领先者Net-a-Porter提供了一些建议，告诉人物如何把衣服打扮得时尚前卫，并为观众提供一系列他们可能更喜欢或感兴趣的类似选择。

上图 美国线上平台nineteenthamendment.com为设计师提供了可购买的产品集册。该网站的访问者可以访问全球设计师的独家作品，这些作品在19天之内能以优惠价格获得。样式是在美国按需制作的，可在短短四个星期内交付。这使设计师无须传统的库存成本就能销售，促进了生产和物流，并向他们提供了销售数据，以便他们可以做出更敏捷、更智能的设计决策。

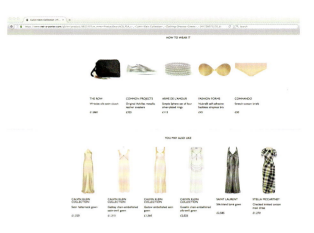

上图和右图　Net-a-Porter产品页；"如何穿着"和"您可能还会喜欢"的产品提示。

电子商务客户服务

除了通过复制和图像为消费者提供身临其境的体验外，重要的是要认识到市场领导者ASOS和Net-a-Porter有效的线上客户服务。零售商和品牌提供优质客户服务的方式之一是及时高效地回复电子邮件咨询。消费者还希望看到一个醒目的电话号码，它可以提供直接的联系方式，以及其他形式的查询回答，如"常见问题"页面。ASOS.com正在有效地使用技术来提供更好的线上客户服务。该公司开发了一些创新服务，如在推特上提供客户服务代表，以及"跟踪我的包裹"功能，让购物者实时跟踪自己的订单，以满足时间宝贵的年轻受众的需求。除了24小时全天候客户服务外，Net-a-Porter还为时尚顾问提供造型建议，如衣柜更新或帮助购物者为亲朋好友挑选礼物。

配送与配送服务创新

较大的线上零售商，例如亚马逊、ASOS和Net-a-Porter，已经建立了出色的快速交付系统，较小的品牌很难与之竞争。在某些情况下，通过这样的网站购买的某品牌商品可能比通过品牌自己的网站购买的交付速度更快。"点击并收藏"等服务的引入促进了线上购物的持续增长。Mintel2016年的报告《线上零售》（*Online Retailing*）估计，有59%的线上购买者使用了"点击提货"功能，主要是为了免邮费和便于店内取货。预计会有更多的创新，如设立更多的点击提货中心（火车站等便利地点），这将促进该地区的未来发展。大型线上零售商的其他配送新形式，包括90分钟配送、隔天达、夜晚配送和周末配送，甚至无人机配送都将推动增长。

高昂的配送费仍然是购物者在网上结账时放弃购物的重要原因。

配送仍必须尽可能价格实惠（最好是免费）且快速，但是一些创新方式（如ASOS配送到站点，人们可以在那试穿并立即退货）表明在这一领域取得进展是很重要的。

线上支付

支付过程曾经被认为是线上购物的主要障碍，而且情况仍然如此，大量线上销售由于支付页面过于复杂或明显不安全而流失。网站设计者建议注册受信任的安全支付系统（如PayPal）以避免订单被取消，因为它们已经被证明是可靠的，有助于将浏览者转变为付费客户。诸如GeoTrust之类的公司可以提供安全证书（SSL），通常会在付款页面上以盾牌徽标的形式出现。如果保留信用卡等详细信息为纯文本格式，在浏览器和Web服务器之间传输时则很容易被滥用。使用SSL安全技术可以确保用户在线上支付时与Web服务器的连接是安全的，对上述信息加密，从而使消费者放心购物。

搜索引擎优化（SEO）

　　了解搜索引擎优化的目的和功能有助于所有时尚推广者，为图像编写文本，或者考虑博客、社交媒体和发给客户的电子邮件如何加强线上零售。时装界达成共识，尽管还有其他搜索引擎需要考虑，但许多时装公司都在努力与谷歌合作以优化其网站（谷歌用于80%的在线搜索）。

搜索算法

　　搜索算法是一种计算机程序，可以扫描我们的搜索查询，以获取200多个关于实际需要的信号或线索。因此，算法优化了我们的搜索，并避免了被不必要的信息轰炸。谷歌偶尔会对这些程序进行重大更改，并更新为Panda、Penguin和Pigeon等名称。许多更新的目的是奖励提供正品的品牌和零售商，如果与消费者的搜索字词匹配，可以提高该品牌在谷歌搜索结果中的排名。2013年8月，谷歌发布了Hummingbird，该程序可扫描互联网上的聊天内容，以获得真实对话和产品评论。这个功能可以发现有关特定品牌或商品的线上对话，而不是在搜索框中输入的单词。

内容搜索引擎优化

　　所有网站开发人员都鼓励使用差别化的副本（如标题），当消费者使用与副本相同或相似的字词（如"本地制作"或"定制牛仔裤"）时，通过被标记来帮助实现搜索引擎优化。如果这些标题越来越长或具有更多描述性内容，则可以与算法更有效地配合使用，如"本地制造的高腰牛仔裤，带有剪裁细节"。类似地，如果消费者直接搜索产品名称，还可以标记图像标题。维护零售商或品牌自己的博客和社交媒体也可以重述这些短语和标题，并且有助于创建有机搜索引擎优化。提升内容搜索引擎优化的另一种策略是与外部意见领袖联系，通过被公认为准确趋势信息的可靠来源，从而促进文本的自然推广。

技术搜索引擎优化

　　技术搜索引擎优化包括直接与谷歌或其他搜索引擎竞标利基关键字和短语，以提高品牌在搜索评分中的地位。这些关键词可能是关于独特的品牌描述性术语，如收藏影响力（"波希米亚风"），甚至是季节性的关键词（"闪光"或"钻石"）。这通常由搜索引擎优化的内部专家或独立专家执行。

　　与社交媒体策略的缓慢发展相比（尽管其中一种可能会支持另一种策略），搜索引擎优化提供了一种行之有效的途径来提高投资回报率（ROI），其效果可以通过点击率衡量。即使对于预算小的品牌来说，这也是一个有吸引力的考虑因素。

网站联盟和点击付费

　　外部网站可能会按点击付费（PPC），为从一个站点到另一个站点的点击支付一定的费用。作为所谓的"搜索引擎PPC"的一个示例，谷歌开始向线上零售商收取每次点击的费用，这些点击会出现在其可视购物清单中。零售商可以针对愿意为每次点击支付的价格进行竞标，并且只支付从购物清单到其网站的点击费用。由于谷歌将这些图像直接放在搜索结果的顶部，尤其是搜索字词包含特定产品或零售商名称，这可能成为一种提高网站访问量的有效方法。

　　一个品牌也可能由于产生潜在客户或销售而向另一个品牌支付佣金，这叫作网站联盟。关联企业可以有效地促进品牌网站和共享兴趣论坛之间（如本地制造商品或名人报道网站）的访问量。品牌可能有一个PPC和企业网络关联，这种方式将增加其网站的访问量。

消费者界面的7c模型

克里斯·菲尔（Chris Fill，2013）在总结到目前为止所讨论的各个方面中，引用了杰弗里·雷波特（Jeffrey Rayport）和伯纳德·贾沃斯基（Bernard Jaworski）的"消费者界面7C"模型（2003），它提供了一个好网站必备要素的清单。以下清单是对他们研究发现的更新：

情境（Context）
即使消费者在线上变得越来越有信心，也要考虑首屏显示的内容，使用全屏图像，可以是视频、销售图片和横幅。

内容（Content）
文字必须具有创意和原创性，并能促进消费者的交流；图像应仔细修饰并以最新样式不断更新，以吸引消费者到达店内。在产品详细信息页面上使用视频是有效的，因为它比静态图像具有更高的销售转换率。

社区（Community）
提供立即或几乎立即可见的链接来指向社交媒体源和博客内容。考虑加强参与的机会，例如共同设计产品或推广活动。

定制（Customization）
将功能性部分（例如购物篮）放在熟悉的地方，也可以考虑提供个性化的问候语、图标、推荐以及查看功能。

传播（Communication）
定期维护和更新社交媒体平台和博客，考虑如何让消费者参与到趋势、产品甚至营销发展中来。

交易（Commerce）
尽量减少从产品图片到购物篮再到付款页面的点击，并且过程尽可能简单。考虑独特的交易模式。

连接（Connection）
考虑购物者如何与零售商或品牌直接接触并沟通。考虑通过PPC或联盟网站吸引流量。

评估线上行为

发起人如何判断他们采取的措施是否有效？谷歌提供谷歌通用分析（Google Universal Analytics），这是一组帮助线上零售商跟踪与追踪消费者行为和网站互动的工具。以下形式显示每月信息：

- 网站使用率：访问者数量、页面浏览量、跳出率、在网站上花费的平均时间、网站新访问者的百分比。
- 访客概述：整个消费者访问月份中的高峰和低谷。
- 地图着色：流量来源的直观显示。
- 流量来源概述：来自搜索引擎、会员或推荐网站的点击次数或网站直接点击次数明细。这突出了搜索引擎优化的重要性，并指出使用了哪些搜索词。
- 内容概述：最受欢迎页面的摘要。
- 技术资料：显示浏览器类型和产生匹配的连接类型。

谷歌建议将跳出率保持在45％以下，因此Laundry Maid Jeans网站上的行为（见右图）表明网站导航可能存在问题，或者消费者在购买前离开了网站。

纯线上时装零售商在提供24小时销售、改进送货方式和优质的客户服务方面已经取得了巨大的成功。但是，有必要继续创新和创建独特的交易模式，因为实体商店已经看到了这些优势，并正在寻求将其整合进自己的实践中。本章中的示例为线上购物者提供了其他地方无法提供的新设计师，或者提供了超出标准线上交易的样式化服务。诸如此类的想法以及制作精良的内容（用于激发并吸引受众）将是未来线上推广的关键。

洗衣女工牛仔裤
指示板

2009年7月4日～2009年8月3日对比变化

访问量

30
10

2009年7月6日　2009年7月13日　2009年7月20日　2009年7月27日

网站使用情况

访问量：192　　跳出率：48.96%

页面浏览量：635　　平均浏览网页时间：2分39秒

每次访问平均浏览页：3.31　　新访客百分比：77.08%

访客概括

访问量

20
10

2009年7月6日　2009年7月13日　2009年7月20日　2009年7月27日

访问量：163

流量来源概括

■ 搜索引擎84.00（43.75%）
■ 推荐链接网站64.00（33.33%）
■ 直接流量44.00（22.92%）

内容概况

页面	页面访问量	百分比
/index.php	171	26.93%
/jeans-c-1	148	23.31%
/skinny-jean-c-1_6/skinny-jean-	43	6.77%
/shopping_cart	37	5.83%
/tailored-jean-c-1_7/tailored-	36	5.67%

来自30个国家或地区的访问量：192

网站使用情况

访问量：192　　每次访问平均浏览页：3.31　　平均浏览网页时间：2分39秒　　新访客百分比：77.08%　　跳出率：48.96%

国家或地区	访问量	每次访问平均浏览页	平均浏览网页时间	新访客百分比	跳出率
英国	64	4.53	00：04：48	59.38%	31.25%
美国	41	1.76	00：00：30	95.12%	68.29%
澳大利亚	19	4.37	00：04：39	57.89%	36.84%
德国	10	3.90	00：01：46	80.00%	50.00%
加拿大	5	3.20	00：00：38	100.00%	60.00%
阿根廷	4	2.00	00：00：24	75.00%	75.00%
中国	4	3.00	00：01：02	100.00%	25.00%
法国	4	4.50	00：00：52	100.00%	75.00%
巴基斯坦	4	2.75	00：02：06	50.00%	50.00%

谷歌分析

上图　Laundry Maid Jeans使用谷歌通用分析跟踪了澳大利亚营销活动的影响。

参考文献

Carson, James, 'Four Key Trends from the Fashion Ecommerce and Content Marketing Report', 16 December 2014, www.econsultancy.com/blog/65906-four-key-trends-from-the-fashion-ecommerce-and-content-marketing-report

Clements, Alison, 'Turning Browsers into Buyers', *Drapers*, 20 May 2011, www.drapersonline.com/retail/ecommerce/turning-browsers-into-buyers/5025508.article

Euromonitor, *Fast Fashion in 2016: Digital opportunities and agile threats part 2*, 2016

——, *Shopping for fashion: Bricks, clicks and in-betweens*, 2016

Fill, Chris, *Marketing Communications: Brands, Experiences and Participation*, 6th ed., Pearson 2013

Industryreportstore.com, *Clothing and Footwear Continue to be the Fastest Growing Sector in Retail Space*, 2015

Mintel, *Clothing Retailing*, UK, 2015

——, *Online Retailing*, UK, 2016

Spybey, Kat, 'Ecommerce: The Rise of Image Recognition Technology', *Drapers*, 6 August 2014, www.drapersonline.com/business-operations/digital-/ecommerce-the-rise-of-image-recognition-technology/5062950.article

延伸阅读

Hepton, Anna, 'Drapers Digital Awards: Startups Shortlist', *Drapers*, 12 March 2015, www.drapersonline.com/business-operations/drapers-digital-awards-startups-shortlist/5072800.article

Knowles, James, 'Style and Substance: Using Editorial Content to Drive Online Sales', *Drapers*, 28 June 2014, www.drapersonline.com/business-operations/digital-/style-and-substance-using-editorial-content-to-drive-online-sales/5061711.article

Kulmala, Marianne, Nina Mesiranta and Pekka Tuominen, 'Organic and Amplified eWOM in Consumer Fashion Blogs', *Journal of Fashion Marketing and Management: An International Journal*, 17/1 (2013), pp. 20–37

Rayport J.F. and Jaworski B.J., *Introduction to E-Commerce 2nd edition*, McGraw-Hill 2003

Sharma, Amen, *The Google Checklist: Marketing Edition 2016*, CreateSpace Independent Publishing Platform 2016

Smith, Nicola, 'Searching Times: Keeping up with Google', *Drapers*, 28 June 2014, www.drapersonline.com/business-operations/digital-/searching-times-keeping-up-with-google/5061710.article

讨论

　　想想你曾经停留和浏览过的时尚网站。他们是如何阻止你"跳转"到另一个网站的？

　　想想你最近一次网上购买的时尚产品，以及从购买到交付到退货的过程。是什么帮助你决定购买？还有什么因素会影响你的购买决策？

第八章

人员推销和线下时尚零售

colette

　　对于许多较小的时尚品牌来说，在企业对企业（B2B）电子商务和企业对消费者（B2C）电子商务情境下，销售艺术很关键却又容易被忽视。本章表明，推销是实现可控投资回报（ROI）和增加曝光的最快速的传播组合方式之一。本章探讨了企业对企业（B2B）销售和企业对消费者（B2C）销售的问题，并提出说服策略的作用，在电视购物频道的B2C销售中已成功使用说服策略。上一章阐述了线上零售，而这一章讨论零售概念（旨在为购物者提供独特体验）以及零售创新者如何融合线上和线下为消费者提供无缝的全渠道体验。

人员推销：一个传播工具

回到克里斯·菲尔（Chris Fill）的4C框架（请参阅第53页），该框架总结了每种传播工具的关键特征，借此分析人员推销的利弊（参见下表）。

人员推销的优势

- 人员推销是一对一的交易；在所有传播工具中，个人推销传递个性化信息的能力最强，销售人员与终端消费者或客户企业之间的互动水平很高。
- 良好的关系技巧可以解决双方之间的失信情况。
- 可以直接根据销售或订单对人员推销是否成功进行评估。品牌可以直接了解销售数字对投资回报进行管理。

人员推销的劣势

- 成本可能很高（如菲尔的图表中所述），但人员推销适用于使用佣金制销售队伍的大型公司或使用销售人员的零售商。正如Trapstar的例子所示（参见第138页），较小的公司可以自

己采取行动。通常，零售商和终端用户都乐于面见品牌创立者。

- 通常，人员推销本身并不能提高品牌知名度；如果现有市场上没有需求或品牌从未出现，则很难实现任何销售。
- 可能导致采用负面的销售技巧，例如为取得成果而采取激进行为。

人员推销的主要特征是可以根据销售情形传送有针对性的消息。销售人员会熟练地与买家进行一对一或二元（两人互动）的交流。可以根据单个客户来确定交流的方式，采用简单的技术，例如身体向前一步来吸引买家，利用肢体语言建立沟通的纽带，或充满激情地对产品及相关知识进行介绍。

时尚行业中的人员推销

时尚行业中采用人员推销的场景主要有两种。

- B2B交易。品牌或生产商寻求合适的零售折扣店将其服装出售给他们，并与必要的买家或商店所有者进行交易，销售开发的产品品类。这也称为批发。
- B2C交易。拥有开展零售店的公司招聘零售人员，直接向消费者进行前端销售。

许多大品牌（如汤米·希尔菲格都有这两种类型的员工。他们有批发业务，将产品出售给选定的独立商店（单个商店或小型连锁店）和全球范围内的大型百货商店及其品牌折扣店。B2C销售也包括线上销售（参阅第七章）和电视购物销售（尤其适用于直接向观众销售服装和配饰，特别是珠宝）。

传播工具的4C对人员推销的分析

传播效果	人员推销
传播私人信息的能力	高
到达广大受众的能力	低
大众互动水平	高
可信性	
目标受众对广告信息的信任	中
成本	
总成本	高
平均成本	高
浪费	低
投资规模	高
可控性	
针对特定受众的能力	中
依情况进行调整的能力	中

上图 巴黎Saint-Honoré街上的科莱特时尚店（Colette），世界顶级独立商店之一，因综合高端品牌并与设计师独家合作而享誉盛名。店员们具备最前沿的时尚知识，销售各式各样的品牌。

左图 MM6，Maison Margiela在韩国首尔的旗舰店，由韩国建筑师Mass Studies设计。该商店最初是为马丁·马吉拉（Martin Margiela）的同事、比利时解构主义者安·德梅勒梅斯特（Ann Demeulemeester）设计的。内部和外部的结合反映了两个品牌的质疑精神和聪明才智。在那里工作的员工代表了这些精神和智慧。

进入商店：Trapstar

街头服装品牌Trapstar的创始人之一麦奇·特拉普斯塔（Mikey Trapstar）曾在伦敦出售杜嘉班纳和莫斯奇诺（Moschino）等意大利品牌，了解了零售业。后来他和两个儿时的朋友开始为自己和其他几个朋友制作衣服，表达出他们对街头文化的热爱，2006年Trapstar这一品牌诞生。他们面临着全世界小型新兴时尚品牌常见的问题：大型公司的营销预算多，能为零售商带来客流量，在面对与他们的竞争时如何吸引零售商的兴趣？Trapstar认识到有限的供应量是一种驱动力。与日本品牌A Bathing Ape（仅向极少数商店发售少量商品）早期采用的方式类似，当地对Trapstar的需求迅速增长。

然而，零售商仍然拒绝销售Trapstar。该品牌太年轻、太缺乏经验、太小、太陌生，无法引起人们的关注，难以激发人们对服装的购买欲望。不过，该品牌在伦敦的波多贝罗路（Portobello Road）上找到一家商店愿意合作。如果Trapstar在某个周末的店内活动创造了必要的口碑，则商店就会销售它。把目标客群召集来，并搭配合适的产品，一个周末商店"入侵"想法就诞生了。

实际上，Trapstar在另一家商店中推出了自己的弹出式零售系统。一系列成功的商店入侵使该品牌有信心开设自己的旗舰店，百货公司哈维·尼克斯（Harvey Nichols）也因此引进了这一品牌，并邀请他参与了多个合作项目，包括指导新的创意人才。

Trapstar在全球互联网上发布了Jay-Z和蕾哈娜（Rihanna）穿戴品牌产品的图片，这些图片对于增加其曝光率起到根本作用，尤其是在美国声名大噪。然而，Trapstar没有进行时尚或市场营销方面的实际培训，也没有足够的资金和预算用于复杂的传播活动，尽管面临极大的困难，但仍然从零开始创建了一个有潜力在全球范围内引起街头服饰迷共鸣的品牌。在创造了草根对其产品的需求之后，他开创了一种将事件作为主要策略的销售技术。

右图 商店入侵模式下的Trapstar品牌。

企业对企业（B2B）销售

时尚公司销售业务的规模和范围在很大程度上取决于所涉及品牌或公司的规模。对于较小的初创品牌，例如Trapstar，销售最初可能是在内部进行的。在品牌成长后，必须决定如何吸引新客户、处理新订单和实施配送，这些都势必会在更大地区甚至更多国家发生。然后，大多数品牌需要与销售代理商合作，帮助实现有效的增长。

销售代理商

销售代理商通常实行佣金制，代表品牌在一个国家的指定区域或地区进行销售。他们可能会亲自带上产品到所在地区的商店展示，或者邀请买家到租用的陈列室。他们是店铺和品牌之间的重要纽带，提供有关销售内容、竞争对手品牌、受欢迎的推广活动和即将开展的活动等信息。他们与买家建立的关系对于时装这样的竞争性业务至关重要。如果价格、交货日期或质量持续存在问题，品牌很容易被替换掉。

销售代理商还可以确保销售点（POS）的宣传材料与其他活动的宣传材料协调一致，并帮助商店达到品牌要求的最低销量。时装被认为是有风险的业务，因此代理商可以要求更高的佣金，大约是该系列商品批发价格的10%~15%。批发价格由服装的到岸价格（面料、生产成本、饰物、标签以及运输费用）和一些增量（涵盖利润和品牌其他成本，包括销售佣金）组成。通常，批发价格是服装到岸价格的两倍。

为了吸引新客户、发展业务，品牌和设计师品牌通常会在国际时装周或展会上展示，具体取决于其市场领域（有关完整讨论，请参阅第十章）。展会是品牌销售代理商的论坛，可以在活动期间见到尽可能多的新老客户，向他们介绍新季产品系列。

下图 在柏林的Premium展会上，品牌销售代理商和模特为感兴趣的买家下订单。

分销商的作用

当品牌发展壮大或希望扩展到另一个国家时，通常会使用分销商，他们更熟悉目标地区或国家的商店选址和物流。有关安妮·麦考特（Aine McCourt）采访的扩展内容介绍了代理商和分销商之间工作方式的差异（参阅第142页）。分销商在展厅中销售品牌产品，同时分销其他品牌产品。他们代表品牌汇编订单，承担物流分拣，运送这些订单给每个客户，满足所需的交货日期。分销成本可能会对新品牌造成冲击，除非从一开始就将其计入批发价格。品牌在国外市场比在国内更贵，主要是因为存在分销成本。为缓解这种情况，品牌可以以折扣批发价向其他国家或地区出售商品。

正如Trapstar的例子所示，创新B2B交易模式可以削减线上交易的流程和成本，但不应立即忽略人员推销的好处。尽管人员推销并不是提高品牌知名度的传统手段，但它可以与另一种传播形式——公共关系（PR）共同使用，取得良好效果。将曝光（如博客上口碑传播、展会商业新闻报道或事件新闻报道）与人员推销结合使用，有可能建立、运行一个时尚品牌并开始产生一些现金流。如果没有其他预算，公关和人员推销是提高品牌在市场中知名度的最快方法。

企业对消费者（B2C）销售

在高街零售连锁店或品牌专卖店从事零售工作的销售人员尤其能感受到线上销售兴起所产生的影响。现在消费者经常在到达商店之前，就已经对想要的商品进行过比较，考虑过愿意支付的价格，搜索到诱人的促销信息，这些都是在线上完成的。

根据乔希·雷波维兹（Josh Leibowitz，2010）的说法，零售商进行网上销售，增加技术的使用，使客户和销售人员相分离。现在，购物者希望将时装店作为展区来浏览和试穿，但最终可能不会在店内购买。行业内将这种行为称为：

- 反展厅现象。线上研究，实体店购买。时装可能要比其他类产品好一点，因为一些购物者仍然喜欢在店内试穿服装。
- 展厅现象。浏览实体店，然后线上购买。这是在尝试线上促销或增加购物时间时的制胜方法。
- 回头客现象。购物者线上浏览，到实体店进行研究或试穿，然后线上购买。

这种行为将销售人员的作用减少到仅处理现金交易，因而销售动机有所降低。然而，雷波维兹（2010）引用了管理顾问麦肯锡（McKinsey）的研究发现，仍然可以吸引40%的消费者进入零售店。他们认为适当数量的知识丰富、训练有素、积极进取的销售人员对于创造合适的消费者决策环境至关重要。

彼得·麦高德里克（Peter McGoldrick，2002）也认为产品知识对于零售的成功具有重要作用。同时，销售人员的个性特征也十分重要。他指出有研究发现，态度热情的员工更有可能为购物者提供更好的服务体验从而产生销售。此外，格林伍德（2012）认为，销售人员可以反映目标市场，时尚专业学生通常会通过兼职从事时尚零售来维持自己的生活。时装、配饰和鞋履的冲动购买率很高，尽管在所有行业中这种冲动购买的情况都很多。约翰·伊根（2015）引用了全球零售业营销协会（Global Association for Marketing at Retail）2012年的数据，76%的购物仍在商店进行，而且其中的55%是冲动产生的。销售人员产品知识丰富、态度热情，推荐的商品能够贴合顾客的生活方式和外形特点，就可能具有强大的说服力。

西班牙零售连锁店飒拉（Zara）是一家时装公司，其管理层与店铺销售人员之间的良好关系使购物者受益。根据格雷厄姆·鲁迪克（Graham Ruddick，2014）所述，Zara的店铺经理每周两次向Zara总部的商业团队发送订单。这些订单基于售罄商品的数据，也参考了店铺顾客的偏好。Zara利用这些信息快速地为店铺补充货源，发现新兴趋势，告知设计团队。Zara的顾客可以从快速补货中获益，并且这些货源来源于顾客的喜好。Zara的销售经理如果达到销售目标，就会获得高达薪水一倍的奖金，这是一项额外的

左图 美国休闲服装巨头阿贝克隆比＆费奇（Abercrombie & Fitch）因为仅聘用苗条、有吸引力的销售人员而在欧洲市场受到批评。该品牌试图通过聘用这样的销售人员来吸引年轻、酷炫的购物者。

上图 2015年，苹果对技术熟练员工进行了设计知识重新培训，新闻报道了此事。这一举措旨在与苹果智能手表（Apple Watch）潜在消费者建立基于信任的对话。

激励措施。对于Zara的首席执行官兼董事长来说，这么做是为了激励人员，同时又不失人情味。

电视销售

在诸如QVC（质量价值便捷）和HSN（家庭购物网络）之类的有线电视购物频道上销售服装和珠宝已经取得了意想不到的成功。在电视销售中，一对一的人员推销体现在模拟的场景中，吸引观众到一个动态的对话里，对话双方通常是两位主持人，他们充满热情地介绍产品优点。

路易丝·弗里奇（Louise Fritchie）和金·约翰逊（Kim Johnson）在2003年进行的研究认识到说服在这种B2C销售中的作用。他们试验了六种说服策略，其中最成功的是：

社会认同。根据他人做法来确定行为方式。受众了解到很多人都购买并享用了某款产品。购物频道经常选择可信赖且备受喜爱的主持人，他们有忠实的追随者。

饥饿营销。商品稀缺或在供应耗尽前只有有限的时间可以购买。购物频道会采用库存告罄倒计时和买家来电反馈，这种形式反响热烈。

权威推介。记者或时尚编辑等专家可能会展示一些物品。名人通常会创建专属于某个频道的系列节目，或者被邀请来为节目增加分量。

在许多方面，这都与Trapstar的经历有关。看到人们（包括创作者）周末逛商店欣赏美装，是一种强大的说服力，创作者参与其他活动产生权威影响，也是一种强大的说服力。Trapstar也通过制造有限数量的商品来制造稀缺，进行饥饿营销。Zara生产小批量风险更高的产品，公开采用"货一卖完了就没了"的策略，让顾客不断来购买新产品。

Emily and Fin的安妮·麦考特（Aine McCourt）

澳大利亚人安妮·麦考特的职业生涯始于担任总部位于悉尼的销售和经销机构TheWardrobe的董事总经理，该公司经销多达25个品牌，客户群包括300家独立零售商以及澳大利亚所有主要的百货商店和零售商。之后，她去往一个前客户的公司One Teaspoon担任全球销售主管，后来又成为澳大利亚高级品牌Shakuhachi的品牌总监。她目前是英国品牌Emily and Fin的国际销售和市场经理。

Emily and Fin由艾米丽·惠特尔（Emily Whittle）和菲恩·阿默·布朗（Ffion Armour-Brown）于2002年成立，因迷人的复古感印花、细致的设计、款式和品质而著称。自从麦考特加入后，该品牌的零售商不断扩大，遍布欧洲、澳大利亚、新西兰、美国、日本和加拿大。该品牌在不同市场中分别拥有销售代理商和分销商，在爱尔兰、英国北部、比利时、荷兰和德国拥有特定代理商，在澳大利亚和新西兰拥有分销商。

问：品牌可以采取什么措施来帮助自己在一开始吸引销售代理商的兴趣？

答：投资制作穿搭手册和图像宣传。此外，确保已有成形的品牌故事和独特卖点。品牌必须能够传达其独特的魅力，否则就有被认为只是一个标签的危险。品牌还应着眼于线上业务，不一定是电子商务，但重要的信息和社交媒体资源是必不可少的。

为了使自己对潜在的代理商和/或分销商更具吸引力，品牌应该尝试自己进行一些销售。一个已有5~10名零售商的品牌更具吸引力，这也可以让代理商了解该品牌可以进入的商店类型。品牌想要的是已与目标市场中的零售商建立关系的分销商。

品牌还应该举办展会。如果代理商和/或分销商看到一个品牌一季又一季的展会，会认为该品牌是他们应该知道的。展会涉及大量的资金和长期投资。品牌应在至少三个季节的多个展会中展出，确定该展会是否是可行的销售渠道/地区。

问：您觉得预先营销对吸引代理商有多重要？

答：对于寻求代理商或分销商的品牌而言，任何预先营销或新闻报道，以及在博客、杂志、报纸或线上出版物中的产品植入都将非常有利。这使品牌在市场上具有权威性。

问：品牌如何与销售代表见面？

答：最好的方法是参加时尚社交活动和展会。与展会组织者建立关系是关键。组织者非常了解业内人士，可以向代理商和分销商进行介绍。品牌还可以通过向第三方代理商（如Anton Dell Fashion Consultancy）支付费用的途径，联系到全球代理商和分销商网络。

在全球范围内，一些国家或地区设有贸易机构，例如UKTI（英国贸易投资总署），可以帮助有意向的品牌与代理商和分销商联系起来。

问：大多数代理商如何与品牌合作？

答：一般来说，没有常设展厅的代理商仍然会在重要地区租用临时展厅。例如，可能租用旅馆房间作为临时展厅，在那里向感兴趣的买家展示产品样品。大多数代理商按相同的比例收取佣金，一般是10%~15%。佣金可能会有所不同，具体取决于品牌的成立时间，是否由代理商将品牌引入该地区，品牌是否移交现有业务等。在当前环境下，一般的经验法则是，品牌应预期按15%支付佣金。

右图　Emily and Fin2016年春夏穿搭手册封面。

emilyandfin
SPRING / SUMMER 2016

问：代理商与分销商之间的区别是什么？

答：本质上讲，代理商使用品牌的产品样品进行销售，并将最终的订单下达给品牌。品牌同意向他们支付10%～15%的销售佣金，在订单交付完成、商店向品牌付款后支付。

分销商购买品牌的产品样品，然后将他们获得的订单汇总为该品牌的批量订单，比品牌的总体批发价低25%～40%。使用此模式的分销商通常会在下订单时向品牌支付定金，订单商品准备就绪时会被运送到分销商的总部。定金作为品牌的财务保障，并有助于确保订单得到满足。小品牌可以借此支付生产费用，从而实现增长并保证现金流。

然后，分销商将订单分发给独立零售商，并催促他们进行付款。分销商模式适合较大的地区、品牌不熟悉的地区或存在语言障碍的地区。

付款条件可能有所不同，但一般而言是由分销商承担催促货款的风险，在订单发货之前向品牌付款。他们通常会要求30天的期限，但只有在品牌与分销商之间建立了坚实的财务往来关系之后才建议这样做。

问：品牌如何与代理商或分销商建立持久的关系？

答：代理商和分销商是品牌的销售力量和品牌成长的合作伙伴。重要的是要确保销售团队对品牌、故事、目标、未来有尽可能多的了解。他们是品牌大使，并代表品牌向客户展示产品，因此与之建立积极的关系至关重要。

参加系列回顾是必要的，以确保销售人员对产品系列有一定的了解，包括主题和灵感、搭配和价格、交货日期等。每个季节我会与每个代理商及其主要客户待一两天，并陪同他们到店走访。这会向代理商表明我们支持他们和零售商，并让代理商知道他们对我们品牌的重要性。我也喜欢与主要零售商举办产品之夜的活动，也会邀请代理商一起参加。他们非常感谢品牌对他们业务的投入。

问：品牌应向代理商或分销商提供哪些支撑材料？

答：确保销售队伍配备正确的资产非常重要。限额表、价目表和订单表格是代理商或分销商完成工作必不可少的工具。需要确保他们使用正确的币种。

时尚是一个视觉产业，购买者会对那些传达品牌故事、表达独特美学的精美影像产生反应。它可以帮助销售团队了解品牌观念，从而了解品牌在市场中的定位。传播活动系列手册和穿搭手册可能成本很高，因为在能力范围内确实想要最好的质量，但这仍然是一笔值得的投资。销售团队可以在接洽时将它们留给潜在的零售商。如果品牌有线上商店，则可以线上使用传播活动影像，还可以随线上订单发送手册。那么，客户可以更了解品牌，还可以查看可能在线上没有注意到的其他商品。

问：您有什么技巧来避免未知地区的工作陷阱？

答：始终要与销售代理商和分销商签订由时尚法律专家起草的合同。在欧盟有些法令可以在安排完成后保护代理商或分销商。在某些情况下，品牌必须赔偿代理商长达五年之久。

另外，要警惕承诺覆盖范围太大的分销商。品牌应该在每个想要进入的地区进行单独安排。分销商需要了解当地市场，并实地考察。品牌可以采取措施，通过使用社交媒体或对当地名人植入等方法，初步提高在其他市场的知名度。

问：您对批发业中时装模式的未来有什么想法？

答：这很有趣。由于全球气候变化，我们开始关注何时出售和交付产品系列的动向。利用这一点，识别出那些"即买即穿"的销售对象，同时保持传统的季节性转换周期，品牌将真正受益。品牌提供独特产品将会保持良好的批发业务。独立零售商和主要零售商都在寻找那些不会与已经泛滥的高街市场竞争的品牌。

零售店环境、氛围和布局

正如销售人员看到了网上购物带来的变化一样，多品牌店和自有品牌旗舰店也面临着提供娱乐购物体验的压力。实体店正在为那些旅行频繁、消息灵通的时尚购物者提供服务，这些购物者将购物作为一种休闲方式来寻求体验上的满足。零售氛围和商品销售在品牌塑造愉快购物环境方面发挥着重要作用。

零售氛围

越来越多的商店开始投资使用古怪的建筑、时尚的内饰以及体现品牌（自有品牌旗舰店）或期望的零售概念（多品牌和百货商店）的设备和配件。特别是对于奢侈品牌而言，使用著名建筑师提高了奢侈品购物体验的门槛。例如，雷姆·库哈斯（Rem Koolhaas）在世界主要城市为普拉达（Prada）创建了画廊、购物和办公中心。零售氛围与创造高质量的店内体验密切相关。麦高德里克（2002）引用了菲利普·科特勒（Philip Kotler）零售氛围的组成要素，并添加了一些注释以适应当前的时尚零售。

- **视觉**：颜色、亮度、大小和形状。通常通过产品类别及代表该类别的色彩、形状或主题概念来划分区域，按商店整体而非单个品牌进行设计。
- **听觉**：音量、音调、节奏。除了提供背景音乐，商店可能会让客人或内部DJ上台。一个寻求更个性化身份的品牌可能会为购物者提供可定制的音乐集合。
- **嗅觉**：香味、清新。通常，附近咖啡馆新煮咖啡的味道会增加设计师品牌香水的销售，没有香水产品系列的品牌可以使用高档的室内香水。这可以创造一个令人陶醉的诱人环境。
- **触觉**：柔软、平滑、温度。现代室内设计趋向于采用平滑、自由流动的元素，设计出足够的空间供购物者在视觉上和空间上不受干扰地移动。

上图 意大利罗马石头岛（Stone Island）品牌旗舰店内饰。设备和配件反映了该品牌的实验和活动属性，让人联想到登山设备，使用干净、大尺寸的标志增加了品牌功能性的感觉。

右上图 德国叙尔特岛石头岛品牌旗舰店橱窗展示及外观。

右下图 伦敦塞尔福里奇百货（Selfridges）的J Brand、维多利亚·贝克汉姆（Victoria Beckham）、M.i.h. Jeans、Paige和Frame等品牌的展示空间。当代女装展位是由FAT Architecture在2009年10月设计的。

这些因素可以由品牌在创建自己的零售空间时加以控制，但是百货公司的概念设计可能很少有机会让品牌通过标识和包装来传达自己的个性。

视觉营销

考虑如何在商店设计中展示品牌组合或自有品牌，在零售中称为视觉营销或VM（Visual Merchandising）。爱丽丝·朱（Alice Chu）和M.C.林（M.C. Lam）认为视觉营销是商店设计中的关键功能性元素（2007），它可以帮助购物者在商店中找到适合自己的商品并做出购买决定。百货商店或大型多品牌商店可能会为乐于推广的品牌提供更多宝贵空间或位置，通常是在入口处或在楼梯、电梯和自动扶梯等专门入口处。商店也可对预先规划的，按品类（比如当代品牌或牛仔布）划分出清晰的专用空间，这些品牌必须符合设计风格，否则就有可能无法入场。传统上，时尚商品是按性别陈列的，其次是按颜色、产品主题或故事以为产品类型陈列，或按品牌区域陈列。不过，也出现了一些创新，比如塞尔福里奇百货在2015年推出的弹出式"Agenda"概念中采用了性别混合的商品陈列方式。

左图　服装品牌伦敦的商店就像一个工业风格的实验室，而安特卫普的商店（如图）则有一种老房子的感觉。

零售技术

近年来，随着大量零售技术的使用，网络世界的优势（例如，更多的品牌选择，辅助配送，走秀镜头以及线上社交社区中的点赞、分享和评论）逐步体现在传统实体商店中。荷兰百货连锁店de Bijenkorf的购物APP很好地结合了充满诱惑的店内购物与功能强大的线上渠道。在其他服务中，用户还可以使用条形码来查看店内服装及库存情况。如果商店里没有想要的东西，可以订购隔天送达。

有些商店在这方面的想法是正确的，它们没有表现得过于激进，也没有使用笨拙的、有问题的技术（如支持社交媒体的镜子），如体育用品商店Pro：Direct。根据维多利亚・麦克德莫特（Victoria McDermott，2015）的说法，零售技术的使用使商店成为社交和社区空间，而不仅是用来进行交易的封闭区域。Pro：Direct的购物者可以在真人大小的数字人体模型上查看和订购产品，还可以留下来欣赏足球比赛、观看现场表演和参加定制鞋课程。

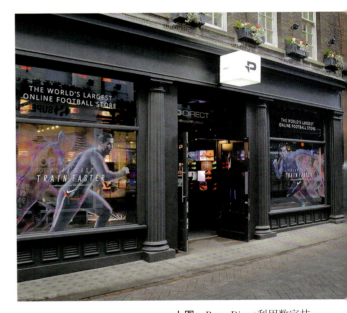

上图　Pro：Direct利用数字技术将网站打造为身临其境的实体场所。客户可以使用大屏幕、触摸屏和虚拟现实技术，让产品栩栩如生。

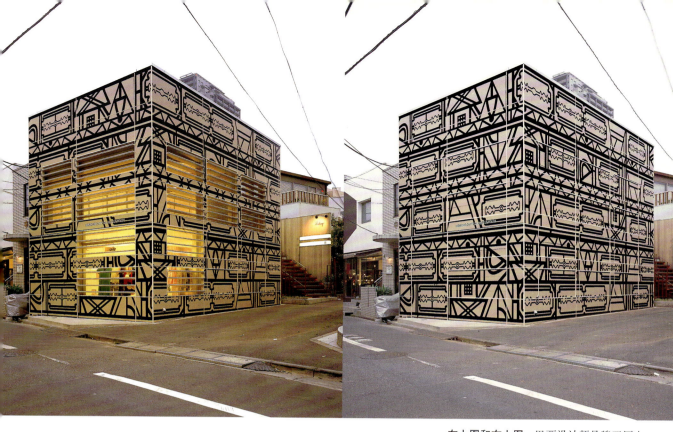

线下零售的未来

前一章讨论了许多增强的服务选项，如超高速配送创新和智能商品销售，这些线上销售是从一对一销售的情况中提取出来的，目的是改善传统实体时装零售的现状。下一个挑战是通过创造一种体验来吸引消费者回到传统商店，但也要考虑采用全渠道零售，将所有形式的零售提供给消费者，实现线上和线下体验融合。

除了使用零售技术外，思维前卫的零售商还接受了这样一种想法，即商店购物更接近参观画廊的体验，并采用了更具策展性的、与时尚互补的产品组合，例如杂志、书籍和家庭生活用品。较难找到的设计师品牌为消费者提供了精心设计的"体验"，销售人员可能需要对某个特定主题有所了解，甚至需要举

办晚会活动。这些环境可以复制到网络上，提供可下载的音乐、珍本书籍或作品，以加倍努力说服购物者远离多品牌线上零售巨头。

对于拥有旗舰店的品牌和零售商来说，创建与消费者地理位置和生活方式相关、能引起消费者共鸣的主题变得越来越重要。零售店应考虑为购物者提供有趣的道具、氛围、吸引人的商品区域以及独特的活动。零售技术逐渐促进了线下和线上的融合，并结合了更加直观的手势和感官控制功能，只需单击一下即可在社交媒体上分享观点，因而人员推销和零售需要市场化，而人际接触在其中将会继续发挥作用。

上图 位于布拉格、由Botas 66设计的66画廊将该品牌复古活动鞋的零售空间与画廊结合在一起。设计师A1 Architects使用白色作为画廊背景、黑色作为零售空间来衬托展示的物品。

下图 伦敦的LN-CC（深夜变色龙咖啡馆）专门寻找一些新的、很难找到的品牌，比如丹麦设计师安妮·苏菲·马德森（Anne Sofie Madsen）和杨莉（Yang Li，在中国出生，在伦敦工作）。这些品牌与书籍、唱片和私人活动的晚会一起陈列。加里·卡德（Gary Card）设计的航天风格内饰被视为可更新的艺术品。

参考文献

Chu, Alice, and M.C. Lam, in Hines, Tony, and Margaret Bruce, *Fashion Marketing: Contemporary Issues*, 2nd ed., Elsevier 2007

Egan, John, *Marketing Communications*, 2nd ed., Sage 2015

Fill, Chris, *Marketing Communications: Brands, Experiences and Participation*, 6th ed., Pearson 2013

Fritchie, Louise Lystig, and Kim K.P. Johnson, 'Personal Selling Approaches Used in Television Shopping', *Journal of Fashion Marketing and Management: An International Journal*, 7/3 (2003), pp. 249–58

Lea-Greenwood, Gaynor, *Fashion Marketing Communications*, Wiley 2012

Leibowitz, Josh, 'Rediscovering the Art of Selling', *McKinsey Quarterly*, 2 (October 2010), p. 119, www.mckinsey.com/industries/retail/our-insights/rediscovering-the-art-of-selling

McDermott, Victoria, 'Beyond Clicks and Mortar', *Drapers*, 2015. Similar available online at www.drapersonline.com/business-operations/property-special-from-virtual-to-reality/7011434.article

McGoldrick, Peter, *Retail Marketing*, 2nd ed., McGraw Hill 2002

Ruddick, G., (20 October 2014) How Zara Became the World's Biggest Fashion Retailer, www.telegraph.co.uk/finance/newsbysector/retailandconsumer/11172562/How-Inditex-became-the-worlds-biggest-fashion-retailer.html

延伸阅读

'A Conversation with Mikey Trapstar', *Highsnobiety*, 25 June 2013, www.highsnobiety.com/2013/06/25/mikey-trapstar-interview

Abnett, Kate, 'How Personal Shopping Makes People Spend', *Business of Fashion*, 21 May 2015, www.businessoffashion.com/articles/intelligence/how-personal-shopping-makes-people-spend

Kotler, P., 'Atmospherics as a marketing tool', 1973, www.researchgate.net/publication/239435728_Atmospherics_as_a_Marketing_Tool

讨论

　　重读Trapstar的专题案例。你觉得他们为什么不直接在网上销售？

　　回想一下你上一次在时装店的经历。积极和消极的经历是什么？你的经历与麦高德里克和格林伍德的观察结果有什么不同吗？

　　你认为时装店的未来是怎样的？哪些因素会促使你在店中停留、购物，并对一家时装店产生忠诚？

第九章

直接营销

　　本章的重点是介绍企业对消费者（B2C）的直接营销（DM），阐述近年来为何直接营销在时尚行业中的重要性日益提升。本章聚焦营销的主要作用，探讨直接营销通过个性化和互动式信息获取目标受众的能力。说明了直接营销的第二个重要作用，即创建和维护客户数据库，从而理解将数据库作为直接营销和目标营销工具的重要性，说明了在数据汇总过程中如何将消费者视为品牌的潜在客户。最后，回顾了直接营销中时尚推广的各种线上和线下方法，指出了最新的直接营销方式能够通过跨平台信息传递越来越贴近受众。

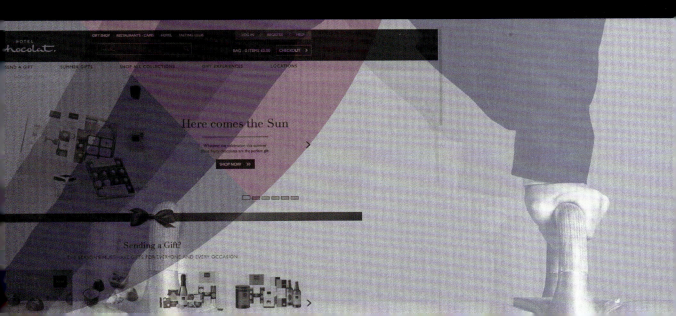

直接营销概述

直接营销（Direct Marketing，DM）是一种有针对性的、个性化的互动式交流形式，旨在与特定消费者群体建立和维持关系、持续进行对话。直接营销可以与其他推广工具（通常是促销或广告）结合使用来吸引目标消费群体，按年龄、收入、兴趣或行为对消费群体进行细分。直接营销的目的是：

- 通过电子快讯、特惠信息、活动通知及产品信息等强化品牌对顾客的吸引力，引导他们进行互动和购买。
- 收集客户信息，包括个人详细信息、兴趣爱好、购买行为和复购行为等，以便建立信息数据库，为未来的策略和活动的制订提供支持，并有效地接触受众。

艾拉·卡尔布（Ira Kalb，2015）引用了直销协会（thedma.org）的相关结论，据估算，该行业的总销售额为2.05万亿美元，约占美国国内生产总值的8.7%。

B2C直接营销成功的关键在于它能够与其他形式的传播方式融合，基于潜在客户的名字、习惯和兴趣来定制个性化信息，并建立对话。直接营销传播使用各种线上和线下媒介，包括直邮（如产品目录和打印的邀请函）、电子邮件和电子通信。

直接营销的定义

直接营销的定义经常可以从它与其他工具的关系中窥探一二。促销信息通常是通过直接营销手段传递的，但约翰·伊根（2015）定义了两者之间的区别：一旦消费者响应或参加了某个促销活动，则直接营销的作用就是建立并保持与消费者的关系。品牌为了建立对话，必须提升对品牌形象各个方面（如品牌个性、品牌特征和品牌故事）的知名度，以适当的调性进行传播。这在第二章中进行了讨论。

由于直接营销是互动式的，因此它与面对面的人员推销最为相似，能够传递个性化信息。帕特里夏·明克·拉思（Patricia Mink Rath）等注意到了直接营销相比人员推销在分析方面的优势（2012）：

> 虽然人员推销与消费者的互动最为充分，但直接营销能使营销人员进一步精确地找到关键客户和潜在客户，有针对性地采取各种传播形式满足其需求。

直接营销是一种必不可少的工具，可以消除推广活动中其他杂乱的因素，实现个性化，针对消费者的个人偏好，将信息直接发送到他们的家中、收件箱或手机中。

左图 品牌电子通信（如oki-ni的例子）对于建立与收件人的关系至关重要。获得独家内容（如混合音乐、新闻以及浏览活动和合作方面的信息）是与受众建立互动关系的关键。要清晰地提供指向该品牌购物页面和社交媒体平台的链接。

左图　保罗·史密斯（Paul Smith）寄来的直邮。个性化、高质量、制作精良的直接营销信息可以吸引注意力。这张折叠式卡片以奥林匹克体操运动员马克斯·惠特洛克（Max Whitlock）为头像，上面还附有一块新的纯羊毛面料样品。通过标签显示了对细节的关注，并将收件人包含在设计过程中。

毫无疑问，随着数据库编辑和消费者详细信息管理方面的技术进步，直接营销在与电子邮件等数字媒体结合使用时非常有效，于是可以使用分析工具（如Google Universal）来处理数据（如零售点电子数据），直接营销也因此可以直接测量。

帕特里克·德·佩尔斯马克（Patrick De Pelsmacker，2007）将直接营销视为"用直接的方式与客户和目标客户联系，从而立即产生可衡量的响应或反应"。事实证明，正是这种成本收益的可衡量性，吸引了渴望迅速获得投资回报的品牌利益相关者。

直接营销的优缺点

再次使用克里斯·菲尔（Chris Fill，2013）的传播工具4C框架来分析直接营销的各项评分，为解析它的优缺点提供基础。详见下表。

直接营销的优点

- 直接营销具有与人员推销相同的属性，可以根据受众特点进行个性化营销，尤其当直接营销发生在线上时。

传播工具4C框架对直接营销的分析

传播效果	直接营销
传播私人信息的能力	高
到达广大受众的能力	中
大众互动水平	高
可信性	
目标受众对广告信息的信任	中
成本	
总成本	中
平均成本	高
浪费	低
投资规模	中
可控性	
针对特定受众的能力	高
依情况进行调整的能力	高

- 电子邮件、短信等数字技术是可追踪的；品牌可以知晓接收方是否已阅读邮件，是否点击了图像或链接，电子邮件是否促成了销售。
- 这种可测量性有助于对未来的传播活动制订更为精确的预算。
- 直接营销可以轻松地与其他传播工具整合使用。它具有较高的管理控制水平，可以作为传播组合的一部分，也可以使用电话销售等技术来促进销售。

直接营销的缺点

- 即使是最有针对性的直接营销邮件也可能被视为垃圾邮件，被放入垃圾文件夹中，甚至收件人感兴趣的品牌发送的邮件也有可能被当作垃圾邮件。
- 直接营销所需的印刷推广材料可能成本很高，找到特定目标客户的成本也很高。
- 推销电话是令人反感的，甚至被视为冒犯的。持续不断的电话推销策略（尤其针对弱势群体）受到了媒体的负面宣传。
- 更新和管理B2C直接营销数据库可能既耗时又昂贵。

客户和数据库

根据前述内容，B2C直接营销的主要目标是通过有吸引力的、个性化的传播方式吸引现有客户和潜在顾客进行购物。第二个目标是获取新消费者并保留现有消费者。但是，由于所有直接营销活动都来自详细信息数据库，因而两个目标中只有实现了一个目标才能实现另一个。下一节讨论直接营销中如何分析消费者，之后介绍直接营销传播的不同方法。

品牌和零售商汇总消费者名单的方式有三种。

- **专属列表**。刚起步的时尚品牌可能会在他们网站的登录页面上设置诱人的信息，引起潜在受众的兴趣进而注册品牌会员，从而建立一个专门、可控的消费者数据库。还可以使用社交媒体平台引发消费者兴趣，吸引他们登录注册页面。

- **汇总列表**。消费者信息的初始列表可以从专业机构购买。根据保罗·R. 史密斯（Paul R. Smith）和泽·祖克（Ze Zook）的介绍（2011），这些可以是联系人详细信息的基本列表，例如姓名、电子邮件地址、位置和电话号码，按年龄或收入等归类。这种核心信息来自公开记录。
- **响应或邮件响应列表**。也可以购买更复杂的名录，包括更详细的简介或能表明对品牌感兴趣的行为证据。

名录的价值（每千条的成本，cost per thousand，CPT）取决于信息对品牌的价值。品牌可在此基础上添加其他信息，例如对活动的反应、对邀请的响应或优惠券的使用情况，使列表更适合自己的需求。汇总准确而详细的客户资料很重要，因此需要详细考察消费者（请参见第2页）。在确定了要使用的方法（地理人口统计、心理、情感细分等）并建立术语和说明后，将这些名录作为数据库管理的基础，用来吸引相似的个体。

伊根（Egan，2015）提出了潜在消费者的等级结构，用以说明如何根据消费者的不同优势将其划分为品牌不同等级的潜在客户。

- **疑似顾客**：这些顾客比普通大众高一等级，很可能符合该品牌现有的客户形象。因此，他们对品牌有潜在兴趣。
- **潜在顾客**：已购买过同类品牌产品，因此更有可能购买该品牌产品。
- **被推荐者**：已被现有客户介绍过该品牌，购买可能性大。
- **追随者**：直接联系该品牌，通过网站、电子邮件或电话表达了对品牌的兴趣。
- **既定顾客**：已经购买了品牌产品，需要吸引其重复购买。

从理论上来讲，可以首先针对不同消费者群体提供不同类型的信息，借助相关产品吸引他们，然后邀请他们参与事件活动或其他品牌活动，或者通过独家优惠或忠诚计划赢得他们。对客户行为的这种获取和追踪属于广义的客户关系管理（Customer Relationship Management，CRM）。

伊根的等级结构

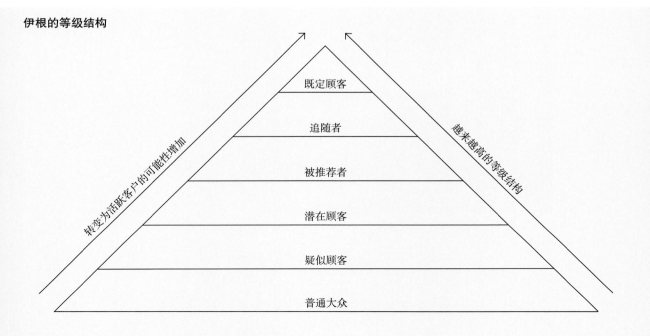

直接邮件和线下直接营销

直接邮件是将书面推广材料邮寄给当前和潜在的消费者。直接邮件材料一般采用传单、信件、邀请函和目录等形式。菲尔（2013）指出，这些传播内容应该体现个性化，但实际上是批量印制的。印上收件人的姓名，发件人用手写体签名，可以降低被视为垃圾邮件的可能性。根据英国直销协会（dma.org.uk，2014）的说法，还有一种更"真实"、更值得信赖的书面传播形式。有研究表明，电子邮件的平均回复率是4%，而直接邮件的回复率比电子邮件回复率高30%。更重要的是，直接邮件还可以有效提高网站访问量，预计有44%的接收者在收到品牌直接邮件后会访问品牌网站。

产品目录

产品目录是直接营销最古老的形式。伊根（Egan，2015）表明，产品目录主要用于向居住在城镇外的大批居民进行直接营销，因为他们很难前往商店。1888年，西尔斯（Sears）的产品目录首次提供了手表和珠宝。1894年增加了服装。英国的第一个时尚产品目录是Freemans，始于1905年。

左图　怀特公司（The White Company）2017年春季产品目录。

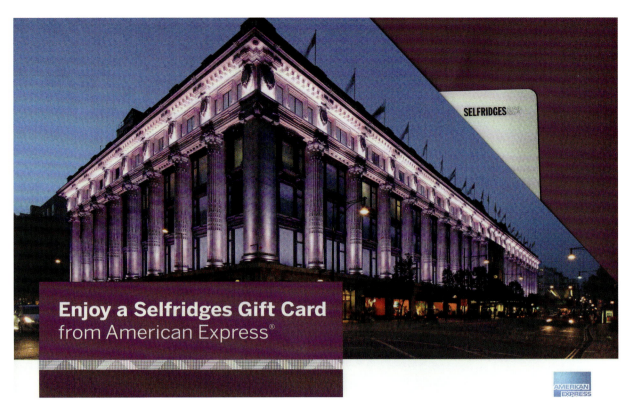

上图 信用卡公司美国运通（American Express）提供的塞尔福里奇百货公司礼品卡，可以在塞尔福里奇百货公司消费150英镑。这是一个联名直邮的例子，预计一个品牌的消费者或目标消费者会对另一个联名品牌感兴趣。

近年来，时尚产品目录的命运喜忧参半。拍摄、打印和生产费用都很昂贵，还有额外的包装和邮寄成本。以往的创新做法（如灵活的付款条件或隔夜送达）已被便利的信贷服务和线上购物的兴起所取代。但是也有例外，例如，怀特公司和博登（Boden）等品牌已经精准找到了那些回复目录邮件的消费者。

怀特公司产品目录始创于1994年，最初是一本12页的小册子，通过产品目录和线上运营（有一个美国网站和56家商店）扩展为多渠道运营。博登每年在全球范围内分发600万个产品目录，尽管其2015年的销售量中98%是通过网站实现的，但50%的网站访问量来自产品目录接收者。

插页和传单

时尚品牌通常在时尚杂志中使用插页，包括宣传页、传单和小型目录。这种大众媒体价格合理，从技术上看更接近广告而非直接营销，这在第四章中进行了讨论（请参见第62页）。将宣传页、传单或小册子邮寄给个人则是直接营销。其中可以包含纯粹的广告消息，也可以向选定的目标细分市场介绍特别优惠或消费激励。

信件和邀请函

时尚品牌的信件和邀请函是品牌和百货公司进行直接营销的有效工具。他们倾向于以更加个性化的方式来与消费者打交道，邀请消费者参加非公开展览或早期销售等活动，或者向消费者介绍新的产品系列甚至折扣。伦敦百货公司利伯堤通常使用这种直接营销形式，在有魅力的买手团队和目标客户中产生共鸣。

线上直接营销

随着电子邮件的使用及响应测量技术的提升，电子邮件和电子通信普遍成为低成本的直接营销工具，用此告知消费者新系列、产品和新闻。大多数网站都允许访问者注册，这样从一开始就可以通过电子邮件接收消息。

电子邮件/订阅电子邮件

直销协会（2014）指出，如果收件人知道发件人是谁，则会更积极地回复电子邮件。平均而言，2013年只有3%的电子邮件传播产生了网页点击，回复率为0.12%。人们打开熟悉品牌邮件的概率是38.6%，回复率是7%，较平均水平显著提高。

史密斯和祖克（2011）提出了一些标准，用于审查电子邮件的内容，最大程度地减少被归入垃圾邮件无法被看到的可能性。内容如下（经概括和修正）：

- 主题行和第一句要能吸引注意力。这可能是收件人将看到的全部内容。
- 简短且与目标细分市场相关（以图片和文字形式提供网站链接，以获取更多信息）。
- 尽可能个性化。直邮是亲自发送给收件人的。如果可以，电子邮件也这么做。
- 提供社交媒体平台链接，以提供有关该主题的更多信息。
- 提供退出或取消订阅的选项（美国、加拿大和整个欧洲的法律要求）。
- 提供品牌的完整地址、电子邮件地址和联系方式或相关链接。

正如史密斯和祖克（2011）所指出的，在B2C市场中，向未经请求的账户发送电子邮件是非法的，会成为"垃圾邮件"，因此，"订阅电子邮件"只邮寄给那些表示出兴趣、并同意接收品牌信息的人（到访店内销售点或访问公司网站）。根据法律规定，每封电子邮件都必须提供取消订阅链接。

上图 一份迪赛尔的电子邮件，标题清晰，图片引人注目，文字简洁。在分隔标题下放置网站"新货到店"超链接。

下图 迪赛尔提供了清晰的社交媒体链接、取消订阅选项和详细的联系方式，并提醒收件人将其电子邮件地址添加到联系人列表中。

电话营销、电话销售和短信销售

时尚公司并不经常使用电话营销和电话销售。然而事实证明，手机短信的发展影响着未来如何进行直接营销。

电话营销

电话营销使用电话直接与消费者联系。分为呼出电话营销（电话营销人员向消费者致电，介绍新产品发布和店内活动）和呼入电话营销（提供电话号码供消费者来电咨询）。呼入电话营销是时尚行业中最常见的，可用于提供客户服务、帮助解决退货或网站交易问题、接受订单。

短信和彩信营销

随着智能手机的巨大变化和发展，移动电话已成为最有效的电话营销形式之一，即通过短信来锁定消费者。克莱尔（Claire）和范斯（Vans）等渴望吸引年轻受众的品牌，发现短信息既可以到达受众，又可以添加到手机通讯录数据库中。2011年推出即时消息服务（如iMessage），可通过网络发送照片、视频等（多媒体消息服务，Multimedia Messaging Service，MMS）消息，将文本类营销信息传播给更广泛的受众。诺德斯特姆公司（Nordstrom）的TextStyle等品牌还利用这种非正式的媒介加强客户与员工的连接，让消费者能通过短信联系到销售人员或设计师，获得建议和创意。

电话销售

电话销售涉及通过营销人员或自动预录电话呼叫客户，推销产品和服务。电话销售是直接营销负面评价最多的，这主要是由于其侵入性策略，类同于骚扰电话。使用美国的"请勿呼叫名单"（Do Not Call Registry）和英国的"电话优先服务"（Telephone Preference Service, TPS）可以设置详细信息，避免接听这类电话。不幸的是，这似乎不足以阻止那些"坚定"的组织，也包括英国的慈善机构。时尚品牌几乎难以使用电话销售来建立良好口碑。

混合直接营销

如我们所见，直接营销通常被用作促销或广告的补充工具。第四章探讨了广告缺乏互动性的问题（请参阅第53页）。现在讨论如何通过直接营销到达终端消费者或感兴趣的消费群体，以及社交和直接营销渠道之间的界限。

直接响应广告：平面广告、电视广告或线上广告

直接响应广告通常通过电话销售完成，要么消费者填写信息，要么品牌方提供联系方式供消费者致电下单或咨询。随着数字媒体和社交媒体的发展，直接响应广告还与销售渠道和社交媒体联系密切，从而模糊了传统印刷广告和电视广告之间的界限。

根据德佩尔斯帕克（De Pelsmacker, 2007）的研究，直接响应广告并非针对单个消费者，而是吸引消费者的注意力，引导他们使用优惠券、拨打电话、访问网站、访问品牌脸书、了解其他数字和社交媒体资料。这意味着广告出现在大众媒体中，现有客户和新的潜在客户也可以参与。

直接营销与社交媒体

早在2008年，许多目标市场消费者将大量时间花在社交媒体上，营销人员便开始担心电子邮件这种传播方式的有效性可能会减弱。马修·沃尔（Matthew Wall，2008）在两种工具之间做了重要区分：

（下接第164页）

米歇尔·克洛（Michelle Crowe）在曼彻斯特城市大学获得国际时尚营销理学学士学位后，于2010年在内衣公司Figleaves担任市场助理。岗位职责包括协调5个目录、撰写博客、在推特上发帖、公共关系和事件管理、校对、业绩分析以及确保社交媒体策略的实施。她于2011年成为数字营销主管，2013年加入鞋履及配饰品牌库尔特·盖格（Kurt Geiger），之后更加专注于电子邮件营销。在那里，她每周汇报并批准十多个推广活动，分析客户的购买喜好和行为，以进一步制订准确的战略，并确保达到关键绩效指标（KPI）。

2015年，她升任高级电子邮件营销协调员，管理所有库尔特·盖格授权网站内电子邮件营销传播的计划和交付。2016年，她加入了屡获殊荣的巧克力制造商Hotel Chocolat，担任电子邮件营销主管。

问：据您了解，巧克力营销和时尚营销之间的区别是什么？

答：我曾从事内衣、鞋履和巧克力行业的工作，我很幸运！它们的区别在于口味方面。人们可以想象鞋子会是什么样子；但是对于巧克力，不实际尝试就不知道会是什么味道。我们使产品在味觉上更有感情色彩。在Hotel Chocolat，我们作为一个团队工作。无论是线上渠道还是线下渠道，我们都在一起工作，让一切顺利进行。

我们全年都有不同的推广活动。时尚产品有秋冬款和春夏款，与之类似，我们也会有复活节或圣诞节等季节性场合。我们至少提前一年为复活节做准备。我们吸取过去一年的经验教训，讨论活动的最初感觉，并形成活动概要。然后一起讨论如何在每个渠道上执行方案。

问：您向客户发送电子邮件的主题是什么？

答：我发送时事通讯、预告片等，在Hotel Chocolat发的可能比过去更多。发送的电子邮件更多的是行为方面的东西，因为线上电子商务可以衡量和跟踪客户的行为：他们是否进入了网站，是否产生了购买，或者是否产生其他行为。为了使电子邮件更加直接相关，我们在电子邮件中放入客户姓名和离他们最近的商店信息。我们也会发送更加多通用的交易信息，比如是否在打折，是否启动了一项新的活动，比如在父亲节活动中，时尚不是必需品，巧克力也不是必需品，但它们代表了志向、奢华以及天赋。

库尔特·盖格的鞋子主要是消费者为自己购买的，但是Hotel Chocolat很大一部分品牌含义是，这是一件精美的礼物，送出它会让人感觉愉悦。这是一个不同的优势。

问：您认为电子邮件的个性化仍然有效吗？

答：电子邮件营销的重点是相关性，因此要确保提高参与度，最大程度地获得回报。你所做的每一项营销工作都需要花费金钱，因此要确保获得最大的回报。你可以在标题栏写上某人的名字，或者确认他们最近有没有购物。这些工作就是个性化。电子邮件在客户关系管理（CRM）和电子客户关系管理（eCRM）中发挥着重要作用。获取大量数据的确是电子邮件营销中的首要目标。你是在向他们发送信息，而不是搜索和联盟，这一切都是为了获得新客户。你确实想让他们成为你的电子邮件订阅者，然后你就可以尝试和他们联系。你希望能够把名单中的所有人变成客户。

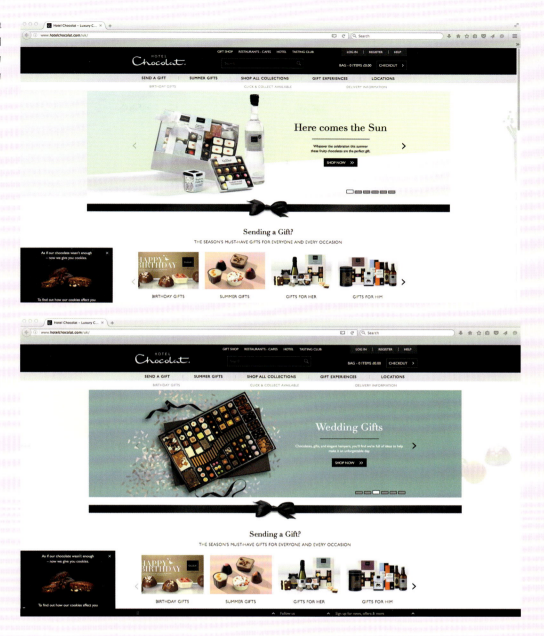

可以通过使用RFM（汇率Recency、频率Frequency和货币Monetary）模型来判断谁是最重要的客户，哪些是消费最多的客户，包括他们最近购买的时间、频率和花费金额。可以将这三个因素结合在一起来确定最优质客户。

这与客户保留率有很大关系，但你的数据库中有一部分注册用户只是想收到信息。不幸的是，目前许多零售商面临的巨大挑战是，如何在客户视角下将线上和线下行为结合起来。

可能会有顾客在我们的电子邮件上注册，但从未在网上购买过东西，然而却经常光顾我们的商店和咖啡馆，所以这是一个很大的挑战。

问：文字和图片的平衡有多重要？

答：对于任何奢侈品牌来说，使用图片对于打造品牌确实非常重要。除了精心制作的广告文字外，图片还有助于描绘一种感觉或情感。但是，就数字营销而言，在电子邮件或网站使用实时文本是最佳的。

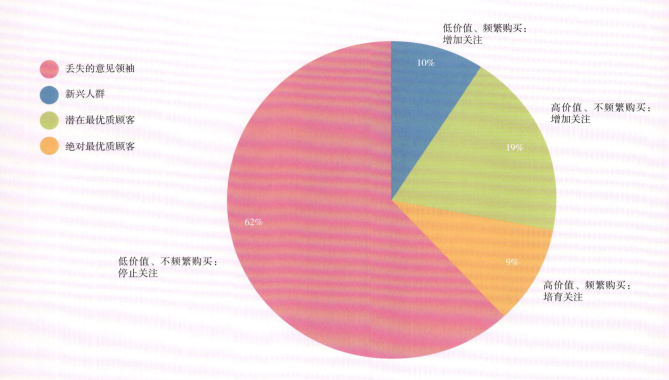

低价值、频繁购买：
增加关注

10%

高价值、不频繁购买：
增加关注

19%

- 🔴 丢失的意见领袖
- 🔵 新兴人群
- 🟢 潜在最优质顾客
- 🟠 绝对最优质顾客

62%

低价值、不频繁购买：
停止关注

9%

高价值、频繁购买：
培育关注

上图 借助RFM模型，公司可以描述最忠诚和最有价值的客户，然后可以发送针对性的信息来加强关系。同样，可以减少对低价值购买者的资源投入。

实时文本无须互联网就可以加载到客户收件箱中。尽可能使用实时文本非常重要，尤其是在当今的移动世界中。当互联网访问可能受限时，实时文本可帮助品牌优化传播并与消费者互动。可以很好地平衡图片和文字。

许多消费者在移动设备上查看电子邮件（占70%~80%），使用大量图像会减慢电子邮件的加载速度。如果速度太慢，人们将直接进入下一个电子邮件。品牌需要在最佳实践和最适合品牌的数字技术间进行平衡。

问：您建议多久发送一次邮件，以获得最佳响应？

答：时尚和趋势是如此之快，可以省去发送大量内容的麻烦。时尚品牌的确发送频率更高，因此参与度可能会降低一些，因为人们不会打开每一封邮件。我参加了2015年在美国举办的研讨会，他们提倡每周发送五次邮件。他们认为最佳选择是每周发四天。因此，如果你想达到最佳响应，请发送四个。可能发三到五次的回复率是差不多

的，所以也可以发送五次！

问：是否打开得越多，您收到的邮件就越多？

答：事实上，如果发送的电子邮件参与率越来越高，电子邮件服务提供商（ESPs）会把你标记为一个更安全的发件人。他们看到受众是感兴趣的，表明这是真正的邮件，而不是垃圾邮件。Yahoo、Hotmail、Gmail和AOL等电子邮件服务提供商会识别发件人的IP地址，如果最后发送的邮件打开率较低，则发送下一封邮件的间隔就会变长。发送给品牌相关的人可以提高可交付性和发送者评分。然后所有电子邮件服务提供商都会青睐你，认为这些是相关的电子邮件信息。根据经验，发送的越多，产生的收入或流量就越多，但这仅是因为发送了更多，并不意味着发送内容的价值会增加。

问：品牌调性在电子邮件营销中有多重要？

答：品牌必须保持一个清晰的调性，并与品牌价值观保持一致，但是在不同媒介

右图 一封库尔特·盖格的欢迎邮件。

中使用的方式会发生变化。社交媒体较为不正式，而印刷媒体会更为正式。电子邮件只有主题行的33个字符。你可以在标题前多写一点来吸引收件人的注意力，但是你可能需要调整语调来提高参与度。

问：您认为WhatsApp等基于文本和图片的应用程序将取代电子邮件传播吗？

答：一开始我认为这听起来是有点干扰的，但实际上它与15年前人们对电子邮件营销和短信营销的看法没有什么不同。根据统计，99%的短信都会被阅读，并且可能引起人们的兴趣。越使用短信营销或WhatsApp消息轰炸人们，人们的参与度越会下降到电子邮件营销能达到的水平。

我能理解人们想要以类似于社交的方式进行工作的愿望，那就是分享——人们越喜欢某样东西，就越有可能向其他人分享；分享得越多，你的品牌就会获得越大的曝光率。我不确定的是，也许它只在区域内奏效。我个人很讨厌社交媒体或照片墙上的赞助性推文和广告。

我完全赞成用更聪明的方式进行推广。例如，Misguided每周五会发布一条非常聪明的引用文字，我很喜欢。他们不会为我的分享付费，但我分享它是因为有很多人喜欢它——这是一个真正的病毒式传播。我不喜欢在社交媒体上付费发帖。年轻人越来越了解名人代言、付费推文以及在照片墙上使用赞助标签。人们更清楚什么是真实的。你需要非常努力。仅仅说这是你们最想得到的五种礼物是不够的，你必须说出为什么想要它们。

对于一个品牌而言，社交媒体是将消息推送到关注者社区，而电子邮件则是与特定客户交流。电子邮件可以对响应进行控制，而社交媒体做不到。沃尔的文章认为，共享材料必须与品牌电子邮件结合使用，但两种方式都是必不可少的。

从那以后，一些开拓性的活动将直接营销的手段运用在社交媒体上。以色列代理机构smoyz在2011年为Kleenex提供服务时使用了脸书：利用社交网络搜索关键字，定位了需要纸巾的感冒人群或流感病人，送给他们护理包。玛莎百货（Marks and Spencer）在2014年圣诞节前夕也做过类似的活动，奖励推特上需要鼓励的粉丝。换句话说，可以使用社交媒体到达个人，向他们提供奖励而不是进行营销或销售。在大多数情况下，奖励的获得者会发布评论和图片，并与朋友分享。传统的电子邮件环境无法实现这种分享。

跨平台移动信息

随着混合信息传递和社交平台（如WhatsApp）的兴起，社交媒体和直接营销之间的界线变得模糊。先驱电子邮件提供商dotmailer在2002年开发了一种方法，可以为电子邮件内容添加书签，并由用户自己进行注释，然后将其发到社交网络中（需支持该软件），从而实现将电子邮件内容放置在所需的社交环境中。

2009年发布的WhatsApp是一款智能手机APP，使用不同型号手机的用户都可以通过一个实时消息组件向电话联系人发送短信或图片、视频和文件。WhatsApp使用互联网数据，其优点在于避免按标准通信收取短信费用。此APP成为全球最常用的通讯应用程序，2014年被脸书收购。根据维贾亚·拉托尔（Vijaya Rathore）和瓦鲁尼·科斯拉（Varuni Khosla）（2014）的一篇文章，卡地亚（Cartier）、阿玛尼（Armani）和迪赛尔（Diesel）等高端品牌正在探索在印度市场上通过WhatsApp进行社交媒体直接营销，尽管开发者仍然对在WhatsApp上投放广告的想法持抵触态度。这款应用程序在印度非常受欢迎，奢侈品牌商店的经理们用它来分享图片、视频和其他品牌推广内容，并针对会员进行客户服务管理，在某些情况下，该应用程序的销售额转化率高达80%。就像早期的邮购增长一样，印度偏远地区的客户可以浏览商品种类，享受个性化体验，比如预订商品在家里试穿或在便利店取货。

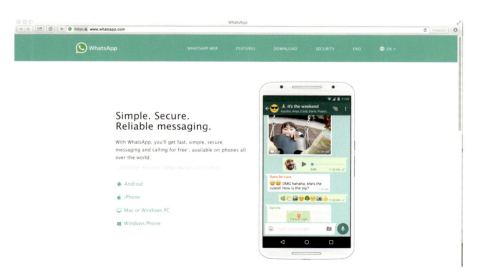

上图　Next品牌的促销活动可在店内购物点参加。该品牌有一个号召行动，用户完成后可以从网上购物中获得10英镑的折扣。这符合德佩尔斯帕克对直接回应的描述：不针对个人消费者，而是为每个电子邮件地址匹配一个促销代码。

左图　WhatsApp是由前雅虎（Yahoo）员工简·库姆（Jan Koum）和布莱恩·阿克顿（Brian Acton）开发的。2014年，脸书以190亿美元的价格收购了这款应用程序，两人成为亿万富翁。

直接营销的未来

关于直接营销的使用存在两种思想流派。一种是考虑每个接收方环境。保罗·史密斯就是一个很好的例子（见第153页）。当你在家里打开帖子的时候，收到高质量的邀请、产品系列更新或者关于开店的建议会让你感觉更愉快。人们会在更专业的环境下查看电子邮件，因此保罗·史密斯缩短了电子邮件内容中的销售或时装秀通知的篇幅。社交媒体更具娱乐驱动属性，幕后灵感以及物品或服装所体现的兴趣和想法都被保留其中。这一流派认为，使用者处于不同的环境中。品牌应使消费者通过社交媒体接收到的信息与其他传播工具整合起来，保持统一的品牌形象，但可以因情况而异。

一些品牌提供了另一个思路，他们正在尝试新的混合消息应用程序，如WhatsApp或Kik。Kik类似于WhatsApp，识别出网络一代的购物者比千禧一代的购物者更多。通过这种方式，直接营销可以更接近于混合实体购物体验（第八章中介绍）。

零售商可以利用GPS数据和已汇总数据，向购物者发送个性化的、基于位置的相关新闻或优惠信息，获得他们的点赞和分享。

参考文献

Amor, David, 'Why Direct Mail in the 21st Century?', Direct Marketing Association, 6 October 2014, www.dma.org.uk/article/why-direct-mail-in-the-21st-century-1

De Pelsmacker, Patrick, Maggie Geuens and Joeri Van den Bergh, *Marketing Communications: A European Perspective*, 4th ed., Pearson 2007

Egan, John, *Marketing Communications*, 2nd ed., Sage 2015

Fill, Chris, *Marketing Communications: Brands, Experiences and Participation*, 6th ed., Pearson 2013

Kalb, Ira, 'What Businesses Need to Know About Direct Marketing', *Huffington Post*, 30 March 2015, www.huffingtonpost.com/ira-kalb/what-businesses-need-to-k_b_6962236.html

Mink Rath, Patricia, Richard Petrizzi and Penny Gill, *Marketing Fashion: A Global Perspective*, Fairchild Books 2012

Rathmore, V., and Khosla, V., 'Luxury Brands like Cartier, Armani, Diesel and others use WhatsApp to promote products in India', 9 October 2014. economictimes.indiatimes.com/industry/services/retail/luxury-brands-like-cartier-armani-diesel-and-others-use-whatsapp-to-promote-products-in-india/articleshow/44728111.cms

Smith, Paul R., and Ze Zook, *Marketing Communications: Integrating Offline and Online with Social Media*, 5th ed., Kogan Page 2011

Wall, Matthew, 'The Right Bait', *New Media Age*, 14 February 2008, p. 31

延伸阅读

Bird, Drayton, *Commonsense Direct & Digital Marketing*, 5th ed., Kogan Page 2007

Rogers, Charlotte, 'The *Drapers* Interview: Johnnie Boden of Boden', *Drapers*, 7 October 2015, www.drapersonline.com/people/the-drapers-interview-johnnie-bodens-multichannel-vision/5079711.article

讨论

选择一个时尚品牌。定义你认为会构成其疑似顾客、追随者和伊根提出的顾客层级结构中其他消费者群体的概况。

你可能会感到惊讶，时尚产品目录在时尚界仍然重要。你能从目录的内容中确定哪些细分市场可能会被吸引从而购买产品吗？什么内容会吸引他们？

查看你读过的营销邮件（与那些你没有读就删除的邮件截然不同）。是什么让它们更吸引人？

第十章

时装秀和展会

本章讨论成衣（Ready-to-wear，RTW）时尚活动和展会。着重介绍会展和活动在时装公司推广组合中的优势，从而理解它们在营销传播中的作用。关注国际时装周（以设计师品牌的身份）或展会（以高端、中等或大众品牌的身份）的一些组织问题，并评估这两种方式的成本。阐述如何让这些活动更接近最终消费者，相关方式包括远程直播参与、直接邀请消费者参加活动（之前仅限展会），以及时装展订货等更为新颖的方式。

国际时装周和展会概述

时装品牌和设计师品牌需要获得商店购物者和时装媒体的关注，在国际时装周上展出或参加展会是一种有效方式，尽管可能费用高昂，但可以面向更多感兴趣的受众展示产品系列。这些活动本质上是B2B（企业对企业）的传播方法（尽管这种情况正在改变，本章稍后会进行讨论），并且仅对购物者、时装编辑、记者和意见领袖开放。

参加展会的主要目的是鼓励合适的商店购买者购买品牌，与人员推销（见第八章第136页）类似，优势在于可以直接根据获得的订单来衡量投资回报率（ROI）。另外一个主要目标是吸引正面的新闻报道，通过展会媒体（如英国媒体Drapers、欧洲媒体Sportswear International和美国媒体Fashion Market），潜在的零售商可以阅读到相关信息，通过杂志或意见领袖到达最终消费者。

秀场

在商品店铺上架前六个月举行国际时装周和展会。八、九月的时装秀展示春夏系列，二、三月的时装秀展示秋冬系列。制作好的成品服装、配件或鞋履分别于一、二月和八、九月配送到商店。品牌有时间在秀后统计订单，生产产品，对产品进行分类，再将商品分发到已下订单的商店。

季前秀（*Pre-collections*）

就时装秀而言，除了秋季/冬季（分别在1月/2月/3月展示）和春季/夏季（分别在8月和9月展示）的主要销售季节之外，设计师还可以展示季前秀系列。其中最大的秀是春前秀，在六、七月举办，被称为巡游系列或度假系列。这个概念由唐纳卡兰和卡尔多·克莱恩等美国品牌首创，他们试图为富人客户提供新鲜的轻便服装，这些客户在冬季会前往气候较温暖的欧洲。这个想法在欧洲范围内广受欢迎，因为买家可以购买更多永不过时的产品（春前系列11月在商店上市），这些产品可以全价出售，直到早春新系列到来为止。

现在买家可以参加大量的全球活动。趋势预测机构WGSN（2015）为2016季推荐了超过34场秀，包括国际时装周和流行展会，如巴黎的Tranoï，拉斯维加斯的WWD Magic和Project，佛罗伦萨的Pitti Uomo，柏林的Panorama，圣保罗的Feninhe Salão Moda Brasil，伦敦的Scoop和上海的CHIC。这些不包括街头服饰、婚礼服饰、内衣、鞋履和牛仔服饰的专业秀。许多活动时间会冲突，因此买家会仔细计划他们的行程和预算，以便能看到有趣且盈利的品牌。

左图　亚历山德罗·米歇尔（Alessandro Michele）为古驰（Gucci）设计的第二个系列。2015年10月，Vogue.co.uk报道了古驰从精致性感的优雅转为"豪华极客别致（Luxe Geek Chic）"，抢占了2016年春夏时装秀的大部分报道。

左图　佛罗伦萨的Pitti Uomo男装展会是年度日程中最早的展会之一，也可以观察了解男装流行趋势。

时尚都市

在巴黎、米兰、纽约和伦敦举行的时装秀是国际时装周上最著名和最权威的，被称为四大时装周，因为它们所在的时尚都市都有着悠久的历史。由于这些城市传承下来了时尚基因，享有卓越时尚中心的盛誉，众多设计师出生或聚集于此，因此吸引着设计师前来展示作品。

今天，随着经济状况改善，人们消费能力不断增强，城市渴望获得创意中心的美誉，新的时尚城市如雨后春笋般涌现：圣保罗、东京、墨西哥城、首尔、新德里、上海、特拉维夫、莫斯科、里斯本和波尔图等，现在都有值得国际关注和宣传的时装周。

品牌开设旗舰店，希望吸引高消费顾客，寻找机会建立更大客户群，挑选城市的趋势日益明显。特别是现在可以在世界任何地方举办季前秀，因此要考虑当地的媒体力量和消费者基数。

右图　美国时装设计师权利委员会（CFDA）获奖的The Row双人组合玛莉·凯特（Mary-Kate）和艾希莉·欧森（Ashley Olsen）。该品牌起源于美国，但她们却选择在巴黎展示其2016年春夏系列，因为巴黎的客户群更大。

在国际时装周上走秀

设计师品牌在国际时装周组织一场时装秀时，必须牢记一个最重要的限制因素，那就是成本可能会惊人的高昂。2014年，Fashionista.com对参加纽约时装周走秀的成本进行了分解。这并不是要在学术上证实，而是指导相关人员了解这项活动的成本（不包括样衣本身的成本）。

场地费用。价格在1.5万～6万美元，最昂贵的是林肯中心，是可用场地中面积最大的（此场地已搬迁）。较小的场地价格较低。设计师可以选择参加预定活动，但在场外场馆展出（称为场外演出），这样可能更便宜。

造型师费用。许多设计师都是自己做造型，或使用内部造型师，顶级的独立造型师每天的费用可能高达8000美元。

模特费用。模特收费差异很大。Fashionista.com网站援引BuzzFeed网站的一篇文章称，小品牌每名模特的费用在150美元左右，大品牌每名模特的费用在200～500美元。国际大众品牌为提升知名度可能需要支付每名模特1000美元左右。一场成功的时装秀可能需要15～20名模特。

妆发费用。如果品牌愿意使用赞助时装秀的发型师、化妆师以及护发和化妆品公司提供的产品，就可以节省发型和化妆上的费用。

公共关系和生产费用。品牌可能会聘请公关人员或公关公司来寻找节目制作人，在这种情况下，这些费用可以分摊到年度公关预算中，但演出的一次性公关（邀请、组织、新闻发布等）可能要花费5000～10000美元，演出制作人或设计师的制作费为1万～2万美元。

名人出场费。现在，许多名人都自愿参加时装秀，并乐于为他们所钟爱的品牌宣传造势。花钱请名人来为活动代言，可以采取实物报酬的形式（如服装和相关花费），也可以采用酬金的形式。不太知名的名人出场费是1.5万美元，而一线明星的独家亮相费用则高达10万美元。

下图 在巴黎罗亚尔宫举办精心设计的时装秀，比如香奈儿2016年春夏时装秀，以香奈儿作为航空公司办理值机和登机牌的形式展出，其费用尚未透露。在这场时装秀上，模特们分别是值机人员和乘客，穿着被称为"梦幻旅行装"系列的服装。

总体而言，低端市场（较小的场所、自己造型、赞助的发型和化妆、更便宜的模特，没有付费的名人）成本约为3.3万美元。这些时装秀每年至少举行两次，因此成本将会翻倍。幸运的是，许多年轻的设计师新人可以通过一些组织的奖励计划（如英国时尚委员会的新一代计划，英国的Fashion East和Fashion Fringe，美国的CFDA/Vogue奖等）获得资助，来支付这些费用。

国际时装周网站、申请和准入标准

国际时装周的秀展时间表和参展商详细信息可在LondonFashionWeek.co.uk（位于伦敦）和NYFW.com（位于纽约）等网站获得。这些网站提供设计师作品展的时间和地点信息，也提供设计师个人资料、联系方式和作品照片、新闻发布室（供新闻界成员拍摄照片）、注册细节、活动和聚会时间表以及赞助商的详细信息。伦敦时装周网站可以链接脸书、推特、拼趣、照片墙和优兔，向参会者提供演出延迟等信息。

网站上还提供了申请表供参展设计师填写。准入标准之一是设计师必须经营品牌三年，并且至少拥有六名零售商，还要提供两封推荐信（如来自买手或新闻工作者）。符合条件的设计师经评审小组批准可参展。对于经营未满三年的设计师，建议申请NEWGEN的支持。除了可以在时装秀上展示之外，还有与时装周相关的静态展（在展示台上展示产品系列），对行业新进入者来说是价格更为合理的选择。静态展也为直接与参展买家打交道提供了更大的机会，更类似于在展会上展示产品。

消费者参与

请独家邀请的客户预览设计师品牌并不是一个新的概念。

在美国比较流行的是行李箱秀，这是设计师在巴尼斯（Barneys）或尼曼（Neiman Marcus）等商店里举办的活动，目的是针对优质客户进行预售。行李箱秀在年轻设计师中越来越受欢迎，因为举办时装秀的费用对大多数新手来说都是无法承受的。2011年，《纽约时报》的盖伊·特雷贝（Guy Trebay）引用马克·雅可布（Marc Jacobs）首席执行官的观点，九分半钟的秀花费了超过100万美元。

在独家时装秀之外开辟T台秀的活动正蓄势待发。特别是，直播使消费者或"远程参与者"可以直接从T台订购商品，从而将此类时装秀与销售环境更紧密地联系起来。

上图 博柏利2016年春夏时装秀，包括32人的管弦乐队和歌手艾莉森·莫耶（Alison Moyet）的表演。

博柏利率先通过现场直播，举办了2011～2012年秋冬时装秀。注册客户能够在社交媒体渠道上进行互动，在演出后的一周内直接从T台上购买产品，并承诺在7周内交货。这是首次将最终消费者与商店买手的需求一起考虑，并且至关重要的是即刻就可购买商品，不必等待六个月直到产品在商店上架。在接下来的系列中，博柏利通过一个应用程序在推特上进行直播，它是第一个使用Twitter Buy的奢侈品牌，通过社交媒体渠道进行销售。在2016年春夏时装秀上再创第一。在伦敦时装周原定档期的前一天，博柏利在新的社交媒体平台色拉布上发布了系列预览。观众获得了独特的实时观看体验，因为直播还加入了收尾工作。这段视频在24小时后就消失了，这与色拉布转瞬即逝的特性一致。

在2015年纽约时装周上，巴黎品牌纪梵希在26号码头展示了2016年春夏系列，恰逢麦迪逊大道旗舰店开业。门票以先到先得的抽奖方式发放920张，还有280张预留给当地时装学院的学生。这是公众首次受邀参加这样的时装秀。这场秀包罗万象，媒体争相报道。

左图 纪梵希于2015年9月在纽约举办的2016年春夏时装秀，结合了促销、事件营销、销售环境和公共关系新闻报道。

下图 在亨利·霍兰德2016年伦敦春夏时装秀上，前排合影的是艾里珊·钟（Alexa Chung）、黛西·洛（Daisy Lowe）和波比·迪瓦伊（Poppy Delevingne）。前两者戴着定制的支付戒指，该戒指将近场通信技术融入到超大的昆虫设计中。该系列中的作品都配有相应的标签，这些标签可通过蓝牙连接到Visa的支付网络。

亨利·霍兰德（Henry Holland）使用了另一项开创性的创新技术，该技术与Trendwatching.com的"无界面"预测（请参见第17页）相一致，他与Visa欧洲合作使用了可穿戴支付技术。受邀宾客可以使用定制的戒指，戒指上装有通信技术，预存了500英镑。当戒指和商品标签连接成功时，即实现立即付款，商品在后台打包，等待买家带走。这一惊人的新发展使T台秀有可能扩展为直接的购物体验，也许有一天大众也能享受到这种体验。

2016年2月，博柏利宣布，将在9月的T台秀上推出适合无季节区分的男装和女装系列，这是时装业的一次彻底变革，也可能颠覆已有悠久历史的"时装季"概念。

这些系列可在媒体上预览，整合以前的季前系列和主季系列。这是一个大胆的举动，彻底终结了消费者对产品任何形式的等待。消费者看到时装秀图片和立即发布的传播活动材料，可以直接在网上或店内购买产品。在撰写本文时，业内正在广泛讨论供应商应如何改变时间安排来满足订单，而没有自己零售店的小品牌将如何实现这一举措。

展会上的展出

对于预算有限的品牌，国际时装周提供了一个令人兴奋的、充满活力的、日益进步的展示平台，也提供了大量的销售和宣传机会。然而，对于一些高端品牌、大众品牌和中端品牌来说，在展会上展示更为经济，更能直接与潜在买家接触。

趋势预测机构WGSN（2015）列举了大量展示全球成衣品牌的展会，这些展会涉及以下领域：

- 配件，如纽约的Accessorie Circuit。
- 美容，如纽约的Indie Beauty Expo。
- 男士牛仔服、休闲服和配饰，如柏林的Selvedge Run。
- 鞋类，如米兰的MICAM。
- 内衣和泳装，如迈阿密的Miami Swim Week。
- 珠宝和手表，如伦敦的Goldsmiths' Fair。
- 授权机会，如拉斯维加斯的Licensing Expo。
- 男装，如伦敦的Jacket Required和中国香港的HUB。
- 女装，如柏林的Premium和东京的Rooms。
- 青年和街头服饰，如洛杉矶的LA Majors Market。

成衣商品展会紧随主要的秋冬和春夏时装季，分别在一、二月和七、八月举行，通常稍早于T台秀。各大品牌希望订单6个月后交货，即接受所谓的远期订单。然而，越来越多的买家希望为立即交货的产品预留预算，以便利用之后的销售及颜色、趋势等信息。在这一领域，一个品牌通常不会晚些时候进行季前展，而是同时展示两季，一个是希望提前收到订单的主要季节，另一个是可以在几周内交付库存商品的当季。

对于在与国际时装周相关的静态展览或小型展会上展出的小品牌来说，一个样品系列可能足以将潜在买家和媒体参观者吸引到展台。然而，较大的品牌可能会设法吸引来自不同国家或地区的来访者。品牌通常会向负责特定国家或地区的所有销售人员提供全套样品、可供选择的颜色、批发价格和产品详情，以便在必要时用他们自己的语言向买家有效地销售产品。

这些样品系列被称为销售样品，各品牌在展会前很大一部分的组织工作和费用都与此相关。这些样品必须按时备足，不可丢失。

准入标准和成本

近年来，柏林已成为欧洲的时尚展会中心，举办了Selvedge Run、Premium、Seek和Bread & Butter by Zalando等时尚展会。参展商和参展标准的申请表格可以在展会的网站上找到，比如SelvedgeRun.com和PremiumExhibitions.com。这些网站还提供有关参展品牌、媒体联系、媒体评论和实用信息（如访客登记和住宿）的链接。参展的标准不像时装秀那样严格，但现在许多展会都会营造一种亲密、精心策划的氛围，并要确保该品牌符合这种氛围。通常会要求品牌提供他们的系列图片，并满足其他标准，如工艺达到特定水平，保证方法透明度。

与国际时装周的T台秀一样，在一个展会上参展的成本也会因展会的声誉和展台的大小而有所不同。这一信息不会提供给非参展商，但一般而言，较小的、不太知名的展会大约需要1000英镑的预算；而在一个更有声望的展会上，一个中等大小的展位大约需要3000英镑的预算。大品牌的花费更多。在Bread & Butter展会的全盛时期，汤米·希尔费格（Tommy Hilfiger）安装了一个配有企鹅模型的可用滑冰场，G-Star RAW上演了精心设计的T台秀和现场表演，迪塞尔（Diesel）则创造了一个带有沙滩的岛屿概念。

一些展会设有T台秀，品牌可以提供商品。T台秀由展会组织者安排，不对品牌进行额外收费。许多品牌都是按日聘请模特来展示其系列产品，实现最佳的展台效果，但通常只需要一到两名模特来协助销售过程。

参加展会要考虑的问题

重要的是，品牌必须选择合适的展会，既能在互补品牌之间引起关注又能充分展示。尤其对于新品牌来说，重要的是确保参观展会的人有兴趣了解新的或未被发现的品牌，否则他们将忽视新品牌而青睐老品牌。有的展会会受到追捧，而有的无人问津，正面的新闻报道可以吸引买家的到来。

格雷姆·莫兰（Graeme Moran）在 Drapers（2015）中指出，2016年春夏展会总体表现平平，佛罗伦萨、柏林和英国的参展人数普遍较少。他也提出了展会未来发展方向的问题。相比之下，哥本哈根国际时装展（CIFF）中的Raven Projects活动受到了好评，表明了品牌精心策划展会仍会呈现持续发展的趋势，不过这次展会是以宽敞的概念店的方式呈现的。该展会是由伦敦概念店LN-CC的创始人约翰·斯凯尔顿（John Skelton）联合策划的（请参见第149页），在高品质和有趣的装置、配件上展示服装。这一举措将B2B销售平台与B2C销售环境结合起来，使终端买家能够更清楚地了解自己店里的产品。现在品牌需要考虑类似的概念，为接连不断的展会想出点子来帮助吸引买家。

吸引消费者

2013年12月，在国际巡回赛上，最受欢迎、规模最大的展会Bread & Butter的组织者卡尔·海因茨·穆勒（Karl-Heinz Muller）提出，应该邀请终端消费者到展会去体验这些活动是如何运作的，并参加一些聚会和其他活动。面对行业集体反对，这个想法被放弃了。反对意见集中在消费者想要即时购买的商品，而不理解所涉及的预先订货时间。各大品牌也担心可能需要花费额外精力，为消费者提供一些可以带走或当天购买的东西。

然而，新的展会投资者德国电子零售商Zalando，在2015年资不抵债时提出了这个活动，推动了发起一个真正平民的"时尚节"这一想法，对公众开放，并与柏林其他贸易活动一起举办。Zalando时尚屋于2015年7月出现在柏林，与设计师平台Not Just a Label（NJAL）合作。此次活动展示了Zalando和NJAL旗下的设计师，并就音乐和时尚、现场表演、电影和公众感兴趣的时尚新技术等问题进行了小组讨论。这次活动表明，就像国际时装周一样，时装行业正在渐渐地平民化，向公众开放（尽管有点出于无奈）。

时装与展会的未来和相互关系在业内存在争议。理论上，买家可以少参加时装秀，可以观看直播视频片段或者通过社交媒体直接了解和接触品牌。然而，至少就目前而言，这些事件仍然很重要，供时尚界所有感兴趣的人相聚和交流。特别是，它们能让买家密切关注品牌，以测试品牌在财务上是否可行，以及是否有能力处理订单和发货。对于品牌而言，展会仍然提供了传递信息的机会，还有助于品牌考虑希望获得或增长多少客户、如何吸引新老客户。接下来的案例研究（参见第176页）说明了对事件进行正面媒体报道和深入研究潜在零售商是有好处的。

然而，如今品牌和设计师品牌必须思考如何邀请和吸引消费者参与这些事件，以及如何管理"即看即买"文化，这种文化增加了消费者对直接产品的需求，挑战了现存40多年的成衣（RTW）销售模式。

下图　时尚之都柏林。展会通常在走廊两侧设有摊位。品牌通常是按产品分类的，这样潜在买家就可以进入他们感兴趣的领域。

下图 2012年柏林，Bread & Butter展会的迪塞尔之岛（Diesel Island）。

底图 在2015年丹麦CIFF的Raven Projects活动中，各品牌在类似于高档百货商店或独立概念零售商的安装环境中展示。

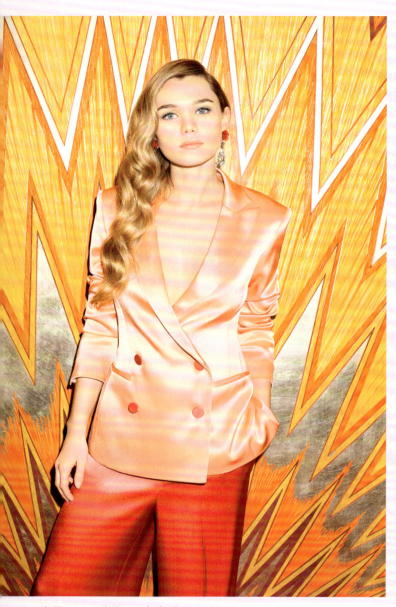

上图　Racil品牌2016年春夏季的"日出"晚宴服。

拉西尔·查尔霍布于2015年3月推出了自己的同名品牌，有20件女士燕尾服的概念系列。在2016年3月接受采访时，她即将在巴黎时装周上第三次亮相，在私人租用的陈列室中向买家展示了65件单品。查尔霍布之前是一个买手，在家乡贝鲁特（Beirut）拥有自己的商店。再加上时尚设计和市场营销方面的学习，使她具备了商业意识，既知道如何建立品牌，也知道女性想从一件投资性的服装中得到什么。她的系列旨在为女性量身定制具有持久吸引力和全天多功能性的专业晚宴服。一些细节设计（如用施华洛世奇水晶点缀，创造性地使用传统剪裁和色彩）强有力地突破了传统的"吸烟装（Le Smoking）"，满足了21世纪女性的需求。自推出以来，Racil品牌引起了广泛的关注，*Vogue*、*Grazia*和*Glamour*杂志国际版争相报道，莱恩德拉·梅丁（Leandra Medine）和加兰斯·多雷（Garance Doré）等意见领袖博主也十分认可该品牌。2016年2月，全球约有15位零售商收到了2016年春夏订单，客户来自法国、意大利、美国、俄罗斯、沙特阿拉伯和英国。查尔霍布的时间被分成了几块，她在伦敦的总部工作，在巴黎和东欧采购样品和生产，在巴黎向买家展示她的作品。

问：巴黎时装周现在不远了，您处于计划过程的哪个阶段？

答：距离时装周有八周的时间，意味着离上一季所有订单的交付有六周的时间，因此，现在我们要同时处理两个季节的订单。我正在处理生产方面的事情，为下一个时装周生产新样品。我们开始收集样式，等待样品送来。我们为每件商品都制订了计划，以及谁来制作。在我们收到面料后，会分配好它们，以便能按时准备就绪。压力总是很大。理想情况下，我喜欢在展出前两周准备好一切，以便有时间拍摄和制作图片手册。我们希望在展出后的一个月内接收所有订单。现在这个季节我们希望时间能缩短，大概两到三个星期。这可能很棘手，既希望在时装周结束后尽快关闭订购，又希望尽可能随时都有订单。例如，我的两三个主要库存商在时装周后一个月就进货了。

问： 您是否有季前秀？还是坚持一年举办两次时装展？

答： 我还没有季前秀，只是主季系列。我不参加巴黎时装周的官方时装秀，但我参加日程安排。我在巴黎时装周期间举办时装秀，但我会在一家有很多品牌展示的酒店租一间私人套房，邀请买家和媒体前来，我称为陈列室，因为它已经变成了一个品牌聚集的空间。现在，主要是大型商店和百货公司给我很大压力让我展示季前系列。他们将更多的预算用于购买季前系列，主要是为了让商品更快上市，因为这类商品的货架寿命更长。例如，春前系列会在冬季假期之前推出，全价销售几乎一直维持到6月。

下图 Racil品牌2016年春夏季的水晶装饰晚宴服。

问： 是什么让您选择巴黎，而不是其他国际或新兴时尚城市？

答： 地点不再那么重要，但是地点对于系列展示的精神很重要。我们选择在巴黎举办时装秀是因为尽管我在伦敦了解并学习了很多有关时尚的知识，但我对时尚的热爱始于巴黎（查尔霍布在那里长大）。我相信，就我所销售的这类产品而言，巴黎是最适合上市的地方。我们在每个国家都有相当数量的零售商。我不知道大型的国际零售商是否会覆盖所有的时装周，但每个人都会去巴黎。他们设法把每件事都限制在一个金三角里，所有事都在那里进行。例如，纽约要大得多，但也更难驾驭。

问： 我注意到，2015年3月Vogue.com对您做了很好的报道，把您列为他们在巴黎时装周上看到的最有趣的人物。他们是怎么找到您的？

答： 太神奇了。那是我的第一个主季秀，也是我第一次被报道。我挺不知所措的。我很早就意识到，如果你要在巴黎推出产品，你需要创造尽可能多的机会。通常作为一名设计师，你可以邀请所有的媒体，但有几百万的设计师，你只是其中之一。以前我认为我可以自己做所有事情，我可以给所有的媒体发邮件，但你需要让他们来。后来，我在巴黎找到了一个喜欢这个品牌的新闻办公室，在举办展会之前我和他签了约。巴黎展会的第一天变成了受邀编辑们的新闻发布日。有的来了，有的没来。你可以邀请他们，但不能强迫他们报道你。报道可能非常有效。例如，Vogue.it（意大利版*Vogue*线上版）也到访并写了一篇文章，给我带来了两个意大利零售商。他们在网上看到了报道，联系了*Vogue*杂志问我们在哪里展出。重要的是，你想展示你的系列，然后需要媒体报道，因为这将有助于那些已订货要出售的零售商，也能帮助你吸引新商店的注意。

问：您是否发现，在租来的套房里，您的展示方式让您更容易与买家面对面交谈？

答：我喜欢与人互动，也喜欢自己卖东西，但是一切都有利弊：如果我要参加像Tranoï这样的展会，可以从更多流量中得到更多曝光；而在私人房间，你每天可能只能接待两个人。这取决于你想要什么。我想要做一个更专属的品牌定位，而且我知道我的目标商店是什么样。这些决定了我如何展示系列。许多销售陈列室不愿意与小品牌合作，这很可惜。他们想在品牌更大更稳固时合作，从而确定能产生很多销售。我接触了一些还不感兴趣的人。自己做销售也有好处。如果我真的雇用这种类型的销售代理，我还得考虑他们的利润分成。

下图　Racil品牌2015~2016年秋冬系列发布会上的演员安娜贝尔·德克斯特·琼斯（Annabelle Dexter-Jones）。

问：展会是如何与您为自己打造设计师品牌的其他方式结合的呢？

答：对于每个季节，我们都会制作一本穿搭手册和一份新闻稿，在展会前发送给新闻界和买家。如今，我们很幸运拥有诸如脸书和照片墙之类的渠道，这些渠道对于自我推广非常重要。我不太喜欢这样，但这是一种分享媒体报道的方式。更多的人甚至商店看到的话，就会受到人们的关注。我可以把我们穿搭手册的照片和我获得的90%的媒体报道（才是第三季，报道可能不多）放在上面。如果你想和商店取得联系，他们做的第一件事就是看你的照片墙，确认你在*Vogue*、*Harper's Bazaar*或*Telegraph*等杂志上被谈论。看到品牌受欢迎，他们就放心了。

问：您是否觉得自己是品牌推广的一部分？

答：是的。我发现如果我在社交媒体个人主页上贴上一张反映生活方式的普通照片，点赞会更多。读者喜欢与人物产生共鸣。再举个例子，我最好的朋友是一个烹饪书作者和美食博主。每天在博客上发布食谱之前，她会写一篇博文介绍自己一天过得如何，为什么做某个食谱，或者孩子带给她什么感受。大部分积极评论都是有关这种博文。现在人们可以接触如此多的东西，追随者们都在寻找能产生共鸣的事物。

问：您对时装秀的未来有什么看法？您是对技术感兴趣，还是对未来的某个时刻让顾客参与感兴趣？

答：在某种程度上，我喜欢用老派的方式建立品牌。我认为现场观看时装秀是一件令人惊奇的事情——过去你必须等待杂志报道，但现在你可以在活动一小时后在网上看到它。对于品牌来说，从可购系列中了解客户的预购也很有趣。对于有自己店铺的品牌，买手可以预测哪些款式最适合加大生产。然而，当你还是一名年轻的设计师时，让公众参与时装秀之类的活动会让你压力很大，因为你需要把注意力放在商店的买家和媒体上。之后，当你的公司足够大时，顾客参与就是推广的一部分，因为每个参加展会的人都会出去宣传。它之所以有趣，是因为每个人都在使用社交媒体。这种类型的推广可以进一步制造事件和品牌的轰动效应。

参考文献

Mau, Dhani, 'How Much it Costs to Show at New York Fashion Week', 5 February 2014, fashionista.com/2014/02/new-york-fashion-week-cost

Moran, Graeme, 'A Project to Rave About', *Drapers*, 22 August 2015, p. 28

WGSN.com

延伸阅读

Amed, Imran, 'Why Stage Fashion Shows?', *Business of Fashion*, 2 October 2015, www.businessoffashion.com/articles/week-in-review/why-stage-fashion-shows

Breward, Christopher, *Fashion*, Oxford University Press 2003

Buxbaum, Gerda, *Icons of Fashion: The Twentieth Century*, Prestel 2009

Drapers, 'Show Calendar Spring 17', 20 May 2016, www.drapersonline.com/product-and-trade-shows/drapers-show-calendar-spring-17/7007630.article

Harris, Sarah, 'Show Business: Are Fashion Shows Still Relevant?', *Business of Fashion*, 8 January 2014, www.businessoffashion.com/articles/intelligence/show-business

Hounslea, Tara, 'Bread & Butter Berlin to Transform into Consumer "Festival of Fashion"', *Drapers*, 8 July 2015, www.drapersonline.com/news/bread-and-butter-berlin-to-transform-into-consumer-festival-of-fashion/5076817.article

O'Byrne, Robert, *Style City: How London Became a Fashion Capital*, Frances Lincoln 2009

Sowray, Bibby, 'Burberry to Preview SS16 Show on Snapchat', *The Telegraph*, 18 September 2015

Todd, Luke, 'Shows of Intelligence', *Drapers*, 26 October 2015

Trebay, Guy, 'At Marc Jacobs, The Show Before the Show', 16 February 2011, www.nytimes.com/2011/02/17/fashion/17Curtain.html

Zargani, Luisa, 'Lagerfeld, Armani Remember Krizia's Mariuccia Mandelli', WWD.com, 7 December 2015, www.wwd.com/fashion-news/fashion-features/krizia-mariuccia-mandelli-dies-obituary-10291751

讨论

除了本章所介绍的，思考时尚消费者还可以通过哪些方式参与T台时装秀。

如果你拥有一家刚起步的时装公司，你会在哪个时装秀上展示你的时装，为什么？请分别以设计师品牌和大众市场品牌为例进行说明。

传统贸易展会面临的威胁是什么？它们还重要吗？行业媒体和行业论坛对展会的最新看法是什么？除了去贸易展会，买家会做些什么？展会又可以通过哪些方式来吸引买家？

第十一章

促销和包装

本章对促销的定义是：使用工具激励消费者试用新的品牌或产品在理想情况下购买。促销通常与直接营销和个人销售结合使用，诸如折扣之类的激励措施是推动线上时尚销售获得成功的主要动力之一。本章阐述了客户促销的策略，讨论了运用折扣之外的创意方法为消费者增加价值体验并建立可信的品牌形象。促销也可以是品牌与零售商之间基于交易的举措。本章进一步介绍包装和销售点（POS）材料的作用，以增强店内的品牌形象。在本章的结尾，建议零售销售点和所有用于促销的包装材料应反映出消费者的外部品牌体验。

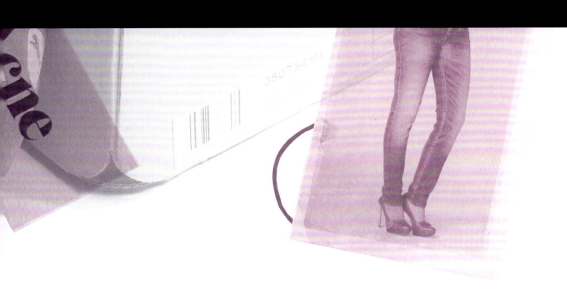

促销的定义

促销是为鼓励人们购买或至少试用产品而使用的一种激励措施，如折扣、赠品、免费样品或比赛。约翰·伊根（2015）对促销的定义如下：

从本质上讲，促销意味着存在内在的紧迫性，即必须在一段时间内或商品售罄前购买（或采取其他行动）。它具有加速购买的功能，旨在通过直接影响决策过程和决定速度来增加销售量。

品牌促销的主要用途是在短时间内加速销售。使用促销还可以通过客户填写表格、参加比赛或使用代金券时捕获的数据来衡量消费者对某个商品的兴趣，或者找到新的潜在客户。

促销的优劣势

根据菲尔的有效性框架，促销的评价如下（见下表）。

促销的优势

- 品牌或零售商可以控制促销活动的开始和结束。如果出现问题，停止促销也是相对容易的。

传播工具4C框架对促销的分析

传播效果	促销
传播私人信息的能力	低
到达广大受众的能力	中
大众互动水平	中
可信性	
目标受众对广告信息的信任	中
成本	
总成本	中
平均成本	中
浪费	中
投资规模	中
可控性	
针对特定受众的能力	高
依情况进行调整的能力	高

- 品牌可以利用所拥有的数据库，通过促销来定位特定的消费群体。技术手段可用于衡量促销活动中的互动，并有利于品牌发送个性化信息。
- 促销活动可以帮助转移多余的库存（时尚业尤其如此，有些款式可能表现不佳或过季），可以为新一季的款式腾出空间。
- 促销可以与其他工具很好地整合使用；伊根将此称为棘轮效应，即促销通常通过直接营销、人员推销、公共关系、社交媒体和广告（如果预算允许）来实现，从而建立信誉，进一步开展公共关系活动。

促销的劣势

- 协作式促销活动或需要外部机构参与的促销活动，需要精心准备和组织。成本也会增加。
- 消费者被折扣等促销措施所吸引，但其意图是显而易见的，因此，消费者对折扣促销的信任度或忠诚度很低。
- 促销可能会导致销售短期上升，促销活动结束后销售立即下降。

左图　*Porter*杂志的激励措施：在2015年订阅*Porter*杂志，可以换取免费的新款美容产品样品。这是一个带有促销信息的直接营销邮件例子。

上图　2014年，西班牙高街零售商Desigual邀请消费者参加活动，穿着内衣排队，前100名有机会领取免费衣物。这一活动增加了一月的销售额，此前该品牌已提供五折活动。Desigual在都灵、罗马、柏林、马德里、巴黎和巴塞罗那等城市开展了这项活动。将打折促销与人员推销和有新闻价值的公关结合在一起。

时尚业的促销种类

首先讨论时尚行业中品牌为消费者提供的折扣、竞争、赠品、免费样品和忠诚度计划等促销策略。到目前为止，最常见、甚至被过度使用的促销形式是打折。百货公司和在线零售商的购买力量更强大，他们能够在时装季中越来越早地降价，小型独立商店更难与之竞争。一些快时尚商品的价格已经很低，再加上过度打折，已经形成了一种购物者期待打折的文化，消费者会积极寻找折扣或等待打折，而不是以全价购买商品。

折扣和网上折扣

降低服装零售价对消费者来说可能是个好消息，但对零售商而言，这意味着对已经应用的零售价（自有品牌情况下，到岸价格的2.7～3倍）或批发价（进口品牌情况下）进行打击，这会影响利润率。实际上，Zara和优衣库等许多国际快时尚零售商都对打折严格控制。根据史蒂夫·丹宁（Steve Denning，2015）的研究，Zara通常只降价约15%，而美国中端市场和高档百货商店通常会打三到五折（他将Zara视为美国零售商）。Zara中打折的商品数量很少，永远不在商店中占主要地位，并且只有那些明显要被新款取代的商品才打折。Zara的目标是减少折扣，因为有必要转移过剩的库存；相反，它倾向于利用来自车间的消费者反馈，实行延期生产，根据需求随时生产。这就减少了过度生产有风险的时装款式的可能性。

然而，线上环境是使用折扣作为激励手段增长最快的。法国的ventte-privee.com、美国的Gilt.com及英国的SecretSales.com等网站的会员可以每天参与限时抢购，按原价三到五折购买商品，包括奢侈品、鞋类和配饰，这样消费者就不必再等待商店打折了。名牌商店折扣村以折扣价出售前一季的存货，限时抢购与之不同，可以更快地在限定时间内销售想出手的、多余的存货。奢侈品品牌对店内打折持谨慎态度，因为这可能会显得比较低档，但事实证明，日本Glamour-Sales.com、新加坡Reebonz.com和印度的Fashionandyou.com等网站在全球推广奢侈品闪购方面都很成功。

下图　Zara通常会针对少量的季末产品线进行折扣促销，并发布少量的辅助性促销信息。但是它参加美国的促销活动，如"黑色星期五"。

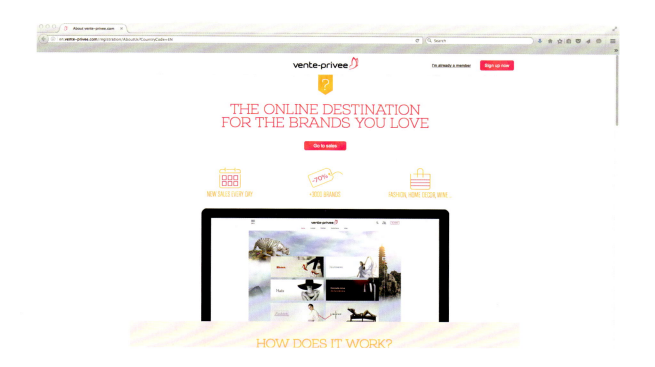

那些促销方法类似于线上线下团购活动（源起于中国）。对某商品感兴趣的人会在网上论坛讨论，然后组成小组找到零售商，通过大量购买一件商品获得折扣。这在很大程度上是拉手网（Lashou.com）和窝窝团（55tuan.com）等团购网站运营的一种线上业务。这些团购网站允许商家根据接受交易的最低人数，直接与购物者进行日常交易。在英国和美国，高朋团购（Groupon）的运作方式相同。

美国的实体店和网店都在通过"黑色星期五"（Black Friday）进行销售激励，这是一个开启圣诞节购物季的周末，到处都在打折，目前已遍及欧洲、南美、加拿大和印度。根据德雷珀斯（Drapers，2015）的研究，英国2015年"黑色星期五"销售额预计将超过10亿英镑，零售商们都侧重于对冬衣打折。尽管担心公众会习惯于等待一段时间的大幅打折后再购买，但许多零售商现在接受了公众的这一做法，并寻求提供更具针对性的优惠，而不是全面打折。先前商店里出现的混乱局面已经促使零售商更好地制订计划，以应对电子商务系统运营、送货和退货所带来的日益沉重的压力。

显然，消费者已经习惯了打折，甚至还开发了自己的议价体系，打破了零售商对此的控制。Trendwatching.com的"同情定价"趋势（请参见第12

上图　法国快闪销售网站Vente-Privée在八个欧洲国家或地区运营。免费注册会员，可收到感兴趣的促销产品信息，或查看平台每天提供的服务。

页）提供了一些针对性的建议，旨在为消费者提供更多个性化折扣，或解决他们生活中真正的担忧或金钱问题。例如，向目标消费者提供配饰的折扣券来搭配昂贵的礼服。这是一种不那么明显、更让人感觉舒服的折扣形式，对商店的影响较小，更类似于Zara的低调折扣模式。

上图　在中国香港太古广场的奢侈品零售商连卡佛。

菲利波·戈里拥有纯粹的金融学背景。他希望在创意领域实现有效营销中理性与常识的平衡，这一愿望将他吸引到了时尚行业。他的职业生涯开始于埃米利奥·普希（Emilio Pucci），担任零售总监，2005年跳槽至古驰（Gucci），开始从事财务规划和会计工作，之后于2011年晋升为大中华区首席财务官。

在古驰，他发现自己几乎承担所有的一般管理职责：战略、业务发展、销售规划和人力资源。随后，他跳槽到意大利牛仔品牌Replay，在那里短暂担任中国香港地区经理和东南亚批发业务发展经理后，他很快被提升为亚洲业务首席执行官。他目前是中国香港新销售渠道项目的主管，正在创办一家时尚初创企业。在这里，他用自己的经验反思东亚地区的促销观。

问：目前在英国，我们有疯狂的折扣——商品只能全价销售大约六周。中国香港和中国内地的折扣情况如何？

答：在时间安排和折扣水平上都比欧洲好一些，但情况越来越糟。上个季节，中国香港著名的多品牌奢侈品零售商连卡佛（Lane Crawford）首次提供三折折扣。由于中国与欧洲或日本之间的价格差异，中国销售额下降得很少。此外，通常中国顾客喜欢打折，也喜欢要求打折。

日本人喜欢买便宜的东西。他们根据汇率波动来安排假期，以最大限度地享受折扣。目前，似乎各大品牌都把高于平均水平的折扣作为因素计入零售价格。

右图 2015年11月，"双十一"购物节期间，阿里巴巴首席执行官张勇站在912.17亿元人民币（143.2亿美元）总销售额的大屏幕前。

问：您认为高档品牌更能避免打折吗？

答：以前是这样，但2014年爱马仕（Hermès）首次在中国提供成衣折扣，而古驰由于设计师变更的原因，对2015年春夏系列的所有商品都打了五折。通常情况下，商家会根据商品类别进行区分：成衣和鞋子的折扣比配饰和包包的折扣要大。从上一季延续下来的畅销款式是不打折的。

在高端牛仔行业，通常会增加额外的折扣，比如，买5件以上可以额外打九折，或者买一条牛仔裤可以在买衬衫或夹克时打九折或八折。一般而言，如果品牌在一个国家或地区既有批发客户又有零售客户，就不能在折扣上太过疯狂，因为需要保护批发商的利润。

问：您注意到闪购网站的影响了吗？您认为这些是在不损害品牌形象的前提下提供奢侈品短期折扣的好方法吗？

答：中国香港几乎没有本地电子商务（除了美国和欧洲电子商务）。但在中国内地阿里巴巴集团在特定日子会进行促销活动，类似于美国的"黑色星期五"。2014年的"双十一"产生了超过90亿美元的销售额，来自中国内地和海外的购物者购买了打折商品。我个人认为快闪销售要比零售销售更好，尤其是在亚洲，那里线上购物的趋势比欧洲更普遍。

总的来说，折扣太多了，而且品牌一开始就期望获得过多利润。我几乎觉得有必要调整定价。如果客户知道一个月之后商品会半价出售，他们很难花2000～3000英镑全价购买一个包袋或一件夹克。

问：您是否观察到折扣活动正变得更加个性化，或使用技术通过折扣活动更有效地锁定消费者？

答：所有品牌都开始实施标准的VIP计划。一些品牌正在将忠诚度计划和客户关系管理（CRM）提升到一个新的水平。以VF International为例，旗下品牌包括万斯（Vans）、添柏岚（Timberland）和乐斯菲斯（North Face），在亚洲非常受欢迎。它采用会员计划，收集客户数据，并进行量身定制的线上交叉销售。它更多地关注于现有客户，利用他们的购买历史，建议他们购买同一品牌或互补品牌的其他产品。数据还可以用来预测他们何时可能需要商品，以及可能需要什么商品。我认为未来的发展趋势是这样的，而不是标准的未分类电子邮件。

问：会员卡在英国越来越受欢迎。您曾任职的公司有忠诚度计划吗？

答：全部都有。忠诚度计划应提供重要数据，然后需要对其进行分析。

问：您是否认为会员卡已经不仅仅用来积累积分？最新的忠诚度计划包括根据人们购物数量预览产品系列、参加独家活动和更新奖励等级。

答：我认为它还没有发展到应有的水平。我认为忠诚度计划与高级CRM（如客户群聚类、量身定制的交叉销售）一起使用可以将更多线下业务转移到线上。将来，零售商可能需要更少的实体店，开设在更有趣的地方，让客户可以更深入地体验品牌。

问：对于未来促销作为吸引和留住顾客的一种方式，您还有其他的想法吗？

答：我在这里考虑的是不包含折扣的模型。可以肯定的是，在奢侈高端产品中，与其提供折扣，不如提供体验更加有趣和有价值。例如，皮革制品的奢侈品零售商可以吸引一些顾客，向他们展示手工包如何制作或制鞋厂如何工作。可以将一部分旧的或滞销的库存赠予VIP客户，而不仅仅是将其用于刺激折扣业务。如果要求顾客在商店中领取礼物，则可以借此机会向他们介绍新商品，或者在购买频率下降的情况下"重新激活"他们。这就将潜在的折扣转化为新的销售机会。

比赛

比赛通常在时装行业中被用来培养年轻的设计人才，由一些组织承担或赞助，这些组织得益于由此产生的宣传，他们对新设计师提供指导和支持。令人垂涎的LVMH奖是一项年度竞赛，参赛者可以参加青年时装设计师类别的比赛，获胜者将获得LVMH30万欧元的奖励和12个月的指导；也可以参加毕业生类别的比赛，其中三名毕业生可以赢得1万欧元，并有机会在LVMH品牌工作一年。2016年的评委包括著名的设计师菲比·菲洛（Phoebe Philo）、里卡多·提西（Riccardo Tisci）、马克·雅可布（Marc Jacobs）和卡尔·拉格菲尔德（Karl Lagerfeld），以及LVMH旗下品牌的代言人。

许多时尚杂志都举办比赛，例如CDFA（美国时装设计师协会）和Vogue时尚基金倡议。该比赛设一名冠军和两名亚军，分别获得40万美元和15万美元的奖金以及相关行业专家的指导。2015年，这项比赛与优衣库合作举办，并由其他20家公司赞助（包括Theory、J.Crew和Nordstrom）并担任专家评审团。此类比赛偶尔会向公众开放，为特定品牌的产品设计提供机会。约翰·弗鲁沃格（John Fluevog，第127页）就是一个例子，作为时尚鞋履品牌，让公众参与活动。

现在，许多比赛都采用了诸如组建社区之类的技术，或者要求参赛者从社交网络上的关注者那里获得选票。得票最多的人被选为获胜者。相比选手而言，广泛参与也将主办方的信誉和名声传播得更广。

赠品

赠品可用于品牌或零售商与消费者之间的互惠互利，它们可以是小型促销物品，如品牌包、贴纸、徽章、文具甚至穿搭手册，在购买时附赠。零售商还可以通过礼品奖励忠诚和高消费的顾客，以鼓励他们重复购买。零售商也可能会要求感兴趣的一方注册会员或登记他们的详细信息，以便直接由品牌寄出礼物；

上图 全球变化奖的获奖艺术作品，旨在减少时尚供应链中的浪费。

右图 格蕾丝·威尔士·邦纳（Grace Wales Bonner），2016年LVMH青年设计师奖得主。

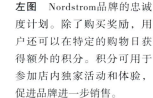

这可能会引发消费者在品牌网站或社交媒体上发布积极的帖子，分享活动参与信息，也会为品牌提供优质的博客内容、社交媒体内容或新闻内容。

免费样品

美容行业的化妆品中更经常使用免费样品，在销售点使用，也作为时尚杂志上的一种广告形式。主要用途是鼓励消费者试用新产品或与所购产品互补的产品。有时，时尚品牌可能会提供"购买前试用"的激励措施或免费提供样品以换取消费者的反馈，但这是一项成本较高的措施，因为服装和鞋类等物品显然不适合提供小样。

忠诚度计划

自20世纪80年代以来，忠诚度计划一直很受欢迎。伊根引用了2012年英国的数据，86%的成年人拥有至少一张会员卡，而29%的成年人拥有超过五张会员卡。顾名思义，忠诚度计划通过奖励顾客的各种行为（如购买、订阅时事通信、宣传商店或推荐朋友加入）来留住他们。忠诚度计划认识到保持现有客户（而不是吸引新客户）的重要性。除了通过创新来奖励购买，零售商还提供了一些让人感觉良好的方式来替代打折，并通过这些方式来传播品牌。闪购网站Gilt.com和美国百货公司Nordstrom提供了分级的奖励系统。会员访问网站和购买都可以获得奖励，例如Gilt.com，连续5个工作日访问网站或推荐朋友可以获得更多积分。累积积分的好处是可以获得更高级别的奖励，包括获得独家销售预览、VIP客户服务以及热门商品等候名单上的优先权。现在，一些忠诚度计划可以通过下载应用程序获得，例如哈维·尼科尔斯（Harvey Nichols），它为用户提供了分级奖励，包括礼品包装、化妆师、服装修改和家庭设计师。哈维·尼科尔斯通过应用程序收集数据并更新内容，根据消费金额提供惊喜的个性化奖励。

有些客户会将感兴趣的商品放在拼趣高度视觉化的故事板上，美国网站Prima Donna会对此进行奖励。英国鞋履零售商万达尔（Van – Dal）则会更进一步奖励评价产品的顾客。

增值促销和附加价值促销

在对激励类型的考察中，菲尔（2013）提到了肯·佩蒂（Ken Peattie）和苏·佩蒂（Sue Peattie）的观点（1993），对增值促销和附加价值促销进行了重要划分。

增值促销

增值促销是降低价格的促销，如折扣、优惠券和买一赠一优惠。也可以改变质量，为消费者提供更好的价格。这两种方式通常都被用于刺激短期购买动机。

附加价值促销

附加价值的促销活动在于价格和质量保持不变，但增加了额外的激励措施，如会员卡、免费礼物、参加比赛或抽奖。根据菲尔的说法，还可以应用于限量版、收藏性包装和包装礼品等。这些感觉良好、更具个性化的激励措施可以长期提供附加价值。比赛和分级忠诚度计划等促销活动使客户能够进行更多的互动，并进一步在潜在客户中推广品牌。

何时使用促销手段

在考虑使用促销手段时最后需要考虑的因素是，对于希望提高知名度的不知名初创品牌、进入新市场的品牌以及购买高价值产品或购买奢侈品的消费者来说，这些促销手段可能不那么有效，理论家们也表示如此。菲尔（2013）建议使用一个表格来总结促销与品牌在市场中的寿命之间的关系，这与消费者参与购买的程度有关。以下是根据对时尚产业的分析后提炼和调整的内容。

菲尔的促销目标表格

促销目标	高参与度（奢侈品、高价值商品）	低参与度（中等或大众市场商品、快时尚商品或基本商品）
新产品/品牌或新市场	建议不使用促销	使用增值促销促进试用 ·赠品、免费样品
成熟产品/品牌或成熟市场	使用增值促销来吸引新客户 ·比竞争对手更好/更具创新性的会员卡奖励 ·提供参加可信设计比赛或抽奖活动的机会，从而在活动中赢得一席之地 使用附加价值促销和增值促销来奖励现有客户 ·分级奖励计划 ·个性化折扣	使用附加价值促销和增值促销来鼓励新客户试用，并在潜在客户中进一步推广 ·赠品、免费样品、大众比赛（可能被广泛分享） ·短期买一赠一优惠或限时折扣 使用附加价值促销和增值促销来奖励现有客户 ·会员卡奖励，如购物积分和/或礼物、赠品 ·短期折扣 ·同情折扣

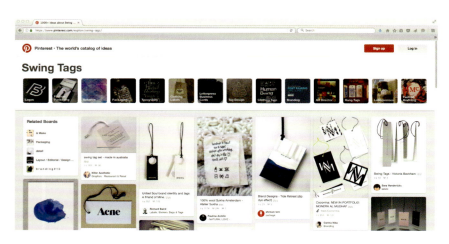

包装和零售销售点

吊牌和其他包装可以作为附加价值促销品，将品牌身份传达给消费者，时尚公司通常使用它们来增加价值和传达品牌身份。要考虑包装的可收集性、吸引力和有用性。包装在社交论坛上的生命力也很长，尤其是在拼趣上，人们会发布感兴趣的东西，以便获得进一步的评论。

通常，在商店中展示时装有两种情况：在自有品牌零售商或品牌旗舰店中，购物者意识到处于单一品牌环境中；或在多品牌情况下，零售商或百货商店销售一些精选品牌。包装和零售销售点在两种情况下都很重要，因为它们在店内传达了品牌身份。实际上，包装应该触发品牌所希望的所有情感联系（如第二章所述）。在多品牌情况下，包装在帮助购物者区分不同品牌方面更加重要。

包装

伊根、保罗·R. 史密斯和泽·祖克（2011）都提到，包装（包括吊牌、盒子、瓶子和产品支撑物）扮演着"沉默的销售员"的角色。在自助服务日益兴起的零售环境中，包装应被视为传达价格、适合性和产品详情等信息的最终机会（如果不是唯一的机会）。伊根提供了以下关于良好包装的要点，此处已对其进行了修订，以适应时尚产业需求。

- 应该引起注意。
- 应该与众不同。
- 应该能够通过提供例如合身信息、面料特征、尺码细节和原产国来进行指导和说明。

左下图　符合道德规范的荷兰品牌Kuyichi已制定了明确的政策，规定了该品牌在自己的商店和仓库中应该如何出现。在它自己的旗舰店，标志、广告语和产品包装都很明显，反映了品牌的道德立场。装修以天然石材、裸露的砖块和可持续木材为特色。

右下图　Kuyichi店中店布局，用于多品牌商店。这里使用最新拍摄和标签信息的卡片更加明显。品牌理念和使命宣言也很突出。

- 应该表明特别优惠、有用性或可收藏性来说服购买者购买。
- 应该反映品牌形象。
- 应该激励消费者选择该品牌。

环境因素还决定着包装材料的选择和未来的发展。根据世界包装组织（World Packaging Organization）2008年的报告，北美市场（加拿大、墨西哥和美国）是全球最大的包装消费国，价值1320亿美元，占全球所有包装产量的32%。西欧和亚洲各占包装消费的26%。根据欧盟统计局（Eurostat）2012年的统计数据，仅在欧盟成员国中，平均每位居民产生156.8kg包装废弃物，其中纸和纸板包装占最大数量。对这一问题的关注促成了《欧盟包装废物指令》（1994）的诞生，鼓励生产商采取以下措施终止包装废弃物的产生：

- 重新使用包装。
- 回收包装。
- 减少最终处理包装废弃物的可能性。
- 减轻包装重量。

各品牌可以考虑使用可降解材料、供应链闭环材料（即该品牌服装、鞋类或配饰的副产品或回收品）或使用废弃产品磨碎材料（如用于3D打印的材料）。

吊牌

吊牌是附着在商品上可拆卸的品牌标签，由购买者带回家。此处的插图展示了如何设计吊牌以提供更多信息，如何通过使用材料而与众不同，以及可能作为收藏品保存或供买方将来使用。

图❶❷❸　采取可见的形式展现吊牌的功能和优点，例如，Acne的修复或替换按钮、Diesel迷你手册吊牌提供额外信息及Franklin and Marshall采用代表认可和真实性的印章。

图❹❺❻　不同寻常且易触及的材料：Boss的橙色雪纺吊牌，带有包裹在织物小袋中的水晶碎片，既有活力又健康；保罗·史密斯（Paul Smith）吊牌上使用的3D透镜状印刷品；大卫·贝利（David Bailey）和The Bleach Room合作推出了一个霓虹灯塑料钱包，里面装有大卫·贝利的迷你印花，用于限量版T恤系列。

图❼❽❾　具有其他目的或可能用途而不是废弃的吊牌：Fake London的玫瑰花结，带有安全别针，可固定在其他衣服上；Lost Propertee的印刷织物贴纸，背面可撕掉，类似后台通行证；Roxy的小型刮冰器，可以放在滑雪服里。

包装盒和支撑物

同样，较大的包装物也应激发人们对品牌的热爱，同时考虑废弃物处理问题而进行有意识的设计。Fuseproject公司与彪马（Puma）合作解决了废鞋盒的问题，他们开发了可重复使用的布袋，单个模切纸板即可实现展示和销售目的，从而大幅减少丢弃的纸板量。

具有生态意识的活动服品牌Howies使用了14个由艺术家装饰的可回收衣柜作为店内陈列单元，获得了公关报道。该品牌的T恤包装还使用了再生花球包装，具有成本效益和即时消息传递功能。

在包装方面，奢侈品牌一直没有摆脱既要考虑可持续性又要考虑奢华感的压力。例如，古驰率先引入了经过FSC（林业标准委员会）认证的可完全回收利用的材料。该品牌还减少了纸张用量，改变了丝带和服装袋的构成，从使用聚酯纤维到使用棉，实现了包装完全可回收。

零售销售点

零售销售点（Retail Point of Sale, POS）的使用方式和包装类似，例如，海报、展示卡和产品陈列单元（如Howies的衣柜），但其目的还在于传播推广活动材料，店内购物者可能已经在其他环境中看到过这些材料。通过这种方式，消费者会在店内获得来自品牌的提醒，触发对先前联想的回忆，这可能会让他们产生强烈的购买冲动。因此，推广活动材料要与零售销售点整合使用，这是至关重要的。Pepe Jeans London（请参阅第43页）是一个很好的例子，说明品牌设计师如何采用整体方法开发产品、零售和推广活动材料。

格林伍德（2012）将理想的零售场景称为"沐浴在品牌中"。购物者看到了欲购品牌的广告或公共关系活动，在去商店的路上可能因为看到一些户外广告想起这个品牌，诱人的橱窗展示将其吸引到商店中，进而走入品牌所在区域，参加他们所看到过的推广活动。

本页 Fuseproject为彪马鞋盒提供的可持续解决方案使纸板的使用减少了65%，节省了8500吨的纸张和100万公升的水。

总而言之，零售商、行业评论员和消费趋势预测者都认为，我们不会偏离希望寻求折扣的新文化，但是这些折扣活动要更加深思熟虑、更有针对性，并且占用更少的商店空间。品牌还必须设法保持正面品牌形象，通过提供见面会、幕后知识或礼物等促进购买，为消费者和品牌增加价值。正是这一领域的经验，引导我们考虑品牌在店内的所有表现形式，如包装和零售销售点。

下图 2017年Carter Wong与Howies联合设计的可回收产品包装。

底图 古驰于2010年推出经FSC认证且可完全回收的包装。

参考文献

Denning, Steve (2015) 'How Agile and Zara Are Transforming the US Fashion Industry', *Forbes*, 13 March 2015, www.forbes.com/sites/stevedenning/2015/03/13/how-agile-and-zara-are-transforming-the-us-fashion-industry

Egan, John, *Marketing Communications*, 2nd ed., Sage 2015

Fill, Chris, *Marketing Communications: Brands, Experiences and Participation*, 6th ed., Pearson 2013

Lea-Greenwood, Gaynor, *Fashion Marketing Communications*, Wiley 2012

Smith, Paul R., and Ze Zook, *Marketing Communications: Integrating Offline and Online with Social Media*, 5th ed., Kogan Page 2011

Sutherland, Emily, 'Get Set for Black Friday', *Drapers*, 29 July 2016, www.drapersonline.com/news/how-to-stay-ahead-of-the-pack-this-black-friday/7009176.article

World Packaging Organisation, *Market Statistics and Future Trends in Global Packaging*, 2008

延伸阅读

Jourdan, Adam, 'Alibaba Reports Record $9 Billion Singles' Day Sales', Reuters, 11 November 2014, www.reuters.com/article/2014/11/12/us-china-singles-day-idUSKCN0IV0BD20141112

Madden, Normandy, 'China Did Group Buying Discounts Before Groupon', *Advertising Age*, 15 December 2010, www.adage.com/china/article/china-news/china-did-group-buying-discounts-before-groupon/147676

Peattie, K. and Peattie, S., in Michael Baker, *The Marketing Book*, 5th ed., Routledge 2012

Rogers, Charlotte, 'The Rise of Loyalty Schemes', *Drapers*, 14 March 2016, www.drapersonline.com/retail/the-rise-of-loyalty-schemes/7005465.article

Sutherland, Emily, 'Flash Sales Sites', *Drapers*, 25 July 2016, www.drapersonline.com/news/analysis-flash-sales-sites-enjoy-summer-boost-from-surplus-stock/7009572.article

讨论

许多人认为折扣等激励措施是线上时尚零售成功的主要推动力。你认为随着电子商务获得更大的市场份额，这种情况会改变吗？什么激励措施将取代它？

看看你持有的会员卡。如何设计才能让顾客产生更多消费？考虑附加价值促销而不是增值促销。

你最近注意到哪些新的包装方式？它们是否符合伊根提出的标准？是否解决了消费者的环保需求？

第十二章
计划、成本和有效性评估

本章讨论品牌商和零售商采用的事先计划和评价方法，以及实施市场传播和评估市场传播的有效性。总结本书的重点：选择互补的传播工具加以整合使用，从而更好地进行品牌传播；阐述预算的影响和传播的成本；提出营销传播组合表，它既可用于制订新的活动计划，也可作为分析工具来考察现有传播活动的元素；讨论品牌商和零售商评估推广活动有效性的方法，检验销售额和/或购买意愿是否提升，以及是否由此产生正面品牌形象。

营销传播计划回顾

现在，你应该掌握了如何建立详细的客户资料，如何创建强大而令人回味的品牌形象，如何制订传播活动目标并确定传播类型，并大体了解了使用每种传播或推广组合工具的成功案例。现在，营销传播计划人员的职责是最终确定使用哪些工具来开展推广活动。要进行以下分析。

- 消费者分析。在活动的整个设计过程中保持对消费者的了解，确保对创造力的渴望不会造成品牌最终购买者的认识不清。
- 品牌形象分析。这应该是所有品牌传播活动的核心。
- 品牌定位分析。所有传播方式都应考虑其他受众可能已经了解并已形成品牌的观念。

左图 一部诙谐的电影展示了对消费者的了解，片中女性用内部对话的形式打消了参加体育活动的兴趣。该运动鼓励女性通过应用程序和社交媒体发布话题 #BetterForIt 来分享自己的成就，以此激励自己。

下页图 Mango品牌的Violeta系列，设计尺寸为40～54（英国尺寸14～22号和美国尺寸10～18号）。这家零售商迎合了消费者对大码服装包容性、年轻化、女性化和现代风格的需求。

- 目标。目标应该使品牌或零售商获得关注、建立兴趣、激发欲望并实现销售过程正规化。
- 对第三章中提到的AIDA或DAGMAR模型等工具进行战略选择（第47页）。

整合活动设计

在考察了目标并考虑了AIDA和DAGMAR模型后，传播工具战略选择的另一种方法是使用菲尔的"营销传播的关键特征"框架（2013），依次评估每种工具的优缺点。本书根据菲尔系统的个性化、交互性、可信度、成本和可控性，在各章节对相应传播工具进行了评估。如果品牌识别出一个工具在某一方面评分较低，可以直接侧重解决这方面缺点，或者与评分较高的另一工具组合使用。也可以根据第三章介绍的协同性、技术性、一致性、颠覆性、持续性整合框架进行分析（请参阅第46页）。

传统电视广告在目标受众中的可信度以及与受众互动水平较低。但是，第二章（第33页）中所示弗雷泽百货公司（House of Fraser）的例子中，该零售商请屡获殊荣的23岁的编舞家来拍摄电视广告，他的独特风格被称为"挥舞"，视频使用了碧昂斯的歌曲《7/11》作为背景音乐。这则广告通过引发联想提供了品牌的可信度。广告在YouTube上发布一周后，获得了121038次观看、573次点赞和77次评论（但仍然是宝贵的）。因此，这个活动解决了电视广告的两个主要问题。

预算对传播工具选择的影响

预算对品牌或零售商能够发起的活动类型也有很大影响。学者提出了制订传播计划预算的几种方法。

目标和任务（史密斯、泽·祖克、伊根、米凯尔·达伦等）

该方法建议将目标扩展为实现目标所需要做的事情，并计算将花费多少。因此，传播预算是按照理想的方案拟定的，可能需要得到管理层的批准。回顾第三章中的例子，路易莎·克莱顿（Louisa Clayden）提出小企业创业目标（请参阅第48页）包括首要目标、核心目标、基础目标，下表显示了目标和实际工作方法。

首要目标、核心目标、基础目标以及任务与成本

目标总结	任务	成本估算及依据
目标1：在首要网站、核心网站和基础网站上创建博客	用一上午时间创建博客，媒体用半小时时间发布	免费，但劳动强度大
目标2：将礼物样品发给20个外部博主	搜索相关博客和地址 包装礼物	礼物成本：3.24英镑×20个 邮费和包装（一等品）：3.40英镑×20个 小计：132.80英镑
目标3：组织工作坊活动	搜索场地并支付场地租金（为期4天、共7次会议，35名与会者） 安排精油样品分发 餐饮和道具 安排当天的照片拍摄工作	场地费：50英镑/天×4天=200英镑 玻璃罐48个：51.95英镑（富余13个） 基础油300mL/人：1.69英镑×35人=59.15英镑 精油20mL/人（均价2.5英镑/10mL）：5英镑×35人=175英镑 个性化标签35个：35英镑 餐饮和杂费（每人每次会议5英镑）：175英镑 小计：696.11英镑
目标4：完成杂志报道	研究可以采用的线上和线下报道标题 准备新闻稿和图片	免费（安排拍摄自己的产品照片）
目标5：确保网站能够捕获数据，以建立数据库	确保网站设计者设计了该功能 汇总博客和网站上感兴趣各方的电子邮件地址	免费（如果包含网站价格）
目标6：在推特、照片墙和脸书上创建企业账号	用一天时间创建账号，每天分配一个小时来维护和创建帖子 每天拍摄励志照片	免费，但劳动强度大
目标7：11月中旬向订阅者发送圣诞购物季折扣码	确保所有社交媒体粉丝和网站注册会员收到折扣码	每月20日评估对日常销售的影响 销售额可能会增加，但利润可能会减少
		总计：828.91英镑

收入百分比

菲尔（2013）、伊根（2015）、史密斯和泽·祖克（2011）建议将预计销售收入或营业额（未有任何扣除的销售数字）的一定百分比分配至传播预算中。菲尔认为5%是合适的数量。达伦等（2010）提供的数据表明，盖璞（Gap）花费其营业额的4%做大量广告。

Head、Heart and Base品牌仅依靠缓慢进行的线上销售，第一年收入预计非常保守，为5148英镑。公司收入的5%（大约257.40英镑）用于产品推广。这说明了它主要依靠便宜的或免费的公共关系工具，例如与第三方博主加强联系，精心策划事件活动，建立数据库服务于直接营销和促销活动，以及采用聚焦的社交媒体策略。

可负担性

上述学者还提出了一种方法，建议在对公司承担能力进行评估后，从总利润（收入减去运营成本）中拿出一部分作为传播预算。Head、Heart and Base品牌预测收入不会高，但其第一年的支出成本很低，为4780英镑。这是一家持有少量股票的单人创业公司，根据互联网订单进行销售。因此，根据可负担方法，如果公司决定将其利润（5148-4780=368英镑）的70%投资于传播（金额是任意的，但可能取决于诸如需要在产品开发或空间扩展上进行再投资的因素），传播费用总计257.60英镑。

运用收入百分比和可负担性计算方法，收入的5%作为传播预算是现实的，直到收入增加。然而，运用理想或目标/任务方法进行成本计算，互动活动（如自制香水工作坊）的成本可能超出公司预算金额。在实际中，Head、Heart and Base品牌必须考虑将成本降至最低，并严格控制工作坊的性质。但是，当与目标市场面对面交流的机会非常宝贵时，公司有理由增加预算。

规章制度

规章制度的作用是确保广告和其他传播不具有误导性、有害性或冒犯性。规章制度的制定组织存在于美国（联邦贸易委员会，FTC）、加拿大（加拿大广告标准局，ASC）、新西兰（广告标准管理局，ASA）、澳大利亚（广告标准局，ASB）和南非（南非的广告标准局，ASA）。在英国，自2014年关闭公平交易办公室以来，如果营销信息冒犯或误导了受众，受众可向广告标准管理局（ASA）投诉。

英国的ASA不仅可以进行主动监控，还可以调查有关广告、直接营销和促销信息的投诉。直接营销协会还额外规定了直接营销活动行为守则。如果发现传播活动或其一部分（可能在特定媒体或位置引发争议）违反了英国的广告法规，则会要求该品牌撤回或修改违规信息。

ASA的资金来源于对广告空间费用征收0.1%，对某些直接营销费用征收0.2%（ASA.org.uk，2015），从而能够向纳税人提供免费服务。广播（电视和电台）和非广播（室外、印刷、促销和直接营销）广告行为规范是独自管理的，因为它们是由两个广告行业委员会撰写的，但是由ASA执行。

有关社交媒体网站上广告实践的法律问题引起了很多争论。2013年，英国第四频道播出了纪录片《名人、品牌和假粉丝》，这是该频道《深入报道》（Dispatches）系列节目的一部分。该纪录片披露了从孟加拉国的"点击农场"购买假赞的事件，其为品牌的社交媒体资料生成了数千个赞。另外，纪录片中提出了道德困境。当名人收到免费产品，然后以品牌推文作为回报时，这是广告还是来自名人的感谢？一般而言，推广或促销的帖子必须确保具备第74页所列出的特征。例如，一条明显在为产品打广告的推文必须带有"广告（#Ad）"标示，以使观众清楚该帖子是付费广告。广告和代言之间的界限仍然很混乱，但是FTC和ASA都提供了更多准则。

下图　2015年，英国ASA取缔了圣洛朗（Yves Saint Laurent）在Elle杂志的平面广告活动，认为模特体重过轻，传达了不健康信息。该组织认为该模特的腿太细，肋骨清晰可见，这些图片是"不负责任的"，因此不宜推广。受众的投诉得到了支持，该图片被判定违反了广告实践委员会守则第1.3节的规定："营销传播必须体现对消费者和社会的责任感。"

营销传播计划设计

下表有助于更详细地设计传播计划。

下表　营销传播组合。列出了本书涵盖的所有传播类型，可以看到目标、时间表，工具评估、成本和整合的相互对照。

营销传播组合

传播工具	描述	已达目标	时间进度	传播工具的有效性	成本指标	有效性的评估方法	整合性、颠覆性、技术性、一致性、协同性、持续性
公共关系，包括报道宣传、第三方宣传（如名人赠礼、初级产品植入、事件活动）							
名人代言							
展会和国际时装周展示							
增强的和整合的产品植入							
赞助							
人员推销							
促销							
直接营销							
社交媒体							
总预算（目标和任务）							
预算（收入百分比法）							
预算（可负担性法）							

事件顺序

运用甘特图（请参阅第三章，第48页）制订传播计划的另一个好处是，可以排列好各个活动要素的顺序，以达到最好效果。例如，初创品牌可能有必要在参加展会之前举办公共关系活动，或在品牌获得一定认可之前不进行促销活动。

下面的流程图总结了到目前为止讨论的过程，并介绍了评估的作用（下一节讨论）。

营销传播计划流程图

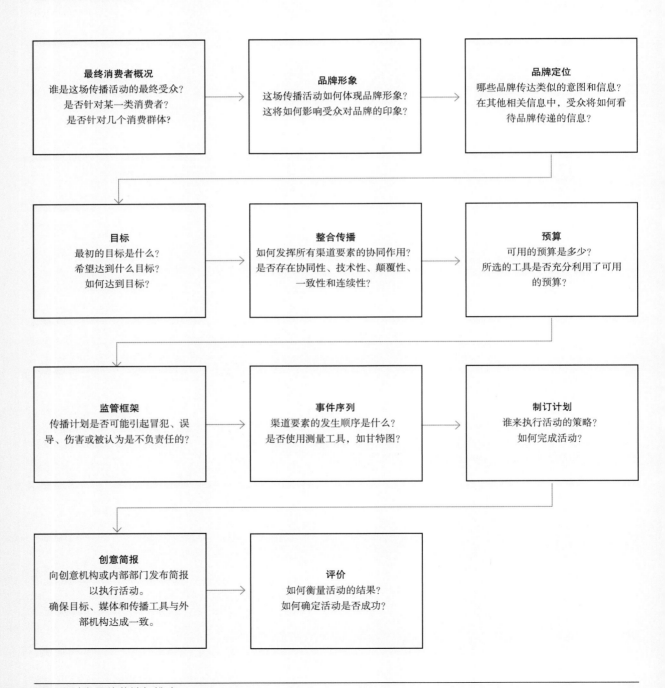

评价营销传播

实施传播活动后，品牌商和零售商必须考虑其传达品牌信息的有效性。例如，品牌自身形象和消费者认知的品牌印象可能存在巨大差异，需要跟踪和测量。这样的结果提供了关键的反馈，可以用来制订未来的传播策略。评价过程涉及确定适合品牌的度量标准，以衡量传播活动对于实现既定目标的有效性。

控制的作用

在目标设定阶段设置控制体系，使用SMART模型的M（Measurable）原则来确定如何测量目标，由此产生一系列评价方法（如第三章的甘特图中给出的示例，请参见第48页）。例如，确定作为赠礼对象的第三方博主的数量可以使品牌设置现实的博客帖子数量目标，可以在商定的时间段之后进行计数。还可以使用一些更容易量化的工具。例如，可以直接通过将获得的订单数量与设定的目标相比较的方式来衡量人员推销是否成功。

还可以考察相似品牌在照片墙或脸书的粉丝数量，设定达到相似数量的目标，并在一段时间后直接计算新增粉丝。数字传播的流行也使得可以直接测量和控制直接销售电子邮件、社交媒体广告、会员流量以及优化搜索引擎等线上响应。脸书洞悉（Facebook Insights）和推特分析（Twitter Analytics）等工具通过计算到达率、点赞、分享和分析评论主体特征来衡量该渠道的影响。通过使用诸如谷歌通用分析（Google Universal Analytics）之类的工具（请参阅第132页），还可以跟踪响应和浏览并将其以转化为销售，通过简单的数字提供直接的投资回报率（ROI）数据。

广告有效性的衡量

由于广告通常是营销传播计划中最昂贵的部分，因此管理人员最热衷于将传统电视、路牌广告和平面广告系列的效果进行量化，但它们仍然是最难直接衡量的。品牌应与零售商保持良好关系，以便在传播活动过程中及结束后可以获得销售方面的最新信息，从而了解传播效果持续的时长。但是，有些目标（如品牌形象的重新定位）可能会改变人们对品牌的认知，但不会直接反映在销售数字上。

广告效果的评估是所有工具评估中最程序化的，并且可以通过预先测试来评估谁将参与传播活动。达伦等（2010）对评估要素进行了细分，总结如下，包括到达率、能见概率、市场占有率、媒体占有率，以及与时尚行业有关的其他方面。

到达率

用于计算在一段时间内可能有多少人观看广告。根据格林伍德（2012，参见第四章），杂志的发行量乘以2.3为读者人数，从而更准确地衡量印刷广告的覆盖范围。评估人员应针对所使用的每种媒介类型，咨询相应的数据收集机构。

总到达率

总到达率是传播活动中使用多个重叠媒体播放同一广告的数字。例如，传播活动可以在同一个月内在两本或更多时尚杂志中刊登，或者在不同的电视频道上同时播放。总到达率会将每次观看视为一次观看，无论观看者在一段时间内看过同一广告多少次。

能见概率

能见概率是指观看者看到一条消息的概率，等于总到达率除以到达率。

市场占有率

顾名思义，市场占有率（Share of Market，SOM）是指品牌在特定品类中所占的市场份额，并可以用于计算能见概率。例如，一个品牌可能占据男装定制市场的25%。

媒体占有率

媒体占有率（Share of Voice，SOV）衡量的是公司相对于竞争对手而言针对某一品类在市场中曝光的时间百分比，等于公司在某一品类上花费的广告费用除以该品类的总广告支出。举例来说，假设定制服装的总广告花费是6亿美元（不是实际数字），而某品牌花费1.1亿美元用于定制男装广告，其SOV为18%（1.1亿美元除以6亿美元，再乘以100%）。

均衡

当SOM和SOV相同时，即达到均衡。在上面给出的示例中，该品牌的SOV低于其SOM，这意味着它应该在广告上进行更多的投资。

通过传播成本和潜在的观看者数量就可以计算传播工具的单次接触成本或千次接触成本。市场营销经理将此数据与ROI数据一起分析，这是十分有用的，可以评估所采用的传播工具是否过于昂贵且未能带来预期的结果，并进行调整。

市场调查

必须结合定量分析（数据集和计数）与定性分析（思想、观点和感受）进行更深入的市场研究，从而更加全面地分析传播活动的效果并对其进行事后评估。可以采取焦点小组、观察、调查、访谈或现场实地测试等形式对受众的记忆度、认可度、态度或信息处理过程进行评估。达伦（2010）、菲尔（2013）、伊根（2015）和格林伍德（2012）等提到了广告方可以使用的一些评估方法，包括：

- 广告识别。通过宣传传播活动并评估直接响应来进行检验。此外，可以掩盖标志、包装和名称（如果不是标志的一部分）来检验受众记忆中所保留的品牌形象（这被称为蒙面品牌识别）。
- 次日记忆。衡量的是在活动宣传后立即回忆起品牌及新信息关键内容的受众所占的百分比。

态度量表

态度	-3	-2	-1	0	1	2	3	态度
现代的		●●						老式的
高品质		●		●				质量差
时尚款		●	●					基本款
可靠		●	●					不可靠
关怀		●			●			不关怀
昂贵		●●						便宜

注：● 传播活动前，● 传播活动后。

上表 用态度量表（一对相反的陈述）测量受访者的态度。在发布传播活动之前和之后进行。

- 品牌提示的记忆。这将检验记忆的信息是否与受众认知的品牌形象相匹配，并由此检验受众是否已按预期处理了广告中传递的信息。
- 态度量表。伊根（2015）提出了使用态度量表来衡量有效性（参见上表）。样本受访者在接触传播活动之前和之后均对品牌的态度进行描述（使用滑动标度，两端是一对相反的陈述）。这一方法有助于检验品牌重新定位的有效性。

眼动追踪研究

眼动追踪技术通过计算机屏幕或移动情况下安装在眼镜上的摄像头来监测受众的眼球活动，可以捕获受众在电视节目、路牌广告、杂志或店内货架上花费时间查看了哪些要素，从而了解哪些东西最能吸引他们的兴趣。提供这项服务的从业者认为该技术比记忆和识别测试的效果更好，因为记忆和识别测试传达的可能是受访者认为他们看到的内容，而不是他们实际看到的内容。现在可以应用眼动追踪功能来评估产品植入、直接营销邮件或电子邮件、路牌广告、印刷广告和电视广告的效果。付费使用此服务的品牌似乎可以通过潜在消费者的眼睛看到证据，根据视物关注点找到吸引人的热点。

右图 眼动跟踪技术可显示观看者观看图像时视觉注意力集中在哪里。

其他测试

越来越常见的其他测试包括：

- 脑电图仪（EEG）监视大脑中的脑电波活动，由此测量被试者对广告信息的实际关注度和情感参与度。
- 电刺激皮肤反应（GSR）测试可以测量皮肤通过汗腺释放的水分所传导的电量，从而显示信息对被试者的唤醒强度。

这些测试的成本和侵入性正在降低，使得神经学营销公司可以在提供眼动追踪的同时提供这些服务，从而为口头回忆和识别测试增加科学数据。

公共关系有效性的评估

传统上，公关公司或内部运营机构从杂志和报纸上收集新闻片段作为公关成功的证据。时尚品牌可以衡量关于品牌的公开文章水平如何，并评估时尚编辑是在传播品牌的产品系列或方向，还是在传播品牌本身。文字或图像社论宣传的价值可以通过等效的广告价值（AVE）来量化：公司必须以广告形式在杂志或报纸上支付该空间的费用。名人赠礼和代言（请参阅第90页）可以有效地将覆盖率转化为ROI；零售商非常乐于了解品牌是否发布媒体报道，并且可以帮助报告客流量。事件营销或噱头营销的有效性很难直接量化，因为数据获取行为可能会破坏公众成员与品牌进行真正的双向对话和创造性互动。但是，这种互动对品牌来说是无价的，虽然效果不能立竿见影，但可以建立长期的信誉。

社交媒体有效性的评估

与所有传播工具一样，在使用社交媒体时，实现既定目标尤其重要，这通常包括建立追随者社群或增加与品牌的线上互动。每个品牌都应考虑如何衡量和监控社交媒体活动。监控传播品牌故事的点赞或分享、创造性想法以及正面或负面的评论内容可能会更有利。社交媒体的运营和管理都非常耗时，可以使用一些工具（如Hootsuite）向所有社交媒体平台推荐信息内容并进行有效跟踪和监控活动。

但是，品牌会评估或计划其传播活动，借助一系列精心策划的整合传播达到预期的销售增长。同样重要的是，新品牌和老品牌都必须监控流量，以审视来之不易的品牌形象是否与受众心目中的品牌形象相符，并确保受众能够了解详尽的、吸引人的品牌故事并与他人分享，从而传递品牌信息。

促销有效性的评估

促销活动本质上是在短时间内实现交付，旨在吸引消费者在活动过期或机会错过之前采取行动。通常，可以轻松计算线上或线下优惠券返还数、注册会员数、销售预览出席人数、网页访问量和增加的收藏量、参赛数，来反映集中的客流量。

关于推广活动设计的结论和补充思考

本书讨论了几个主题：
● 强大的品牌形象为所有传播工具提供了信息，尤其是品牌在数字渠道中的调性。
● "名人代言"一词已扩大到包括受信任的影响力人物，例如马修·佐帕斯（Matthew Zorpas）（请参阅第92页），他们是一种新型代言人，可直接接触到他们的追随者。
● 事先区分线上活动和线下活动的策略已改变，品牌如今考虑的是消费者在接收信息时所处的接触点位置。Sportsgirl的交互式路牌广告（请参见第64页）等方式使每一个机会都可以是购物机会，即使是在门店关闭的情况下。
● 类似的，睿智的品牌和零售商正在分析电子商务的成功，并通过应用程序或其他技术将传播工具应用于实体零售，为访客创造无缝、整体的体验。
● 品牌和零售商正在做出令人难以置信的努力，向大众传递从前的专有信息，增加追随者并使其受益。

最后，事件活动未来将在吸引受众方面脱颖而出。事件活动既不是营销活动，也不是与时尚有关的事情，但它兼有二者的属性。2014年HBO纪录片拍摄了英国街头艺术家班克斯2013年10月在纽约居住一个月的经历，制作成电影《班克斯在纽约》（*Banksy Does New York*）。一个月的时间里，这位以社会和政治评论著称的艺术家每天都在涂鸦的发源地创作一幅街头艺术作品。每天早上照片墙上都会出现一条预告，后面附有一张图片，但无法确定具体位置。该网站的每一件作品都配有语音导览，就好像粉丝们在听画廊的评论一样。第一部作品在两小时内就被擦掉了，引得粉丝们在推特上互相交流，试图找到这些作品，他们称为"寻宝"或"嬉皮士寻宝游戏"。班克斯的作品融合了装置艺术、蜡纸艺术、视频和现场表演，思想深刻、发人深省、机智诙谐。这些作品吸引了纽约的艺术追随者到他们不会经常去的地方，也让那些通常没有机会评论街头艺术的居民参与其中。

被称为"班克斯猎人"的粉丝之间的互动成为这一活动的一部分，被描述为街头和社交媒体的结合。

左图 人群聚集在一起拍摄班克斯2013年的装置作品，作品中有一名保安看着两件艺术品（与巴西艺术家Os Gêmeos合作创作），还有一个装满葡萄酒的饮水机。这件作品创造了一个即兴的艺术空间，背景设在了纽约的画廊区。

粉丝们的图片和视频拍摄到了有人试图偷走作品，其他涂鸦艺术家给作品贴上标签，还有人成为即兴街头画廊的所有者。

当粉丝们试图阻止最后一件作品被盗时产生了打斗并报了警，将这一活动推向了高潮。这次活动颠覆了人们对公共艺术的看法，重构了街头艺术的价值，重新定义了参与者在观察艺术中的作用。

然而，在很大程度上，这纯粹是一种参与到重大事件中的喜悦。人们描述说，他们只观察到好的、快乐的感觉，一位"班克斯猎人"从第一天开始就参与活动，他说："我感觉就像在追这些作品。这让我想起了我十几岁的时候，追周六早上首发的新乔丹鞋。我早早起床就是为了买它。"

推广者必须通过提供真实的线下或线上内容来激发这种参与的喜悦，从而提升追随者自身的社交媒体形象，而不仅仅是与品牌的互动。推广者不应忘记最后一个要素：无论品牌使用什么传播方式和工具，创造的内容都要使人们有机会与相似的追随者建立联系，并创造一些东西。

参考文献

ASA.org.uk, 'About Regulation', 2015, www.asa.org.uk/about-asa/about-regulation.aspx

Dahlén, Micael, Fredrik Lange and Terry Smith, *Marketing Communications: A Brand Narrative Approach*, Wiley 2010

Egan, John, *Marketing Communications*, 2nd ed., Sage 2015

Fill, Chris, *Marketing Communications: Brands, Experiences and Participation*, 6th ed., Pearson 2013

Keller K.L., Apéria T. and Georgson, M., *Strategic Brand Management: A European Perspective*, Prentice Hall 2008

Lea-Greenwood, Gaynor, *Fashion Marketing Communications*, Wiley 2012

Smith, Paul R., and Ze Zook, *Marketing Communications: Integrating Offline and Online with Social Media*, 5th ed., Kogan Page 2011

延伸阅读

Committee of Advertising Practice, 'Advertising Codes', 2015, www.cap.org.uk/advertising-codes.aspx

Moukarbel, Chris, *Banksy Does New York*, HBO Documentaries in association with Matador and Permanent Wave Productions, first broadcast 17 February 2014

UK Direct Marketing Association: www.dma.org.uk

US Federal Trade Commission: www.ftc.gov

讨论

你是否曾把付费内容误认为是博客或社交媒体上的个人帖子？这令品牌看起来更讨人喜欢还是更不讨人喜欢？

如果预算紧张，你会优先考虑哪三种传播工具？

如果预算无限制，你会选择哪一种传播工具？

词汇表

社交标识（@ handle或social handle）：是个人或公司在社交媒体平台上交流的唯一标识符。可以根据名称、期望的感知或用途来确定。建议品牌在所有平台上选择相同或非常相似的标识。

首屏（above the fold）：浏览者在打开网页时无需向下滚动就能看到的内容。

广告价值等价物（advertising value equivalent, AVE）：与付费广告空间同等价值的免费或低成本宣传方式。

联盟渠道（affiliate channel）：互补的线上组织之间的一种安排，支付商定的佣金，从一个网站到另一个网站产生流量、注册用户或最终销售。

环境营销（ambient marketing）：一个广泛的术语，指的是在户外情况下使用广告。可以是不同寻常的路牌，也可以在人身上、卡车侧身、高速公路沿线的田野或购物手推车上做广告。

横幅（banner）：网页上方或下方的空间，线上零售商可以用它来吸引人们对特定的优惠、趋势或商品的注意。在线上杂志、新闻论坛和一些博客中，这些通常被用作广告空间，被称为横幅广告或陈列式广告。

跳出率（bounce rate）：网页浏览者因网站内容或可用性而感到厌烦、沮丧或分心的比率。对于75%的用户来说，跳出率大约是5秒。

品牌大使（brand ambassador）：品牌选择演员、体育明星、模特、真人秀明星或越来越有影响力的时尚人士来"代言"他们的产品，以实现双方的利益。这一术语包括非正式协议（如名人与某一品牌的联系而获得宣传）以及正式代言协议（如大使签约穿着或使用某一品牌出现）。在美国，这个术语还涵盖在销售场合推广该品牌的员工。

品牌故事（brand narrative）：品牌背后可流传的"故事"，形成与消费者相关的内容，并用于营销传播。

这可能与品牌的创始人、品牌的国籍或品牌希望传达的个性有关。品牌故事对于创造品牌的与众不同之处至关重要。

片头片尾广告（bumper）：在广告时间开始和结束时播放的赞助电视广告。这有助于广告商通过某一特定电视剧的收视率建立品牌知名度。

企业对企业销售（business-to-business selling, B2B）：品牌商或生产商将其产品销售给零售商，零售商再负责直接向公众销售产品。

企业对消费者销售（business-to-consumer selling, B2C）：零售商直接销售给消费者。

可购物的拼键（buyable Pin）：拼趣（Pinterest）的购物功能。点击拼趣页面上商品的蓝色"价格标签"，受众就可以选择从供应商那里购买相应商品。

购买者角色（buyer persona）：建立在期望消费者的地理人口统计和心理图形基础上，通过可测量的线上行为对理想客户或细分客户进行的详细描述。

行为召唤（call to action）：直接响应营销材料，要求消费者完成填写（姓名、地址、电子邮件等信息），以发起询问、登记兴趣或接受要约。

休闲的（casual）：20世纪70年代末80年代初在英国流行的一种休闲亚文化。休闲人士投资购买昂贵、稀有的活动服和设计师品牌，穿着它们去观看足球比赛，这是他们在着装上胜过对手球队支持者的一种手段。这场活动见证了Fila、Ellesse、Lois、Lacoste和Kappa等品牌在英国的成长。

特色（characteristic）：品牌的内部和外部属性，这些属性决定了它的不同之处。这些可以像人的特征一样表达出来，让品牌更有亲和力。

发行量（circulation figures）：一版杂志和报纸的印刷数量。

集群（clutter）：当品牌向受众传达信息时所发布的吸引其注意力的信息。

消费者驱动型数据库（consumer-

driven database）：关注获取潜在消费者和保留现有消费者的数据库，旨在通过有吸引力的个性化传播锁定他们。

内容（content）：泛指个人和公司为吸引其追随者而生成的所有线上材料。包括博客、社交媒体订阅、比赛、趋势新闻和观点、产品描述、内部信息和品牌选择分享的任何其他文案。

内容营销（content marketing）：将内容作为一种持续的策略来提高消费者对品牌的参与度。

控制（control）：品牌或公司如何知道何时达到了传播目标的声明。与SMART目标结合使用可以帮助公司保持现实的、可衡量的目标。

每千成本（cost per mille, CPM）/每千成本（cost per thousand, CPT）：这两个术语可以互换使用，用于计算一个网络用户对一段线上广告1000次浏览量或单页浏览量的成本（对相关方来说）。

文化干扰/文化黑客（culture jamming /culture hacking）：广告克星（Adbusters）所使用的术语，该组织敦促公众抗议广告文化，例如通过树立路牌或海报进行干预，或参加"不买任何东西"的活动。

客户关系管理（customer relationship management, CRM）：有效管理客户所需的战略、过程和技术。此外也指组织中所有面对顾客的部门。

直接营销（direct marketing, DM）：公司通过定期沟通与消费者建立个性化关系的战略和策略。

二元关系（dyadic）：在一对一基础上进行的交流，双方相互作用以达到共同的目标。

编辑宣传（editorial publicity）：由受人尊敬的第三方（如时尚杂志或时尚影响者）利用其版面向读者推荐某个品牌或零售商的报道。

增强型植入式广告（enhanced product placement）：指品牌已对某个产品支付费用，并将其植入电影或电视中。

实体（entity）： 一个广泛的术语，用来表示品牌所提供的产品或服务的类型。这个词也有法律含义，用来暗指品牌的潜在市场价值。

均衡（equilibrium）： 在分析活动有效性时所达到的一种状态，即话语权份额等于在同一类别中所占的市场份额。

外在属性（extrinsic attributes）： 市场传播和声誉等因素，与产品、适合度、性能等内在属性共同塑造了消费者对品牌的看法。

远期订单（forward order）： 根据样品系列下的订单，并在5~6个月后交货。这意味着供应商根据安全订单生产货物。这种延续了几十年的体系正面临压力，需要改变的因素有：商店买家想要把握本季晚些时候的流行趋势、不可预测的天气模式以及"当下看，当下买"的文化。

分裂（fragmentation）： 分解；广泛用于描述消费者行为（消费者群体支离破碎，这意味着品牌必须建立一个独立的形象）或购买渠道的选择（消费者在实体店、电子和移动商务中的购买行为支离破碎）。也用来描述接收信息的方式（社交媒体影响者和线上新闻论坛的兴起分散了我们对谁是专家的看法）。

完全响应式设计（fully responsive design）： 考虑网页在所有设备上的外观和功能，如台式机或笔记本电脑、平板电脑和手机。

甘特图（Gantt chart）： 一种有用的可视化规划工具，根据所需的时间块绘制活动序列。

赠礼（gifting）： 将样品赠送给名人、博主或时尚评论员，希望他们穿着该产品拍照，或对该品牌做出正面评价。

病毒式传播（go viral）： 一件有趣的事情在网上迅速传播，直到几乎每个人都在谈论它。

总浏览量（gross reach）： 活动材料的可能浏览总量，不考虑通过重叠媒体渠道的多次浏览量，例如同一个广告在一个月内出现在几本不同时尚杂志上。

游击式广告（guerrilla advertising）： 将广告材料放置在意想不到甚至有争议的地方，以产生影响和额外宣传。

半页单元（half-page unit, HPU）： 线上广告中的空间单位，指网页边上的一大块空间。

首页（home page）： 也被称为登录页，是浏览者在打开网站时看到的页面。

拟人化（humanize）： 赋予某物以人的品质，这里指的是品牌。在开发品牌时通过使其具有人类特征（如勤奋）和可识别个性特征（如顽皮或冒险），从理论上讲品牌会更贴近大众。

标识（ident）： 一种用于电视广告宣传的图形装置，与片头片尾广告（bumper）的作用相同。

沉浸式交流（immersive communication）： 利用技术使参与者充分融入并参与到品牌体验中，例如通过虚拟现实。

曝光（impression）： 在线上广告和线上营销中，一个用户浏览一个网页的次数。用作广告或计算网络流量的收费费率。

入站电话营销（inbound telemarketing）： 客户给零售商或品牌公司打电话寻求客户服务或销售支持。

意见影响者（influencer）： 在网上拥有大量粉丝的人，他们以其评论风格的可信度而非付费内容而闻名。

网红营销（influencer marketing）： 与选定的网红合作推广品牌的有计划的策略。

整合营销传播（integrated marketing communications, IMC）： 考虑组合使用现有传播工具和传播媒介，以向受众传达最有效、最具凝聚力的宣传信息。

整合植入式广告（integrated product placement）： 植入式广告与剧情密不可分，例如詹姆斯·邦德（James Bond）和阿斯顿·马丁（Aston Martin）。电影或电视剧与品牌之间的联系将通过广告活动得到加强。

内在属性（intrinsic attributes）： 品牌产品的功能特征，如适合度、面料、性能和风格，与品牌的形象或身份相区分。

关键绩效指标（key performance indicator, KPI）： 用来衡量公司计划成功与否的变量。

到岸价格（landed price）： 供应商提供的产品价格，涵盖制造、运输、保险、海关和配送费用。

登录页（landing page）： 见首页（home page）

上季（last season）： 上一季的物品；在时尚业中，可以用来贬义地描述过时的东西。

领航板（leader board）： 线上广告中横跨网页顶部的横幅空间。

实时文本/ HTML文本（live text / HTML text）： 显示为文本而不是图像的网页副本。这在缺乏互联网的地方很有用，也便于在设备之间复制信息。

长尾（long tail）： 消费者进行线上搜索试图缩小搜索范围时可能输入的特定单词或短语。如果产品描述符合这些词语，品牌或零售商将处于搜索引擎排名的顶部。

穿搭手册（lookbook）： 关于公司下一季时装风格的线上或平面小册子或系列图片。它们代表着品牌在展会和店内的形象，是品牌、时尚媒体和终端消费者之间进行交流的一种方式。

营销传播组合（marketing communications mix）： 品牌商和零售商选择与他们的B2B和B2C受众进行沟通的一系列传播工具。包括广告、公共关系、赞助、产品植入、代言、社交媒体、直接营销、促销、人员推销、时装秀、展会和零售环境。

媒体资料包（media pack）： 向潜在广告商提供的有关其选定媒体的资料，例如某一杂志的发行量或某一电视频道的收视人数、观众/读者概况，以及在不同时间出现在不同位置的广告费率。

大趋势（megatrend）： 产生长期影响的趋势。例如，"活动奢华"或"活动休闲"最初是时尚T台流行趋势，但现在已经成为千禧一代的部分日常风格。

元标签（meta-tagging）： 也被称为元元素和元关键字，是附加在网页内容上的进一步的描述性文本片段。它们不会出现在页面上，而是用代码编写，并由搜索引擎识别。它们是搜索引擎优化的另一工具。

中页单元（mid-page unit，MPU）：线上广告中网页上的矩形横幅空间。

现代的（Modern）：在本书中，现代主义时代在1900～1960年，在后现代时代之前。现代主义在设计的各个领域都取得了巨大的进步，总的来说是一个乐观的时期。

月活跃用户（monthly active users，MAU）：指社交媒体平台30天内的独立用户数量，用于衡量其受欢迎程度。

多品牌（multi-brand）：指线上或线下零售商销售多个不同品牌的商品，而不是自有品牌商品。

民族品牌（national brand）：与一个民族或国家的大众认知有关的品牌。民族品牌可能并不一定来自原产国。露得清（Neutrogena）实际上是一个美国品牌，它以挪威国旗为特色，并具备挪威特点（人们会把它与艰苦条件下的勤奋品质联系在一起）。

本地应用（native app）：为特定平台或特定设备开发的应用。由此，品牌商或零售可以使用它与该平台上已经在使用的其他软件交互，如GPS跟踪。

神经营销（neuromarketing）：一系列评估性测试，测量身体对诸如活动材料等刺激的反应。其中包括眼球追踪、测量大脑电波活动和测量皮肤电流传导。

不可识别摄影（non-recognition photography）：不能识别模特，也不能将特定的面孔与活动材料联系起来的摄影。

计划外（off-schedule）：选择"计划外"是指在已知的时装周的同一时间和地点展示一系列时装，但不在预订的T台秀时间表之内。

全渠道（omni-channel）：产品可通过多种渠道获得。包括实体店、电子商务网站、移动商务、可购物的社交媒体、目录等渠道，或越来越地通过事件活动、研讨会或概念零售等混合体验将产品带给消费者。

选择加入电子邮件（opt-in email）：品牌商或零售商仅向在购买点或通过公司网站同意接收该品牌信息的各方发送电子邮件。

户外广告（outdoor advertising）：在户外或室外地点做广告。包括路牌、公交车站、交通工具本身、火车和地铁站。参见环境营销（ambient marketing）。

点击付费广告（pay-per-click advertising，PPC）：一种线上工具，用来将流量从一个网站转移到另一个网站。广告客户向网站所有者或搜索引擎付费，让他们在自己的主网上投放广告，或者通过自动匹配系统将广告投放到相似偏好的网站上。广告空间的价格是通过对广告商网站上感兴趣人群的点击量来衡量的。

客户画像（pen portrait）：对理想目标消费者的描述，包括年龄、性别、地点和职业，同时也会表明兴趣、动机和行为。

人格角色（persona）：被他人感知的品牌特征。

销售材料（point of sale，POS）：零售中用来告知和说服购物者的推广材料，并描述不同的品牌。其中包括海报、展示卡、货架标记、吊牌、包装和手提袋。

差异点（Points of Difference，POD）：指在品牌定位中，品牌相对于竞争对手所具有的独特性和优势。

相似点（Points of Parity，POP）：在品牌定位中，与该品牌及其直接竞争对手相似的因素。在品牌定位声明中应说明这些因素，并强调发挥其优势。

后人口消费主义（post-demographic consumerism）：trendwatching.com指出的一个大趋势，指出现的消费者非常富有经验，不再符合年龄或性别的预期行为。后人口消费主义使品牌与客户相关的方式发生了根本性的转变。

后现代主义（Postmodern）：始于20世纪60年代初的一个时代，以艺术家安迪·沃霍尔在艺术馆设置广告材料为代表。

延迟策略（postponement）：减少生产大量可能不需要的物品的策略。生产商推迟生产，直到确有消费者需求或车间需求。在时尚界，这可能涉及确定基础面料，以便在色彩趋势明确时随时染色。

后后现代（post-postmodern）：一个广泛而复杂的术语，备受争议。本书假设后后现代主义意味着打破先前持有的规范。越来越多的线上行为是一种后后现代主义加剧的状态。

PPC：参见付费点击广告（pay-per-click advertising）。

普拉达中心（Prada Epicenters）：由雷姆·库哈斯（Rem Koolhaas）为普拉达（Prada）设计，有技术支持的旗舰购物、艺术空间和办公区域。

新闻媒体包（press pack）：线上或实物资料包，内含时尚杂志图片和新闻稿，被品牌商和零售商用作即将到来的时装季的快照。这些照片会被发送给时尚编辑、意见影响者、展会媒体和其他新闻论坛。

主动型公关（proactive PR）：通过可信的第三方渠道（如时尚杂志、网红推送、名人赠礼或代言、产品植入或赞助）寻求编辑宣传或更大范围的曝光。

产品（product）：由品牌商、零售商或设计师生产的单品或系列产品。

产品植入（product placement）：在电影、电视剧或电视真人秀中出现特定品牌，就好像该产品自然存在一样。

推广组合（promotional mix）：参见营销传播组合。

预期（prospect）：在直接营销中，公司根据对消费者的预期地位将其划分为不同层次。这些层次的范围从客户档案相似的公众成员，到那些过去购买过但需要吸引回来的人。

心理统计（psychographics）：将消费者的人口统计数据（如年龄、性别、地点和工作）与他们的动机、资源和行为类型相结合。这创造了一个比个人口统计学更全面的图景。

公共关系（public relations，PR）：时尚界的公共关系是通过受人尊敬的第三方撰写的报道发布有新闻价值的活动（如事件、合作或名人参与），提高或保持设计师品牌、品牌商和零售商的知名度。对于负面报道，公司还要求公关人员进行解释或代表公司道歉。

宣传（publicity）：见编辑宣传（editorial publicity）。

纯线上经营（pure play）：只在线上经营的零售商或品牌。他们的产品在实体店买不到。

通知推送（push notification）：在智能手机上弹出给消费者的消息。拥有应用程序的品牌商和零售商可以在任何时候发送这些消息（如果手机用户启用），无论用户当时是否在应用程序中，它们都会出现。

快速响应码／二维码（Quick Response/QR code）：一种比标准条形码存储更多信息的条形码。通常用于市场营销，扫描时提供快速访问品牌网站的功能。还有助于在供应链中跟踪物品。

棘轮效应（ratchet effect）：伊根（Egan）（2015）提出的一个术语，描述整合策略如何更有效，如使用直接营销提供折扣。换句话说，与仅使用广告或促销相比，整合策略的效果会"逐步提升"。

到达量（reach）：即受众数据。一项活动的实际读者或观众人数的估计。平面杂志和报纸会被传递给其他人阅读，使其到达受众的范围大于发行量（circulation figures）。

被动型公关／反应性公关（reactive PR）：当品牌商或零售商受到负面宣传或与负面新闻报道有关时所寻求的社论性宣传。公司可能会寻求道歉或明确他们的立场。

读者人数（readership figures）：见到达量（reach）。

成衣（ready-to-wear, RTW, 或 prêt-à-porter, 或 off-the-rack）：按标准尺寸制造的服装，与定制服装或高级定制服装相对。

实时竞价（real-time bidding, RTB）：通过即时拍卖系统实时购买和销售广告材料（如横幅广告和推广帖子，甚至是对每次曝光产生价值的关键字和短语）。

最近、频率和货币模型（recency, frequency and monetary model, RFM model）：线上营销中使用的一种模型，根据最近一次购物的时间、购物频率和消费金额来评估品牌或零售商最有价值的客户。

资源（resources）：在本书中，个人资源（如能量水平、自信、冲动等）被作为VALS（values and lifestyle，价值和生活方式）消费者心理统计模型的一部分进行评估。使用这些方法，结合个人的主要动机（理想、成就和自我表达），预测不同消费者类型可能表现出的行为。这个术语也指完成一项特定活动所需的时间、人员、材料和预算。

零售氛围（retail atmosphere）：色彩、声音、气味和触觉等元素的结合，为购物者创造愉快和受欢迎的体验。

投资回报（return on investment, ROI）：对与公司特定投资相关的财务收益（或损失）的度量。

语音电话（robocall）：由营销公司通过自动电话拨号系统生成的录音信息与消费者进行联络。效果就像是与一个机器人交谈。

销售收入（sales revenue）：也指销售营业额（sales turnover）。在扣除其他支出（如存货成本）之前的总销售收入。

推销样品（salesmen's samples）：由原型制成的一系列样品，发给每个业务员或外地代理商。这意味着每个销售代理都拥有整个销售系列。

搜索引擎优化（search-engine optimization, SEO）：在给定的消费者搜索中提高品牌或零售商排名的技术。这些可以是与内容相关的，例如使用关于品牌、专业知识和特定产品的描述性关键字和短语，使用博客或社交媒体帖子来强化这些短语，并邀请外部各方重申这些措辞。技术搜索引擎优化付钱给搜索引擎竞价关键词和短语，以提高他们的排名，这取决于这些短语的实时价值。

搜索引擎点击付费（search-engine PPC）：使用特定的搜索引擎，如谷歌（Google）、雅虎（Yahoo）或必应（Bing）进行点击付费广告安排。

安全套层（Secure Socket Layer, SSL）：安装在支付页面上，对在浏览器和服务器之间传输的纯文本中的有价值信息（如信用卡号码）加密。这种安全性保证了网上购物者

的购物安全。

"当下看，当下买（see now, buy now）"文化：这个词源于博柏利（Burberry）在时装秀结束后直接在网上和实体店推出2016春夏系列。自汤姆·福特、拉夫·劳伦和汤米·希尔费格采用以来，这种文化成为满足消费者需求的一个根本性变化。

供稿（seeding）：将产品、品牌体验或品牌信息植入正确的意见影响者、博主、视频博主、名人等的宣传中，以确保信息将在可信和相关的追随者社交网络中传播。

自我（self），包括理想自我（ideal self）、现实自我（actual self）、社会自我（social self）：自我概念的各个方面。心理学家卡尔·罗杰斯（Carl Rogers）和亚伯拉罕·马斯洛（Abraham Maslow）普及了这样一种观点：我们通过自己的表现和别人对我们的看法来操作一个复杂的"自我"系统。理想自我是我们希望和渴望成为的人，现实自我是我们真正的样子，社会自我是我们相信别人如何看待我们。如果一个人达到了自我形象一致性的状态，那么这几种状态是相当的。

市场份额（share of market, SOM）：公司在某一特定类别中所占的市场份额（通常用百分比表示），如工作服或成衣。

话语权份额（share of voice, SOV）：公司在传播上的花费（通常用百分比表示）与某一特定类别的总花费之间的比例，表明这家公司在市场上被"听到"的可能性。

SMART模式（SMART model）：一种目标设定系统，旨在帮助公司创建具体的、可衡量的、可实现的、现实的和及时的目标。

社交媒体（social media）：网站、应用程序和消息系统的统称，这些网站致力于基于社区的输入、互动、内容分享和协作。

社交媒体平台（social media platform）：特定的社交媒体网站、应用程序或信息服务，如脸书（Facebook）、照片墙（Instagram）、色拉布（Snapchat）和瓦次普（Whatsapp）。

社交网络（social network）：

在社交媒体上进行的互动和个人关系交往。

赞助（sponsorship）：两家公司之间的一种商业协议，其中一家向另一家投资，以扩大预期目标市场。

插播广告（spot advertising）：在节目间隙的特定时段"插入播放"的电视广告。

战略（strategy）：为达到特定目标而设计的行动计划。

子趋势（subtrend）：大趋势下的典型趋势。子趋势可能会更频繁地变化和演变。

颠覆者（subvertiser）：颠覆广告的人；这一词源于游击式广告，鼓励使用干扰手段，如使用标语或将信息抹黑为有意的广告。参见文化干扰（culture jamming）。

协同效应（synergy）：在整合营销传播中，衡量活动中使用的工具与整体信息相协调的一种方法。

策略（tactics）：战略（strategy）的细节，如为实现目标将使用哪些营销传播工具。

定制的线上交叉销售（tailored online cross-selling）：通过这种方式，多个品牌的控股公司可以收集消费者偏好的相关数据，并利用这些数据从其他品牌中推荐特定感兴趣的产品。

区域（thresholds）：将商店按买家、采购员和楼层经理等购物者的注意力吸引程度进行划分的方法。例如，吸引程度最高的区域就是入口附近。

展开图（tile）：线上的一种正方形或长方形的空间，包含文本、图像或两者兼有，点击后可将浏览器导向感兴趣的特定项目。

调性（tone of voice）：品牌始终如一与受众"对话"，是体现品牌个性的方式。

"部落与生活"趋势（'Tribes and Lives' trend）：trendwatching.com发现的一个较早的趋势，建议将受众按生活方式分组，有助于更好地理解品牌。现在被后人口消费主义所取代。

衣箱秀/非公开新时装展示会（trunk show）：由设计师举办的私人活动，并不是T台秀（catwalk show），或在T台秀之外对重要客户的预售。

营业额（turnover）：见销售收入（sales revenue）。

双页显示（two-up page display）：PDF格式新闻稿的推荐布局，一页文本，一页图像。

独特卖点（unique selling point, USP）：即独特的销售主张，是品牌与其竞争对手的差异点（Point of Difference），因而是商店或终端消费者购买它的原因。

用户体验（user experience, UX）：指线上营销中用户对网络内容的参与或互动。相关发现有利于将图像或文本放置到产生更好效果的位置。

用户生成内容（user-generated content, UGC）：由品牌商或零售商的追随者提交的内容，比如他们自己穿着特定的产品来回应活动材料或比赛，或表达推广或评论该产品的愿望。

视频打印（video in print, VIP）技术：在打印材料内植入小液晶显示屏等技术，使其能够在打印材料内播放视频。

视觉陈列（video in print, VM）：商品在店内和橱窗里的陈列和布局，吸引购物者，为其提供良好的逛店之旅。

批发（wholesaling）：B2B销售，通过品牌向商店销售产品，由零售商直接向公众销售。批发需要建立批发价格，为生产成本加上批发商的加价。零售商加价以支付自己的日常开支。

致谢

两位作者想要感谢所有的受访者、品牌商和零售商花费时间支持我们的工作，并同意将相关内容呈现在本书中。你们的想法和贡献使本书的内容尽可能具有前瞻性和行业针对性。

也感谢那些帮助我们找到合适人选的联络人，包括乔治·格雷厄姆、让·菲利普·奥尔吉亚蒂、杜乔·弗罗西尼、特里斯坦·德·索萨、黛比·巴克斯特·布鲁斯和尼克·加尼恩。

非常感谢我们的策划编辑苏菲·特拉斯代尔，感谢您从一开始就对这本书的信任，感谢我们的责任编辑安妮·汤利无尽的耐心，感谢我们的高级编辑克莱尔·杜布勒的推动和组织。还要感谢图片编辑希瑟·维克斯，她不知疲倦地处理了堆积如山的图片。

来自芭芭拉：非常感谢我的丈夫乔治，你的爱和支持意味着一切。我想把这本书献给我的父母，他们看到这本书会感到自豪和高兴。

来自凯莱恩：本书为纪念我亲爱的爸爸。他曾对我说，"永远不要忘记根植于你灵魂中的美好价值观"。为莎拉，你是我的掌上明珠。我对你的爱就像绕了一个月亮再回来，再绕几圈地球。

图片引用